예수님의
제자로
하나 되기

예수님의 제자로 하나 되기

발행일   2019년 11월 29일

지은이   김병동
펴낸이   손형국
펴낸곳   (주)북랩
편집인   선일영   편집   오경진, 강대건, 최예은, 최승헌, 김경무
디자인   이현수, 김민하, 한수희, 김윤주, 허지혜   제작   박기성, 황동현, 구성우, 장홍석
마케팅   김회란, 박진관, 조하라, 장은별
출판등록   2004. 12. 1(제2012-000051호)
주소   서울특별시 금천구 가산디지털 1로 168, 우림라이온스밸리 B동 B113~114호, C동 B101호
홈페이지   www.book.co.kr
전화번호   (02)2026-5777   팩스   (02)2026-5747

ISBN   979-11-6299-969-1 03230 (종이책)   979-11-6299-970-7 05230 (전자책)

일 대 일 제 자 양 육 프 로 그 램

예수님의
제자로
하나 되기

김병동 지음

book Lab

목차

추천의 글

먼저 『예수님의 제자로 하나 되기』의 출간을 진심으로 축하드립니다.

일대일 제자양육은 성도들의 신앙이 건강하게 성장하도록 돕는 매우 유익한 프로그램입니다. 목회자가 평신도를 양육할 수도 있지만, 평신도가 평신도를 양육한다는 점에서 일대일 제자양육은 더 큰 시너지를 만들어 내기도 합니다. 제가 담임하고 있는 만나교회에서도 일대일 제자양육을 통해 많은 성도들이 양육을 받고, 또 다른 평신도를 양육하며 함께 신앙의 성장과 성숙을 경험하고 있습니다.

저자는 지난 10여 년 동안 만나교회에서 일대일 제자양육의 양육자로, 또한 초신자들을 위한 교리 과정인 "행복한 여행"의 강사로 헌신해 왔습니다. 이를 통해 단순히 말씀만 가르치는 것이 아니라 신앙의 멘토로서 배운 말씀을 가지고 어떻게 살아가야 하는지를 그의 삶을 통해서 보여주고 있습니다. 지금도 그를 통해 많은 성도가 신앙의 기본기를 배우고 말씀대로 살아가고 있는 모습을 마주하게 됩니다.

그동안 많은 양육생을 일대일로 만나 양육했기에, 그 누구보다도 일대일 제자양육에 대한 가이드북의 필요성을 느끼셨으리라 생각합니다. 필요를 느끼는 것에서 머무르지 않고 한발 더 나아가 필요를 채우려는 노력의 결과를 일구어내심에 대해 박수를 보냅니다. 이 책에는 저자가 일대일 제자양육을 진행하면서 쌓아온 노하우가 오롯이 담겨있습니다.

일대일 제자양육 프로그램으로 양육을 시작하시는 분들이라면 성령의 도우심과 함께 이 책의 도움을 받으시기를 바랍니다. 이 책의 제목과 같이 일대일 제자양육을 통해서 예수님의 제자로 하나 되어 가기를 소망합니다.

이 책을 통해 하나님께서 각 교회와 성도들에게 주실 은혜를 기대합니다. 다시 한번 『예수님의 제자로 하나 되기』의 출간을 축하드립니다.

만나교회 김병삼 목사

추천의 글

②

참된 그리스도인은 "성경적 삶이 무엇이고, 과연 나는 성경적 삶을 살고 있는가?"에 대한 질문에 대해 하나님 앞에 서는 그날까지 끝없이 고민하고 답해야 하는 삶을 살아간다 할 것이다.

이 질문과 대답은 삶의 현장에서 어떻게 하면 성숙한 그리스도인의 삶을 살고, 어떻게 하면 삶의 현장이 산제사의 예배처가 될 수 있는가에 대한 목마름, 그리고 좀 더 헌신적이고 신실한 그리스도인의 삶을 사모하는 모든 성도의 딜레마일 것이다.

이러한 거룩한 사모함의 한 방편으로 우리는 예수 그리스도의 제자된 삶을 추구하며 신앙생활을 한다.

예수 그리스도의 제자양육은 선교와 목양 현장에서 반드시 필요한 사역 중 하나이다.

이에 필요한 제자양육 교재를 찾고자 두리번거려 보지만, 흔쾌히 집어들만 한 교재가 많지 않다.

본서는 삶의 현장에서 직접 체험하고 이에 따른 세미한 하나님의 음성에 귀 기울이며 살아온 저자의 그 신실함이 그대로 느껴진다.

본서는 이끌고 따르는 자의 만남과 체험의 나눔, 만남의 횟수를 더하며 신앙생활의 기본적 지식을 전달하고 실천하는 법, 그로 말미암은 하나님과 동행하는 삶에 이르기까지 등 꼭 필요한 요소들을 잘 배열하여 이끄는 자와 따르는 자가 말씀 안에서 깊은 은혜를 체험하고 그 경험을 나눌 수 있는 소중한 내용으로 가득 차 있다.

예수님의 제자로 하나 되기

이 책은 초신자로부터 사역자에 이르기까지 이미 예수 그리스도의 제자로, 또는 제자 되기에 관심이 있는 모든 이에게 두루 유익함을 선사할 수 있다고 확신하기에 기쁜 마음으로 추천한다.

2019년 8월
Los Angeles에서 이상권 목사(D.D., Ed.D.C.)
한국인터넷신학대학 학장
국제인터넷신학협의회 사무총장

예수님의 제자로 하나 되기를

'될성부른 나무는 떡잎부터 알 수 있다'는 옛말은 하나도 틀림이 없다. 우리 김병동 목사님은 신학생 시절부터 어떠한 사안에 있어 매우 논리적이고 체계적으로 자기의 주장을 설파하였고, 그리고 그의 주장의 근거에는 항상 성경 구절을 인용하곤 하였다.

이렇게 남달리 총명하던 김병동 목사님이 드디어 『예수님의 제자로 하나 되기』란 제목으로 일대일 제자양육자 가이드북을 만들게 되었다. 한 권의 책을 만들어 세상에 내놓는 일은 보통 용기와 자신이 없으면 가히 할 수 없는 일이다. 그런데 이 책의 내용을 꼼꼼히 다 읽어 보면 저자가 용기와 자신을 가질 만도 하구나 하는 생각을 하게 된다.

그 내용은 쉬우면서도 아주 흥미롭고 또 짜임새가 있어 목회 현장에서 활용하기에 좋은 책으로 추천할 만한 가치가 있다.

부디 이 책자를 통하여 많은 사람이 예수님의 제자로 하나 되길 기원하는 바이다.

2019년 무더운 여름 어느 날

전 한국인터넷신학대학 교무처장
철학박사 조규현

본 교재는 일대일 제자양육을 위한 참고서이다.

각 교회에서 사용되고 있는 여러 양육 서적이나 자료가 있지만, 그 것은 평준화되어 있지 않고 사용자마다 조금씩 가르치는 것이 다르다.

더욱이 평신도가 일대일로 만나 "성경적 삶이 무엇이고, 나는 과연 성 경적 삶을 살고 있는가?" 등을 비추어 보는 시간은 성경을 기준으로 서 로의 삶이 교정되어 가는 시간이 되어야 한다.

만약 성도들이 교우 간에 일대일로 만남을 갖고 "성경적 삶이 무엇이 고, 나는 과연 성경적 삶을 살고 있는가?" 등에 대해 생각을 나누는 시 간을 갖는다면, 이 시간은 성경을 기준으로 서로의 삶이 성화되게 하 는 매우 가치 있고 소중한 시간이 될 것이다.

본 교재는 『일대일 제자양육 성경 공부(개역 개정판), 두란노 출판』를 참고로 하였으며, 이 책의 특징을 살펴보면 다음과 같다.

1) 일대일 제자양육의 가이드북이라는 특성을 가지고 있다. 모든 교 회에서 일대일 제자양육에 사용되고 있는 교재의 공통 주제를 다 루고 있다.

2) 일대일 제자양육을 위한 가이드북으로 사용하지 않더라도, 신앙

의 기초를 쌓는 데 있어서도 충분한 길잡이가 되어준다.

3) 각 단원마다 중요한 부분은 반복 설명하여 양육하는 기간 동안 자연스럽게 기억할 수 있도록 구성하였다.

4) 성경 구절은 「개역 개정판」을 사용하였다.

5) 이 책의 독특한 점은 필자의 신앙적 체험으로 적은 부분이 많다는 것이다.

제자양육은 '나'의 제자를 양육하는 것이 아니라 '예수 그리스도'의 제자를 양육하는 것이다. 그렇기에 양육자(멘토)는 삶의 현장에서 예수 그리스도의 삶을 따라 사는, 제자의 삶을 모범적으로 살아가는 신실한 그리스도인이어야 한다(골 1:6~8). 그러니 '나'는 예수의 제자가 되고자 하는 '그'를 예수의 제자가 되게 이끌어 가는 삶을 함께 살아가는 사람이 되어야 할 것이다.

이에 '나'와 '그'는 예수 그리스도의 제자가 되기 위한 멘토(양육자)와 멘티(양육생), 이끄는 이와 따르는 이, 가이더와 팔로워 등의 의미 안에서 지속적인 신앙의 동행자가 되어야 한다.

가르치는 자가 말씀을 모르면 그 가르침은 헛된 가르침이 되고 만다.

양육을 하다 보면 양육생(멘티)보다도 오히려 양육자(멘토)가 더 많이 하나님의 임재를 경험하게 된다.

양육은 삶을 나누는 것인데, 그 삶이 처음에는 작은 경험으로 시작되나 이후에는 창대해지는 경험을 맛보게 된다.

필자도 십여 년 동안 교회와 직장에서 수많은 사람을 양육해 보았지만, 같은 말씀 안에서도 서로 다른 감동으로 다가오는 성령님을 만나게 된다. 이러한 체험은 양육자(멘토)와 양육생(멘티) 모두 일대일 양육기간 동안에 꾸준히 경험하게 된다.

이 책은 성경 공부라기보다 성경 말씀을 삶에 적용하고 실천하는 일에 중점을 두었기에 타인을 변화시키기 전에 내가 먼저 변화되어 하나님 앞에 바로 서는 첫 단추를 끼우는 작업이 병행될 것이다.

일대일 제자양육은 선교에서나 목양에서나 반드시 이행되어야 할 프로그램이라고 생각한다. 이 일대일 제자양육은 성도 개개인이 홀로서기를 하는 힘과 영적 지팡이를 제공해주는 첫 번째 길잡이로, 훌륭한 프로그램일 뿐 아니라 신앙생활에 대한 체계적인 교육을 해주는 매우 필요한 과정의 하나라고 생각한다.

이 가이드북을 만들게 된 동기는 일대일 제자양육을 시작하려고 여러 서적을 찾아보았으나 이렇다 할 가이드북을 찾지 못했기 때문이다. 물론 성경보다 더 좋은 책은 없다. 그러나 성경을 이해하기에는 너무도 많은 시간이 걸리고, 또 잘못 깨달으면 이단으로 흘러 성경을 왜곡할 수도 있다. 그래서 일대일 제자양육의 경험을 살려, 또 이러한 경험 속에서 주님께서 내게 말씀하셨던 세미한 음성 등을 토대로 만들었다.

이 책이 일대일 제자양육을 하거나 자녀를 양육함에 있어 충분한 가이드 역할을 함에 일조할 수 있기를 바라마지 않는다.

제1부

만남

소개와 나눔

나는 포도나무요 너희는 가지라 그가 내 안에, 내가 그 안에 거하면 사람이 열매를 많이 맺나니 나를 떠나서는 너희가 아무 것도 할 수 없음이라(요 15:5)

1. 양육자(멘토)와 양육생(멘티) 소개의 시간

생전 모르는 사람과 주님의 이름으로 만나 성경을 다리 삼아 서로를 알아가는 매우 중요한 시간이다. 이때 양육자가 자신을 오픈한 만큼 양육생도 마음을 오픈하게 된다. 무엇보다도 처음 자신을 소개할 때는 아래와 같은 내용으로 하면 좋다.

양육자가 먼저 자신을 소개한다. 소개할 때 이름, 나이, 가족관계, 직업, 교회에서의 사역 등에 대한 내용을 언급한다.

그리고 자신이 예수님을 어떻게 만났고 믿게 되었는지 간증이 있으면 나눈다. 이때 솔직하고 진솔하게 전한다.

이러한 과정이 끝나면 양육생이 자신의 이름과 나이, 가족관계, 직업, 교회에서의 사역, 일대일을 신청하게 된 동기, 그리고 예수를 믿게 된 동기 등을 나눈 후 마지막으로 기도 제목을 서로 공유한다.

2. 묵상(黙想)하는 방법 안내

묵상은 매우 중요하다. 묵상을 통해 개개인이 성령님과 대화할 수 있고, 그날의 말씀을 통해 나를 비추어보고, 또 내가 가야 할 방향을 찾을 수 있기 때문이다.

가장 좋은 묵상법(黙想法)은 섬기는 교회에서 사용하는 묵상집(黙想集)을 이용하는 것이다.

묵상 가이드에 따라

(1) 찬양을 부르고,

(2) 말씀을 읽기 전에 말씀을 통한 깨달음과 주님의 음성을 듣게 해 달라고 조용히 기도한다.

(3) 말씀을 작은 소리로 읽는다(자신의 귀에 들릴 정도로).

(4) 본문을 읽을 때 먼저 반복되는 단어를 찾는다(중요하기 때문에 반복하는 것이고 어떤 의미가 그곳에 담겨 있기에 반복하는 것이다).

반복적인 표현의 예를 살펴보면
① 창세기 1장에 보면 "저녁이 되고 아침이 되니"라는 말씀이 반복되어 적혀 있다. 이스라엘은 하루(One day)를 저녁으로 시작해서 아침이 되는 시간법을 사용하고 있다. 그런데 주님이 히브리 문화를 이용하여 자신의 뜻을 계시한 내용을 살펴보면, 이것은 장차 우리의 삶이 고난과 고통, 즉 어둠의 세력의 지배를 받는 시간 속에서 시작하지만 마침내 예수 그리스도(하나님의 은혜)로 말미암아 광명한 아침의 날로 바뀔 것을 계시하신다.
② 모세오경에 보면 "여호와의 말씀대로 준행하였더라.", 또 "여호와의 말씀이니라."라는 말씀이 반복적으로 사용된 것을 자주 볼 수 있는데, 이는 유일하신 전능자 여호와 하나님의 말씀이니 좌로나 우로나 치우침이 없이 말씀대로 행해야 한다는 사실과 유일하신 하나님의 말씀이니 아무도 바꿀 수 없다는 것을 강조하기 위함이다.
③ 창세기 5장과 마태복음의 1장에는 이스라엘의 족보가 나온다. 이 두 장을 비교해 보면 창세기 5장에서는 "낳고 살고 죽었더라."가 반복되어 쓰였고, 마태복음 1장에서는 "낳고"만 반복적으로 사용되고 있다. 즉 예수님의 족보 안에 들지 않은 인생은 사망이 왕 노릇을 하는 인생이고, 예수 그리스도 안에 있는 자에게는 사망이 없는, 즉 생명(영생)만 있을 뿐이라는 사실을 계시하시고 있는 것이다.

(5) 본문을 읽을 때 명령어를 찾아본다(명령은 반드시 지켜야 하기 때문이다).

(6) 문장을 이해하기 위해 서로 대조되는 단어를 찾아 무엇을 강조하고 있는지 알아본다. 예를 들어 시편 1편에서는 '악인'과 '여호와의 율법을 즐거워하는 자'를 대조하고 있는데, 이것은 어느 하나를 강조하기 위함이다.

(7) 레마(Rhema, 말씀을 읽을 때 마음에 감동 혹은 찔림을 주는 단어나 문장을 말함)가 무엇인지 찾아본다.

(8) 마지막으로 읽은 문장에 제목을 붙여 본다(스스로 제목을 붙인 이유에 대해 생각해 보고 그곳에서 하나님의 메시지를 찾아본다).

(9) 말씀에 비추어 자신이 말씀과 상충하는 행동을 하고 있지는 않은지 찾아보고 새롭게 다짐하는 시간을 가지며 구체적으로 적용하는 방법을 생각하고 기록한다.

(10) 마지막으로 깨달은 말씀을 가지고 기도한다.

이렇게 하나님의 말씀을 거울(mirror)로 삼아 나 자신을 비추어 볼 때 그 거울 속에서 여전히 나의 모습이 나타난다면 아직도 나는 내 자아를 주인으로 섬기고 사는 사람이다. 그 말씀의 거울에 자신의 모습을 비추었을 때 내 모습이 아닌 예수 그리스도가 비쳐야 비로소 온전히 예수를 닮은 사람이 되는 것이다.

마지막으로 기도 제목을 나누고 그다음에 공부하는 방법을 안내한다.

3. 일대일 제자양육 성경 공부하는 방법 안내

일대일 제자양육은 신학을 배우는 것이 아니라 신앙을 배워 그 신앙을 삶에 적용하고 바로 세워가는 것이다. 그러기 위해서는 양육자가 먼저 바른 신앙을 소유해야 하고 성경 지식도 어느 정도 갖추고 있어야 한다. 왜냐하면 신앙이란 머리에 있던 지식이 가슴으로 내려와 은혜로 체험한 상태를 말하기 때문이다.

양육자는 성경에 대한 지식도 풍부하고 그것을 삶으로 실천하고 있는 사람이어야 한다는 것이 기본 조건이다. 교회에서는 이 일을 위해 먼저 양육자로 선발될 대상을 정하고, 그들이 먼저 양육을 받은 후 양육자반을 별도로 이수하도록 해야 한다. 하지만 이것만으로 양육 활동을 시켜서는 안 된다. 교회의 전반적인 활동과 헌금 상태, 성경 공부(예를 들어 구약과 신약 개관 등 교회에서 열리고 있는 성경 공부를 수료한 사람)를 타 교회(권위 있고 한국에서 인정한 정교회)에서 이수하거나 본 교회에서 이수하여 검증된 자들을 대상으로 해야 한다. 그다음으로 검증해야 할 것은, 가장 중요한 가정에서의 가정 예배와 묵상 활동이다. 또 부부관계, 직장에서의 관계, 이러한 모든 상황을 전반적으로 점검한 후에 양육자로 세워야 한다. 이렇게 하는 이유는 일대일 제자양육 사역은 예수님의 제자를 세워가는 일이고, 세움을 받은 자가 먼저 세워져 있어야 하기 때문이다.

일대일 제자양육의 유익한 점은 바로 예수 그리스도 안에서 먼저 나의 정체성을 발견하고 알아가는 시간에 있다. 둘째는 내가 섬겨야 할, 아니 섬기고 있는 하나님, 즉 삼위일체 하나님의 정체성을 바르게 알아가는 것이다. 또 이것을 통해 하나님과 나와의 관계를 회복시키는 시간이기 때문에 이 과정은 교회라면 반드시 있어야 한다. 가정에서는 부모가 자녀를 위해 교육해야 할 과정이고, 직장과 교회에서도 그리스도의 공동체 안에서 반드시 이루어져야 할 과정이라고 생각한다. 그래야만 하나님께서 우리에게 주신 각 영역에서의 사명을 이루어 갈 수 있는 것이다.

가정에서는 제사장 직분을, 직장과 일터에서는 선교사의 직분을, 교회에서는 섬기는 자의 직분을 온전히 배워 이러한 영역에서 위로는 하나님을 힘을 다해, 마음을 다해, 뜻을 다해, 목숨을 다해 섬기고, 이것을 바탕으로 땅에서는 이웃을 또한 내 몸과 같이 아끼며 사랑하고 섬기는 일을 감당해 나가는 것이 참된 예배자(양육자)의 모습이다.

양육자는 공부하는 방법을 안내하기 전에 반드시 모든 목차에 대한 정확한 이해와 지식을 자신의 것으로 만들어야 한다.

그리스도인으로서 그리스도의 삶을 살기 위해서는 먼저 나 중심의 세계관에서 예수 그리스도의 세계관으로 바뀌어야 한다.

다음 배의 키(Helm)를 보고 공부할 내용을 설명한다.

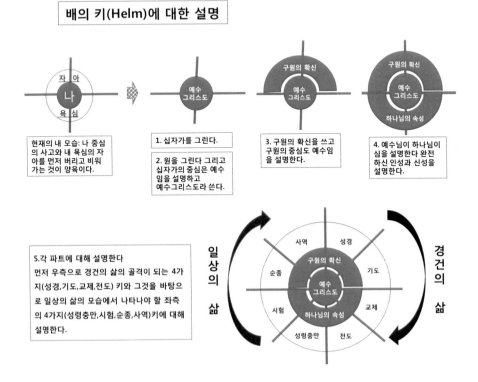

<그림 1> 배의 키에 대한 설명

<그림 1> 배의 키를 보면, 양육의 큰 틀은 세 가지로 구분할 수 있다.

첫째, 나의 정체성과 나를 만드신 창조주의 정체성을 아는 것이 우선이다. 여기에는 예수 그리스도가 중심이다. 그리고 예수 그리스도를 통해 구원의 확신, 하나님의 속성을 알아가는 시간이다.

둘째, 예수를 주인으로 삼은 그리스도인으로서 경건한 생활을 위해 반드시 알아야 할 4가지, 성경(말씀)과 기도 생활, 교제(예배) 생활, 전도 생활이다.

예수님의 제자로 하나 되기

셋째, 경건 생활을 유지하면서 일상생활에서 항상 지켜가야 할 4가지 삶의 유형이 있다. 그것은 성령 충만한 삶, 시험을 이기는 삶, 순종하는 삶, 마지막으로 사역하는 삶이다.

성도가 이러한 삶을 유지할 때 비로소 그리스도의 삶이 되는 것이고, 예수님과 함께 행복한 동행의 삶으로 이어지는 것이다.

1) 예수 그리스도를 제일 먼저 배우는 이유

구원은 예수 그리스도로만 가능하기 때문이다. 성경의 구약이 기록된 이유는 장차 오실 예수님에 대해 기록하기 위해서였고, 신약 또한 오신 예수님과 다시 오실 예수님에 대해 기록했기 때문이다.

타락한 인간을 구원하는 핵심은 그리스도이며, 오직 예수 그리스도로만 구원이 이루어지고 완성되기 때문에 예수 그리스도를 먼저 배운다.

다음 세 단계로 나누어 배운다.

첫째, 예수님은 어떤 분인가? 이 부분은 신성과 인성으로 나눈다. 예수님을 통해서만 하나님이 보이고, 또 하나님을 알아갈 수 있다. 하나님께서 하나님의 영광을 아는 빛을 오직 예수님 얼굴에 두셨기 때문에 그 빛이 우리의 마음에 비출 때에 비로소 우리가 하나님을 알게 되고 우리의 정체성을 발견하게 된다(고후 4:6).

둘째, 예수님은 무엇을 하셨나? 이 질문을 통해 하나님께서 우리에게 어떤 사랑을 하셨는지 알게 해준다.

셋째, 예수님은 지금 무엇을 하고 계신가? 삼위일체의 사랑을 전하고 가르치는 일을 하고 계신다.

2) 구원의 확신에 대해서

구원의 중심은 오직 예수 그리스도 한 분이시다.

이 과에서는 '내가 정말로 구원을 받았는가?' 하는 문제를 다루고, 구원의 확인과 확신을 시켜주어야 한다.

이 과에서 중요한 포인트는 내가 죄인이라는 사실을 충분히 깨달아야만 한다는 것이다. 그래야 구원의 은혜를 알 수 있게 된다.

3) 하나님의 속성을 배우는 이유

예수 그리스도를 통하여 하나님의 정체성과 나에 대한 정체성, 그리고 하나님과의 관계성을 알아가는 시간이다.

예수님은 인성과 신성을 모두 가지신 분으로, 먼저 예수님의 신성과 그 성품을 통해 하나님의 속성을 배운다. 우리와 같은 인간의 모습으로 오셔서 사람의 생각과 마음을 모두 경험하신 예수님을 통해 죄 사함을 받고, 깨끗한 영적인 눈으로 하나님을 좀 더 알아가고 배우는 시간이다. 또 인간이 하나님 앞에서 얼마나 더러운 존재인지를 깨닫고, 그런 존재를 당신의 사랑으로 공의를 이루어 깨끗하게 하신 것과 예수 그리스도의 사랑 안에서 하나님 한 분 만을 경외하기를 배우는 시간이다.

4) 성경(언약)

성경의 주인공은 누구인가? 성경이 말하고 있는 전체 주제는 무엇인가? 또 성경이 가르치고 있는 것은 무엇인가?

이 주제들에 대해 알아가는 시간이다.

말씀은 어떻게 우리에게 오게 되었고 또 우리 손에 어떻게 들어오게 되었는지에 대해 알아보는 시간이기도 하다.

5) 기도하는 삶

기도란 무엇인지, 어떤 기도가 하나님이 원하시는 기도인지, 기도의 응답은 어떤 식으로 나타나는지 등에 대해 알아본다. 그리고 서로의 기도의 모습을 조명해 본다.

6) 예배(교제)의 삶

교제에는 두 가지가 있다. 먼저는 하나님과의 교제, 그리고 이웃과의 교제이다. 이러한 교제를 믿음 안에서 '예배'라고 칭한다.

하나는 하나님 아버지를 섬기는 예배이고, 또 하나는 이웃을 섬기는 예배이다.

참 예배는 어떻게 드리는 것인지에 대한 것 등 예배적 삶에 대해 알아본다.

7) 복음전도의 삶

복음이란 무엇인지, 누구를 위한 복음인지, 왜 복음을 전해야만 하는지, 복음을 통하여 무엇이 얻어지는지 등 선교적인 삶에 대해 조명해 본다.

8) 성령 충만한 삶

성령 충만한 삶의 의미를 알아본다.

성령 하나님은 누구시며 성령을 대적하고 성령을 거스르는 존재에 대해 알아본다.

9) 시험을 이기는 삶

성령 충만한 삶으로 시험을 이기고, 또 시험을 통해 주님이 주시는 메시지는 무엇이며, 시험의 종류와 그 의미를 알아본다. 또한 어떻게 해야 시험을 이기고 극복할 수 있는지, 또 시험은 왜 오는지, 그리고 왜 주시는지를 알아본다.

10) 순종의 삶

순종하고자 하는 자의 첫 발걸음은 과연 무엇이고 순종의 대상은 누구인지를 배운다.

순종을 통해 얻어지는 유익은 무엇인지, 당신은 지금 하나님의 말씀에 순종하기 위해 무엇을 하고 있는지, 여전히 세상의 쾌락을 쫓아 사탄의 입가에 미소를 주고 있는 모습은 아닌지 등에 대해 생각해보는 시간을 가진다.

11) 사역의 삶

우리가 사는 영역 속에서 과연 내게 주신 사역과 사명은 무엇인지 서로 나눈다. 내가 하고 싶은 사역은 무엇인지 나누어 보고 또 사역의 의미를 구체적으로 살펴본다. 우리의 목적은 '사역이 삶이 되고 삶이 사역이 되는 관계가 형성되어 바람직한 예수 그리스도의 삶을 이어가는 것'이다.

12) 행복한 삶으로 가는 길

삶 자체가 행복한 여행이 되기 위해서는 누구와 여행해야 하는가? 바로 사랑하는 사람과 같이 하는 여행이다. 우리는 누구나 행복한 인생을 살 이유와 정당성을 가지고 있다.

그런데 왜 우리는 행복하지 못한 걸까? 그것은 소위 주도권, 소유하여 자기 밑에 두려는 욕심, 자기주장을 타인에게 인정받기 원하는 욕심 등에게서 오는 정욕들 때문이다. 이것을 버리면 우리는 한층 더 빠르게 행복해질 수 있다.

부부관계, 자녀 관계, 직장에서의 상하 관계, 교회에서의 직분 관계, 이렇게 우리는 조직이라는 구조하에 살아가고 있다. 이러한 조직의 틀속에서도 겸손을 배우고, 서로를 존중하고 섬기는 법을 예수님을 통해 배운다면 충분히 행복해질 수 있다.

그러나 이러한 배움만으로는 부족하다. 영원히 행복할 수 있는 비결은 먼저 예수님이 나를 얼마나 사랑하는지를 알고, 나도 그분을 그렇게 사랑하고 동행하는 삶 속에 있다. 그 사람이 걸어가는 그 시간이야말로 행복한 여행의 시간이라는 것이다.

이것을 알기 위해, 또 아는 것을 내 삶에 적용하기 위해서 우리에게 일대일 제자양육이 필요한 것이다.

제2부

예수 그리스도

두 번째 만남

예수 그리스도는
어떤 분이신가?

지난 주일 설교에 대한 말씀을 나눈다

a) 설교말씀 본문과 주제와 내용을 서로 나눈다.

b) 가장 큰 은혜나 감동을 받은 내용은 무엇인가?

c) 이 말씀에 비추어 볼 때 현재 나의 모습은 어떠한가?

d) 이 말씀으로 내가 버려야 할 것과 바꾸어야 할 생활 습관(사고)이 있다면 무엇인가?

   (주일 말씀에 대한 세부 실천 계획을 세워보고 실천해 보았는가?)

e) 말씀 속에서 결단한 내용과 그 결단한 것이 지켜지고 있는가?

예수님의 제자로 하나 되기

들어가기

"예수님은 어떤 분이라고 생각하십니까?" 하고 나 자신 또는 양육생에게 물어본다. 아마도 많은 사람이 말씀에 근거하여 잘 대답하지 못할 것이다. 그들의 이야기를 먼저 들어보고 다음의 내용을 숙지하여 설명해 준다.

예수 그리스도를 이야기할 때 우리가 제일 먼저 떠올리는 단어는 '사랑'이다. 물론 하나님을 이야기할 때도 그렇다. 그렇다면 그 사랑이 어떻게 우리에게 이루어졌고, 또 이루어지고 있는지 한번 살펴보자.

이 땅에 예수님은 그리스도로 오셨다. 그리스도가 왜 내 인생에서 필요한 것인가를 먼저 생각해보고 알아야 한다. 예수님을 알기 위해서 가장 먼저 알아야 할 사항이 있다면, 그것은 나의 정체성이다. 내 안에는 불의한 것과 못된 생각과 이기적인 마음, 그리고 나의 욕구를 채우기 위해 남에게 피해를 준 일 등 더럽고 추한 것밖에 없다는 것과 하나님 앞에서 나는 그런 존재라는 사실을 먼저 인식하고 인정하는 마음이 있어야 비로소 예수님이 보인다.

성경에 자기를 부인하라는 말씀이 나오는데 이 부인(否認, deny)은 "나는 하나님 앞에서 선하다."라는 생각을 부인하라는 것이다. 이것을 인정할 때 비로소 믿음이 생기고 하나님의 사랑이 보이기 시작한다. 이것이 구원받는 키(key)이다. 내가 죄인이라는 사실을 인정하고 그것을 예수 그리스도 안에서 회개하는 것이다. 하나님 앞에서는 조그마한 죄를 가지고 있어도 그 죄로 말미암아 죄인이 되기 때문이다. 수많은 율법 중 하나만 어겨도 범법자가 되는 것처럼 말이다. 이 사실을 인정할 때 비로소 그리스도를 믿게 된다. 그리고 그분의 위대한 사랑이 조금씩 보이기 시작한다.

'예수'와 '그리스도'라는 이름의 의미를 살펴보면, 예수라는 이름의 뜻은 마태복음 1:21에 잘 나와 있다. 그리고 예수를 통해서만 임마누엘의 하나님으로 "하나님이 우리와 함께 하신다."라는 것을 말씀하고 있다.

> (마 1:21) 아들을 낳으리니 이름을 **예수**라 하라 이는 **그가 자기 백성을 그들의 죄에서 구원할 자**이심이라
>
> (마 1:23) 보라 처녀가 잉태하여 아들을 낳을 것이요 그의 이름은 **임마누엘**이라 하리라 하셨으니 이를 번역한즉 **하나님이 우리와 함께 계시다** 함이라

본문의 말씀처럼 예수님은 당신의 백성들을 그들이 가지고 있는 죄에서 구원하시기 위해 오셨다. 물론 그 당시 예수라는 이름은 흔했지만(골 4:11), 우리가 믿는 예수라는 이름에 큰 의미를 두는 것은 바로 그가 그리스도라는 직분을 가지고 태어나셨기 때문이다.

> (마 1:16) 야곱은 마리아의 남편 요셉을 낳았으니 마리아에게서 <u>그리스도라 칭하는 예수가 나시니라</u>

1. 그렇다면 그리스도란 무슨 의미인가?

그리스도라는 말은 '기름 부음을 받은 자'라는 뜻이다. 히브리어로 '마쉬아흐'이고, 아람어로는 '메시아'이다. 이를 70인역(70人譯)에서는 '그리스도'로 번역하였다.

> **(요 1:41)** 그가 먼저 자기의 형제 시몬을 찾아 말하되 우리가 **메시아를** 만났다 하고**(메시아는 번역하면 그리스도라)**

> **(요 4:25)** 여자가 이르되 **메시아** 곧 **그리스도라** 하는 이가 오실 줄을 내가 아노니 그가 오시면 모든 것을 우리에게 알려 주시리이다

구약에서 '기름 부음을 받는 직분'은 세 종류가 있었다. '왕', '제사장', '선지자'이다. 그래서 그리스도라 함은 이 세 가지의 직분을 모두 갖추신 분을 의미한다.

'왕'으로 오셔서 우리를 하나님 나라의 백성으로 다스리시고 지켜주시고 보호하시며 인도하시는 신분을 가지셨고, 또 '대제사장'의 직분으로 오셔서 자신의 육체로 하나님과 우리 사이에 죄로 인해 생긴 막힌 담을 허무셨다. 그러므로 우리는 예수 그리스도의 이름에 힘입어 하나님 존전에 나아갈 수 있는 담대함을 얻게 되었다. '선지자'의 직분으로 오셔서 하나님 나라의 복음을 전하여 주시고 하나님의 말씀을 가르치셨다.

예수님의 또 하나의 이름은 바로 임마누엘이라는 이름이다.

> **(마 1:23)** 보라 처녀가 잉태하여 아들을 낳을 것이요 그의 이름은 **임마누엘**이라 하리라 하셨으니 이를 번역한즉 **하나님이 우리와 함께 계시다** 함이라

이 이름은 앞으로 예수 그리스도의 영으로 함께하실 성령 하나님을 두고 하신 말씀이다. 예수 그리스도를 통해서만 하나님의 임재를 경험할 수 있고, 또 하나님과 동행하심의 근원이 오직 예수 한 분뿐이기에 임마누엘의 하나님이 되시는 것이다.

2. 이렇듯 예수님은 우리가 가지고 있는 죄를 해결하고 하나님과의 관계를 회복시키기 위해서 오셨다.

그렇다면 "당신은 하나님 앞에서 죄인인가?"라는 질문과 "죄란 무엇인가?"라는 질문을 양육생과 자신에게 던져 보아야 한다.

양육을 하다 보면 대부분은 자신이 죄인이라는 인식을 하고 있다. 그러나 간혹 "나는 죽을 만큼 큰 죄인은 아니다."라고 하는 경우가 있다. 이런 사람들은 양육하기가 겁이 난다. 왜냐하면 자신이 의인이라고 생각하는 사람은 굳이 예수님을 믿을 필요가 없기 때문이다. 주님도 자신이 죄인을 부르러 온 것이지 의인을 부르러 온 것이 아님을 분명하게 말씀하셨다.

> (마 9:13) 너희는 가서 내가 긍휼을 원하고 제사를 원하지 아니하노라 하신 뜻이 무엇인지 배우라 **나는 의인을 부르러 온 것이 아니요 죄인을 부르러 왔노라** 하시니라
>
> (막 2:17) 예수께서 들으시고 그들에게 이르시되 건강한 자에게는 의사가 쓸 데 없고 병든 자에게라야 쓸 데 있느니라 나는 의인을 부르러 온 것이 아니요 **죄인을 부르러 왔노라** 하시니라
>
> (눅 5:32) 내가 의인을 부르러 온 것이 아니요 **죄인을 불러 회개시키러 왔노라**

그렇다면 양육자는 이런 사람들을 향하여 "당신도 죄인이다."라고 말하며 그 사실을 말씀으로 깨닫게 해주어야 한다.

그는 아마도 이렇게 주장할 수도 있다. "저는 십계명을 어긴 적이 없습니다. 나는 하나님만 믿었고, 우상 숭배도 안 했고, 주일도 잘 지키고, 부모도 공경하고, 살인하지 않았고, 간음하지도 않았습니다." 하고 기타 등등의 변명을 한다면 그에게 성경에서 좋은 예화를 찾아 먼저 들려줘야 한다.

예를 들어 부자 청년의 이야기(마 19:16~26)를 찾아 같이 읽어보는 것이다.

성경 속 부자 청년도 율법을 다 지킨 사람이었다. 그런 그에게 주님은 재산을 다 팔아 가난한 자를 구제하고 나를 따르라 하고 권면한다. 그러나 그 청년은 재산이 많은 고로 예수님의 권면을 무시한 채 예수님을 떠난다. 주님은 그를 향해 구원받기 어렵다고 말씀하신다.

이는 무엇을 말씀하시는가? 아무리 돈이 많고 율법을 잘 지킨다고 하더라도 예수를 따르지 않는 삶은 큰 의미가 없다는 가르침이다.

그리고 아래와 같은 사실로 인해 우리 모두가 죄인임을 분명히 밝혀주고 깨닫게 해야 한다.

첫째는, 내가 죄인이라고 증언하는 것이 바로 사망이라는 놈이다.

우리에게 왜 죽음이 찾아왔는가? 그것은 죄의 삯은 사망이기 때문이다(롬 6:23). 사망은 곧 원죄의 결과에서 기인하였다. 내가 비록 선악과를 먹지 않았지만, 우리의 조상인 아담과 하와가 먹지 말라는 선악과를 먹음으로써 그 결과 사망이 우리 안으로 들어오게 된 것이다(창 2:17; 창 3:1~6, 19). 그로 인해 사망은 마침내 우리를 다스리는 존재가 되어버렸다. 우리가 하나님께 불순종하고 사탄(사망과 같은 의미로 표현하기도 함)의 말에 순종하였기에 잠시 동안 그의 밥(창 3:14, 인간은 흙으로 만들어졌기에)으로 던져주셨다. 그래서 우리에게는 하나님을 반역한 원죄의[1] 피와 그 결과가 유전되어 흐르고 있다(창 5:1~3)[2]. 따라서 이 세상 모든 사람은 죄가 있기에 죽음을 피할 수 없다(롬 5:12). 내가 언젠가 죽는다면 나에게는 하나님을 반역한 죄가 흐르고 있음을 시인해야 한다.

---

1   (호6:7) "그들은 아담처럼 언약을 어기고 거기에서 나를 반역하였느니라" 언약을 어긴 죄는 곧 하나님을 모독하는 죄이고 반역죄에 해당한다.

2   아담과 하와는 하나님의 형상으로 만들어졌으나 셋과 그의 후손들은 아담의 모양, 즉 죄를 지어 사망이 다스리는 모양 그대로 태어났음을 설명하고 있는 구절이다.

> **(창 2:17)** 선악을 알게 하는 나무의 열매는 먹지 말라 네가 먹는 날에는 **반드시 죽으리라** 하시니라

> **(롬 5:12)** 그러므로 한 사람으로 말미암아 **죄가 세상에 들어오고 죄로 말미암아 사망이 들어왔나니** 이와 같이 모든 사람이 죄를 지었으므로 **사망이 모든 사람에게 이르렀느니라**

> **(창 3:14)** 여호와 하나님이 뱀에게 이르시되 네가 이렇게 하였으니 네가 모든 가축과 들의 모든 짐승보다 더욱 저주를 받아 배로 다니고 **살아 있는 동안 흙을 먹을지니라**

> **(창 5:1~3)** 이것은 아담의 계보를 적은 책이니라 하나님이 사람을 창조하실 때에 **하나님의 모양대로 지으시되**
> 2 남자와 여자를 창조하셨고 그들이 창조되던 날에 하나님이 그들에게 복을 주시고 그들의 이름을 사람이라 일컬으셨더라
> 3 **아담은** 백삼십 세에 **자기의 모양 곧 자기의 형상과 같은 아들을 낳아** 이름을 셋이라 하였고

> **(창 3:1~6)** 그런데 뱀은 여호와 하나님이 지으신 들짐승 중에 가장 간교하니라 뱀이 여자에게 물어 이르되 하나님이 참으로 너희에게 **동산 모든 나무의 열매를** 먹지 말라 하시더냐
> 2 여자가 뱀에게 말하되 동산 나무의 열매를 우리가 먹을 수 있으나
> 3 **동산 중앙에 있는 나무**의 열매는 하나님의 말씀에 너희는 먹지도 말고 **만지지도 말라 너희가 죽을까** 하노라 하셨느니라
> 4 뱀이 여자에게 이르되 **너희가 결코 죽지 아니하리라**
> 5 너희가 그것을 먹는 날에는 **너희 눈이 밝아져 하나님과 같이 되어 선악을 알 줄** 하나님이 아심이니라
> 6 여자가 그 나무를 본즉 **먹음직도 하고 보암직도 하고 지혜롭게 할 만큼 탐스럽기도 한** 나무인지라 여자가 그 열매를 따먹고 자기와 함께 있는 남편에게도 주매 그도 먹은지라

둘째는, 내가 죄인이라고 증언하는 것이 바로 믿음이라는 놈이다.

> **(롬 14:23)** 의심하고 먹는 자는 정죄되었나니 이는 믿음을 따라 하지 아니하였기 때문이라 **믿음을 따라 하지 아니하는 것은 다 죄니라**

우리에게 겨자씨만 한 믿음이 있다면 이 산 더러 바다에 빠지라 명령하면 그대로 된다고 말씀하신다. 그러나 우리에게 이런 믿음이 과연 있을까? 우리는 하루에도 수많은 근심 속에서 살아간다. 하나님을 신뢰하기보다는 자신의 경험을 더욱 의지하고 신뢰하는 경우가 얼마나 많은가?

믿음대로 하지 않고 하나님을 신뢰하지 않는 것은 교만에서 나오는 산물이다.

그러기에 믿음이 없는 것은 곧 죄이고 교만에 해당한다.

셋째는, 내가 죄인이라고 증언하는 것이 바로 지식(선)이라는 놈이다.

(약 4:17) 그러므로 사람이 **선을 행할 줄 알고도 행하지 아니하면 죄**니라

선(善)이란 무엇인가? 하나님의 말씀대로 행하는 것이 선이다. 그렇다면 우린 이 선을 얼마나 알고 행하고 있는가? 단순히 인간의 윤리적·도덕적 개념으로 쉽게 생각한다면 그것은 잘못된 생각이다. 선은 하나님의 말씀을 온전히 알고 행할 때만이 가능하다. 그 일례를 사무엘하 6:1~11의 말씀 속에서 찾을 수 있다. 다윗은 하나님의 마음에 합한 사람이었고 또한 다윗처럼 하나님을 사랑한 자가 없었다. 그는 하나님을 사랑하는 마음으로 하나님의 임재를 상징하는 언약궤를 다윗 성에 두고 싶어 했다. 그래서 그 언약궤를 옮기는 과정에서 하나님의 방법이 아닌 자신의 지식으로 옮기려 하였다. 그러자 그 잘못된 행위로 말미암아 제사장의 아들인 웃사가 죽는 일이 일어난다. 자신의 마음도 몰라주는 하나님이 야속하고 원망스럽기만 한 다윗은 답답하고 화가 났다. 다윗은 이후 자신의 잘못을 뉘우치고 다시 방법을 알아보고 이제는 하나님의 방법대로 옮기게 된다. 비로소 하나님의 임재의 상징인 언약궤가 다윗 성에 안착된다.

이 과정만 봐도 참된 사랑의 표현은 하나님의 말씀에 맞추는 것이 중요하고, 그렇게 했을 때 그것이 받아들여진다는 사실을 배운다. 하나님의 방법대로 하지 않으면 인간의 생각에 비록 옳은 길이라 할지라도 하나님은 그것을 인정하지 않을 수 있고, 그것이 마침내 죄가 된다는 사실도 알아야 한다.

넷째는, 내가 죄인이라고 인정하는 것을 니느웨 백성들이 증인으로 나선다는 사실이다. 주님께서는 니느웨 백성들이 마지막 심판 때에 회개할 줄 모르는 자들을 향하여 증인으로 세움 받을 것을 말씀하신다. 이들은 요나 선지자의 말을 듣고 곧바로 회개하였다. 그런데 요나보다도 더 크신 주님이 "회개하라."라고 말씀하는데 듣는 이가 없음을 두고 하신 말씀이다.

> **(마 12:41)** 심판 때에 **니느웨 사람들이** 일어나 <u>이 세대 사람을 정죄하리니</u> 이는 그들이 **요나의 전도를 듣고 회개하였음이거니와** 요나보다 더 큰 이가 여기 있으며

> **(마 12:42)** 심판 때에 **남방 여왕이** 일어나 이 세대 사람을 정죄하리니 이는 그가 솔로몬의 지혜로운 말을 들으려고 땅 끝에서 왔음이거니와 **솔로몬보다 더 큰 이가** 여기 있느니라

다섯째는, 내가 죄인이라고 인정하는 것을 스바 여왕이 증인으로 나선다는 사실이다. 양육자는 이러한 것을 가르쳐 주어야 한다.

마지막 심판 때에 스바 여왕도 니느웨 백성들처럼 증인으로 채택된다. 그 이유는 동쪽 끝 먼 나라에서 온 에티오피아(남방) 여왕으로서 하나님의 지혜를 받은 솔로몬의 지혜에 대한 명성을 듣고 그것을 배우고자 먼 길을 달려온 여왕이었기 때문이다. 그런데 솔로몬보다 더 크신 예수님께서 하늘의 비밀을 말씀하시고 또 구원의 메시지인 복음을 가르치고 있는데 "너는 어찌하여 생명의 복음을 듣고도 오지 않은 것이냐?" 하고 스바 여왕이 마침내 증인으로 서서 복음을 들으려고도 하지 않은 자들을 향하여 "죄 있다."라고 증언한다는 사실을 말씀하신다.

이 얼마나 무서운 일인가? 아무 생각 없이 행하는 우리에게 많은 메시지를 주고 있지 않은가?

죄를 깨닫고도 회개하지 아니하면 그것도 죄가 된다. 죄가 있음에도 그 죄를 깨닫지 못한 사람이 어찌 회개하겠는가? 회개한 일이 없으니 그 죄가 그대로 그에게 있게 되며, 예수를 믿더라도 이는 자신을 속

예수님의 제자로 하나 되기

이는 헛된 믿음이 될 수 있는 것이다. 그래서 묵상을 통해 날마다 나를 살펴보는 지혜가 필요하다.

3. 하나님 나라의 백성이 되는 첫 번째 조건은 바로 회개하는 것이다.

구원을 주시는 하나님의 능력인 복음도 회개함으로 시작된다.

> **(마 4:17)** 이 때부터 예수께서 비로소 전파하여 이르시되 **회개하라 천국이** 가까이 왔느니라 하시더라
> **(막 1:15)** 이르시되 때가 찼고 **하나님의 나라가** 가까이 왔으니 **회개하고 복음을 믿으라** 하시더라
> **(롬 1:16)** 내가 복음을 부끄러워하지 아니하노니 **이 복음은 모든 믿는 자에게 구원을 주시는 하나님의 능력이 됨**이라 먼저는 유대인에게요 그리고 헬라인에게로다

성경에서 죄의 의미는 무엇인가? 위에서 살펴보았지만 죄에 대한 정의를 다시 살펴보면, 먼저 히브리어로 죄란 '핫타', 헬라어로는 '하마르티아'라고 한다. 이 단어의 뜻은 '빗나가다', '벗어나다'라는 의미로 이는 궁수가 활을 쏘았는데 과녁에서 벗어나거나 빗나간 것을 의미한다. 즉 "하나님의 뜻에서 벗어난 모든 것이 죄이다."라고 정의할 수 있다. 이 말씀에 비추면 우리는 모두 죄인이다. 그래서 예수님의 십자가가 필요한 것이고, 그분의 사랑이 내게 있어야 하는 것이다.

우리가 이러한 죄와 모든 불의한 것에서 깨끗함을 얻기 위해서는 내가 하나님 앞에서 예수 그리스도의 이름으로 내 죄와 불의한 것들을 깨달아 스스로 자백하고 회개하여 이 모든 죄(罪)와 불의(不義)함으로부터 나의 삶을 돌이켜야 한다. 불의한 행동이란 무엇인가? 구원을 주시는 하나님의 능력인 복음을 하찮은 것으로 취급하는 것이다. 이는 마치 에서가 하나님이 주신 장자의 명분과 그에 따른 축복을 팥죽 한 그릇에 팔아먹는 어처구니없는(망령된) 행동을 한 것과 같은 것이다.

> **(요일 1:9)** 만일 우리가 우리 **죄를 자백**하면 그는 미쁘시고 의로우사 우리 **죄를 사하시며** 우리를 **모든 불의에서 깨끗하게** 하실 것이요

4. 예수 그리스도는 어떤 분이신가? 또 우리와 다른 점은 무엇인가?

그분은 인성과 신성을 모두 가지신 분이다. 인성으로는 아브라함과 다윗의 자손으로 오셨다(마 1:1 "아브라함과 다윗의 자손 예수 그리스도의 계보라").

1) 인성(人性) - 순수한 인간으로 오신 예수

(1) 예수님의 국적과 태어나신 곳, 그리고 성장지를 알아보자(마 2:1,23; 미 5:2; 요 7:42). 국적: 유대(이스라엘), 태어난 곳(베들레헴), 성장지(나사렛)

> **(마 2:1)** 헤롯 왕 때에 예수께서 **유대 베들레헴에서 나시매** 동방으로부터 박사들이 예루살렘에 이르러 말하되

> **(마 2:23)** **나사렛이란 동네에 가서 사니** 이는 선지자로 하신 말씀에 나사렛 사람이라 칭하리라 하심을 이루려 함이러라

> **(미 5:2)** **베들레헴** 에브라다야 너는 유다 족속 중에 작을지라도 이스라엘을 다스릴 자가 네게서 내게로 나올 것이라 그의 근본은 상고에, 영원에 있느니라

> **(요 7:42)** 성경에 이르기를 그리스도는 다윗의 씨로 또 다윗이 살던 마을 **베들레헴에서** 나오리라 하지 아니하였느냐 하며

(2) 인간으로서 예수님의 모습

① 예수님의 어린 시절은 누가복음 2:52절에 "지혜와 키가 자라매"라고 기록되어 있다.

(눅 2:52) 예수는 **지혜와 키가 자라가며** 하나님과 사람에게 더욱 사랑스러워 가시더라

이 말씀은 하나님의 아들로서 그 모든 권능을 가지신 예수님이지만, 어린 시절은 인간의 나이에 맞는 지혜와 키로 성장하셨다는 이야기이다. 우리와 같이 유아기 때는 똥오줌 못 가리고 말을 배워야 하는 인간의 모든 행동을 그대로 겪으셨다는 말씀이다(전능하신 하나님의 아들로서 이런 일을 굳이 해야 하는 이유는, 바로 나와 당신의 죄를 대속하기 위해서, 다시 살리기 위해서 하나님의 아들이 겪은 수모이다).

② 광야에서 40일을 금식하고 주린 모습으로 마귀에게 시험을 받으실 때(마 4:2)이다. 육체를 가진 인간이 가장 필요로 하는 것은 생명을 위한 양식이다.

40일을 금식한 사람이 가장 필요로 하고 목말라하는 것이 바로 물과 음식이다. 이런 약점을 이용하여 미혹하러 오는 자가 바로 사탄이다. 주님도 우리와 같이 육체를 가진 이상 배고픔에서 자유로울 수 없다. 사탄은 주님의 이런 약점을 노리고 유혹하려 했다.

(마 4:2) 사십 일을 밤낮으로 금식하신 후에 **주리신지라**

③ 피곤을 느끼시는 주님(요 4:6)의 모습이다. 하나님의 아들도 육체를 가진 이상 잠을 자야 하고 피곤한 육체는 쉬어줘야 한다. 예수님은 하나님의 아들이면서도 우리의 삶을 경험하셨기에 우리를 이해하고 동정하기에 충분하신 분이다.

④ 고물에서 베개를 베고 주무신다(막 4:38). 피곤하여 주무시는 주님
을 보게 되는데, 이 모습은 우리와 똑같이 연약한 육체를 가지신
분으로 피곤하면 잠을 자야 회복되는 육신을 입고 계심을 말해주
고 있다. 그리고 양육생에게 이 말씀에서 주는 메시지를 보충 설명
하는 것이 좋다.

위의 말씀을 이해하려면 마가복음 4:35~41의 내용을 읽어보아야 한
다. 말씀을 읽다 보면 특이한 점이 발견된다. 예수님이 배 안에 계시는
데도 풍랑이 일어 배가 뒤집히려고 한다는 사실이다. 예수님의 제자들
은 대부분 어부 출신이다. 그래서 그들은 똘똘 뭉쳐 풍랑과 대항해 보
지만 역부족이다. 이들은 처음부터 주무시는 예수님을 깨우지 않는다.
자신들이 해볼 만큼 한 뒤 자신의 경험으로도, 자신의 지혜로도 할 수
없을 때 비로소 예수님을 깨우며 "우리가 죽게 되었다."라고 한다.

이것은 무슨 말인가? 우리의 신앙 상태, 믿음의 상태를 말해주는 것
이다. 대부분 예수님을 영접하여 주인으로 모신 우리는 깨어 계시는 주
님과 동행하는 것이 아니라 주님을 내 안에 모셔놓고 주무시게 한다.
얼마나 좋은 신앙인인지 모른다. "주님은 다른 데서 피곤하게 일하셨으
니 제 안에서는 주무세요. 제가 다 해보고, 안 될 때 주님 깨울 테니 그
때 도와주세요." 하고 효자 노릇을 하려고 한다.

그러나 주님의 뜻은 그것이 아니다. 내가 힘들 때만 필요한 주님이 아
니라, 내가 힘들어지기 전에 이미 그 어려움을 겪지 않도록 장애물을

예수님의 제자로 하나 되기

모두 치워주려는 마음으로 동행하고 싶어 하시는 것이다. 나의 경험보다 먼저 일하고 싶어 하시는 주님이시다. 그렇게 하심으로써 나로부터 찬양(예배)을 받고 싶어 하시는 분이다.

⑤ 눈물을 흘리시는 예수님(요 11:35)의 모습이다. 우리와 똑같이 육체를 가지신 예수님은 우리처럼 희로애락(喜怒哀樂)을 느끼시는 인간 예수님이시다.

> (요 11:33~35) 예수께서 그가 우는 것과 또 함께 온 유대인들이 우는 것을 보시고 **심령에 비통히 여기시고 불쌍히 여기사**
>
> 34 이르시되 그를 어디 두었느냐 이르되 주여 와서 보옵소서 하니
>
> 35 **예수께서 눈물을 흘리시더라**

예수님이 눈물을 흘린 이유는 무엇일까? 여기서 우리에게 향하신 주님의 마음을 볼 수 있다. 우는 자들을 보고 같이 울어주시는 주님. 이후에 죽은 나사로를 다시 살려 그들을 기쁘게 해주실 것을 아시면서도 지금 그 죽음 앞에서 괴로워하고 힘들어하는 그들의 상한 마음을 보고 같이 비통해하시며 불쌍히 여기사 눈물을 흘리시는 우리 주님의 따뜻한 마음을 찾아볼 수 있다[3].

우리 주님은 이렇게 마음이 여리신 분이다. 이제 그분의 마음을 아프게 하지 말자.

---

3 다른 주석에서는 그들의 믿음 없음을 보시고 비통해 하셨다고도 쓰여 있다. 그러나 앞뒤 문맥상 그들이 나사로의 죽음으로 인해 받은 상처에 동참하시는 사랑의 주님의 마음으로 보는 것이 본문에 가까운 해석이라 생각한다. 왜냐하면 그들은 주님이 죽은 나사로를 다시 살리러 오신 것을 모르고 있었기 때문이다.

(3) 우리와 같은 점과 다른 점(히 4:15)

> **(히 4:15)** 우리에게 있는 대제사장은 우리의 연약함을 동정하지 못하실 이가 아니요 <u>모든</u> <u>일에 우리와 똑같이</u> **시험을 받으신 이로되** <u>죄는 없</u>으시니라

① 같은 점: 우리와 똑같이 시험(Temptation)을 받으셨다.

② 다른 점: 흠도 없고 죄도 없으시다.

이 말은 죄가 없기 때문에 사망도 피해간다는 것이다. 주님은 이 땅에 우리를 위하여 죽으러 오신 유일한 분이다. 예수님은 죄가 없기 때문에 사실상 죽을 수 없는 분이다. 그런데 죽으셨다. 왜냐하면 우리의 죄가 그에게 전가되었기 때문이다. 그가 죽을 수 없는데도 죽었다는 이야기는 하나님의 긍휼하심과 사랑으로 대속이 온전히 이루어졌다는 의미인 것이다(<그림 2>와 <그림 3> 참조).

2) 신성(神性) - 하나님의 아들로 오신 예수

예수님은 자신을 요한복음 10:30에서 "나와 아버지는 하나이니라."라고 말씀하셨다. 또 요한복음 5:23에서 예수님은 자신을 "아버지를 공경하는 것 같이 아들을 공경하게 하려 함이다."라고 하시면서 자신도 아버지처럼 공경받아야 할 분임을 말씀하신다. 또 예수님은 요한복음 14:9에서 제자 빌립의 질문에 "나를 본 자는 아버지를 보았거늘"이라고 말씀하시면서 자기를 본 사람은 아버지를 본 것과 같다고 말씀하신다.

이외에도 예수님을 하나님의 아들이라고 증언하는 성구를 찾아보면 아래와 같다.

(1) 성부 하나님도 아들로 말씀하셨다.

> **(마 17:5)** 말할 때에 홀연히 빛난 구름이 그들을 덮으며 <u>구름 속에서 소리가 나서 이르시</u> <u>되 이는 내 사랑하는 아들이요</u> 내 기뻐하는 자니 너희는 그의 말을 들으라 하시는지라

> **(마 3:17)** 하늘로부터 소리가 있어 말씀하시되 <u>**이는 내 사랑하는 아들이요**</u> 내 기뻐하는 자라 하시니라

(2) 귀신들도 하나님의 아들로 인정했다.

> **(마 8:29)** 이에 그들이 소리 질러 이르되 <u>**하나님의 아들이여**</u> 우리가 당신과 무슨 상관이 있나이까 때가 이르기 전에 우리를 괴롭게 하려고 여기 오셨나이까 하더니

(3) 많은 사람이 하나님의 아들이라 고백했다.

> **(마 14:33)** 배에 있는 사람들이 예수께 절하며 이르되 <u>**진실로 하나님의 아들이로소이다**</u> 하더라

(4) 제자들도 하나님의 아들이라 고백했다. 그들의 신앙고백을 함께 살펴보자.

① 나다나엘(바돌로메)의 고백

> **(요 1:49)** 나다나엘이 대답하되 랍비여 <u>**당신은 하나님의 아들이시요**</u> 당신은 <u>**이스라엘의 임금**</u>이로소이다

나다나엘은 친구 빌립을 통해 예수님을 처음 만나게 된다. 그는 빌립이 처음 예수를 소개할 때 나사렛 예수라는 말에 나사렛에서 선한 것이 태어날 수 없다 하여 만나고자 하지 않았다. 그러나 빌립의 강권으로 마지못해 갔던 그가 예수님이 자신을 알아보시자 나다나엘은 예수님께 자신을 아냐고 되물었다. 주님의 "네가 무화과 아래에 있는 것을 보았노라."라는 말씀에 요한복음 1:49의 고백을 하게 된다. 자신의 마음조차 훤히 보고 계시는 주님, 그리고 무화과나무 아래는 하나님과 자신만이 아는 장소였는데 예수님이 말씀하시자 바로 이런 고백을 한 것이다. 그가 예수님을 "이스라엘의 임금이로소이다."라고 한 것은 이스라엘의 임금은 오직 한 분이신 여호와 하나님이시기에 이 고백은 예수님이 하나님이심을 돌려 말하고 있는 것이다.

② 베드로의 고백

> **(마 16:16)** 시몬 베드로가 대답하여 이르되 **주는 그리스도시요** 살아 계신 **하나님의 아들**이시니이다

"너희는 나를 누구라고 생각하느냐?"라는 질문에 베드로가 했던 고백이다. "주는 그리스도시요 살아계신 하나님의 아들이십니다."라는 이 고백 위에 주님은 교회를 세우셨다.

③ 도마의 고백

> **(요 20:28)** 도마가 대답하여 이르되 **나의 주님**이시요 **나의 하나님**이시니이다

도마의 이 고백은 부활하신 예수님을 직접 보고 자신의 의심을 버리고 한 신앙 고백이다. 나의 주님으로, 또 나의 하나님으로 모시는 도마의 고백이 귀중한 것은 제자들이 처음으로 예수님을 "나의 하나님"이라 고백했기 때문이다.

이렇게 예수님은 나에게 있어 어떤 분이신지 분명히 대답할 수 있는 것은, 성경에 등장한 제자들처럼 예수님을 인격적으로 경험했을 때에 비로소 가능해진다.

(5) 물 위를 걸으셨다.

예수님은 성자 하나님으로 삼위일체이시다. 창 1:2에 "땅이 혼돈하고 공허하며 흑암이 깊음 위에 있고 하나님의 신이 수면 위에 운행하시느니라."라는 말씀이 나온다. 말 그대로 물 위를 걸으셨다는 의미이다. 주님은 이 행위를 하심으로써 제자들에게 당신이 창조주 삼위일체 하나님이심을 드러내신다.

> **(마 14:25)** 밤 사경에 예수께서 **바다 위로 걸어서** 제자들에게 오시니

(6) 숨을 내쉬며 "성령을 받으라"

> **(요 20:22)** 이 말씀을 하시고 저희를 향하사 **숨을 내쉬며** 가라사대 **성령을 받으라**

> **(창 2:7)** 여호와 하나님이 땅의 흙으로 사람을 지으시고 생기를 **그 코에 불어넣으시니** 사람이 **생령이** 되니라

이 행동을 하신 이유는 당신께서 창조주 삼위일체 하나님이심을 드러내시기 위함이다. 창 2:7의 말씀을 제자들로 하여금 생각나게 하는 모습이다. 또 이러한 행동을 통하여 최초의 인간은 흙(육체)을 가진 상태에서 생령의 모습을 가지게 되었지만, 이제는 성령으로 장차 썩어질 육체의 몸이 아니라 영원히 썩지 않을 옷(신령한 몸)을 입게 되어 새로운 피조물이 됨을 미리 선포하시는 모습이다. 물론 주님이 하나님의 아들로서 아래의 일을 하셨지만, 당신께서 창조주 삼위일체 하나님임을 스스로 드러내고 계심을 볼 수 있다.

(7) 죄를 사하시는 능력을 가지고 계셨다(눅 5:20~24).

> **(눅 5:20~24)** 예수께서 그들의 믿음을 보시고 이르시되 **이 사람아 네 죄 사함을 받았느니라** 하시니
> 21 서기관과 바리새인들이 생각하여 이르되 이 신성 모독 하는 자가 누구냐 **오직 하나님 외에 누가 능히 죄를 사하겠느냐**
> 22 예수께서 그 생각을 아시고 대답하여 이르시되 너희 마음에 무슨 생각을 하느냐
> 23 네 죄 사함을 받았느니라 하는 말과 일어나 걸어가라 하는 말이 어느 것이 쉽겠느냐
> 24 그러나 **인자가 땅에서 죄를 사하는 권세가 있는 줄을 너희로 알게 하리라 하시고** 중풍병자에게 말씀하시되 내가 네게 이르노니 일어나 네 침상을 가지고 집으로 가라 하시매

위의 말씀을 통해 예수님은 하나님만이 가지고 계시는 죄 사함의 권위를 삼위일체의 한 분이신 당신에게도 있음을 분명히 밝히심으로써

비록 인간의 모습을 하고 계시나 당신 안에 신성의 권위가 함께하심을 나타내고 계시는 것이다.

(8) 사망권세 이기고 부활하심(롬1:4; 요11:25~26; 막16:9)

> **(롬 1:4)** 성결의 영으로는 **죽은 자들 가운데서 부활하사** 능력으로 **하나님의 아들로 선포되셨으니** 곧 우리 주 예수 그리스도시니라

> **(요 11:25~26)** 예수께서 이르시되 **나는 부활이요 생명이니** 나를 믿는 자는 죽어도 살겠고 26 무릇 살아서 나를 믿는 자는 영원히 죽지 아니하리니 이것을 네가 믿느냐
> **(막 16:9)** 예수께서 안식 후 첫날 이른 아침에 살아나신 후 전에 일곱 귀신을 쫓아내어 주신 막달라 마리아에게 먼저 보이시니

예수님은 하나님의 아들로서 사망 권세를 이기시고 부활하셨다. 예수님께서는 육체로 살아계실 동안 제자들에게 자신이 십자가에 못 박혀 죽고 삼 일 만에 다시 살아날 것을 말씀하셨다(막 9:31, 눅 18:33).

만일 부활이 없다면 우리의 믿음도 헛것이 되고 죄 사함도 없게 될 것이라는 사실을 사도 바울은 강조하고 있다(고전 15:13~14). 따라서 예수님의 부활은 모든 죽은 자의 부활의 첫 열매로써 사망권세에 눌려 사는 우리에게 빛과 소망이 되어 주시는 것이다(<그림 2>와 <그림 3> 참조).

> **(고전 15:13~14)** 만일 **죽은 자의 부활이 없으면 그리스도도 다시 살아나지 못하셨으리라** 14 그리스도께서 만일 다시 살아나지 못하셨으면 **우리가 전파하는 것도 헛것이요 또 너희 믿음도 헛것이며**

3) 주님이 이 땅에서 하신 일을 살펴보자.

주님은 이 땅에서 하나님의 아들로서뿐만 아니라 메시아로서 여러 가지 일을 하셨다.

(1) 가르치시고 천국 복음을 전파하시고 모든 약한 것을 고치셨다(마 4:23).

(2) 맹인이 보며, 못 걷는 사람이 걸으며, 나병 환자가 깨끗함을 받으며, 못 듣는 자가 들으며, 죽은 자가 살아나며, 가난한 자들에게 복음이 전파되게 하셨다(마 11:5).

예수님은
무엇을 하셨나?

지난 주일 설교에 대한 말씀을 나눈다

a) 설교말씀 본문과 주제와 내용을 서로 나눈다.

b) 가장 큰 은혜나 감동을 받은 내용은 무엇인가?

c) 이 말씀에 비추어 볼 때 현재 나의 모습은 어떠한가?

d) 이 말씀으로 내가 버려야 할 것과 바꾸어야 할 생활 습관(사고)이 있다면 무엇인가?

   (주일 말씀에 대한 세부 실천 계획을 세워보고 실천해 보았는가?)

e) 말씀 속에서 결단한 내용과 그 결단한 것이 지켜지고 있는가?

예수님의 제자로 하나 되기

들어가기

예수님께서 이 땅에 성육신으로 오신 이유는 무엇인가? 그리고 우리는 왜 예수 그리스도를 통해서만 구원받을 수 있도록 하나님께서 법으로 정하셨을까?

이 질문에 관련된 성구를 먼저 찾아보자.

1. 예수님이 오시게 된 동기

예수님이 오시게 된 동기는 하나님이 나를 이처럼 사랑하사 나를 죄와 사망으로부터 구원하시고자 독생자를 보내셨기 때문이다.

> (요 3:16~17) 하나님이 세상을 이처럼 사랑하사 독생자를 주셨으니 이는 그를 믿는 자마다 멸망하지 않고 영생을 얻게 하려 하심이라
> 17 하나님이 그 아들을 세상에 보내신 것은 세상을 심판하려 하심이 아니요 그로 말미암아 세상이 구원을 받게 하려 하심이라

1) 하나님은 모든 생명의 근원을 피에 두셨다.

우리가 죄를 지었으므로 사망의 피가 흐른다. 사망을 생명으로 다시 회복시키기 위해서는 생명의 근원인 흠 없고 깨끗한 피를 공급받아야 하는데 세상에는 그런 피가 없다. 깨끗한 피로 말미암아 새로운 생명을 얻을 수 있게 되는데 주님이 오시기 전에는 한시적으로 흠 없고 깨끗한 짐승을 잡아 한시적인 시간 동안 죄를 씻을 수 있는 방법을 채택하셨다. 그것이 레위기에 나오는 5대 제사 제도이다.

5대 제사 제도는 번제, 소제, 화목제, 속죄제, 속건제가 있다. 제사 제도를 설명하면 아래와 같은 순서로 진행된다.

죄를 지은 자가 죄를 용서받기 위해 속건제나 속죄제를 드리게 되는데, 이때 자신이 흠 없이 정성스럽게 키운 소나 양을 가지고 성전을 찾아온다.

가지고 온 짐승을 제단 옆, 짐승 잡는 곳에 묶고 제사자는 제사장 앞에서 자신의 죄를 고백하면서 짐승의 머리 위에 안수를 한다. 안수를 통해 죄를 다 고백하고 나면 짐승은 나의 죄를 전가 받은 죄 덩어리로 변한 상태가 된다. 따라서 내게 향했던 하나님의 진노 또한 짐승에게로 전가된 상태가 되었기 때문에 짐승은 하나님의 진노로 인해 잔인하게 죽어간다.

이제 자신의 죄가 전가된 짐승을 죽이는데, 자신이 애지중지(愛之重之) 키워왔던 짐승을 자신의 손으로 직접 죽여야 한다. 안수를 끝낸 제사자는 제사장으로부터 창이나 칼을 받아 짐승을 죽이는데, 이때 죽이는 방법은 문헌에 3가지 방법으로 나와 있다[4]. 이 방법 중 하나를 택하여 짐승을 죽인 후에 제사자는 짐승의 피를 받아 제사장에게 주면 제사장은 제단 사방에 그 피를 뿌리고, 그다음 제사장은 제사자에게 짐승의 가죽을 벗기라고 칼(短刀)을 주고 제사자는 그 칼을 받아 죽은 짐승의 발목을 따서 가죽을 벗겨나간다. 이 가죽을 벗기는 과정에서 제사자는 역겨운 피비린내를 맡아야 할 것이다. 이 작업이 끝나면 제사장

---

4   첫 번째 방법은 짐승의 머리에 한 손을 올려놓고 다른 한 손으로는 칼로 짐승의 목에 있는 동맥을 찾아 끊는 방법으로 죽인다. 이때 짐승의 깨끗한 동맥의 피가 제사자에게 튀게 된다. 이는 예수님의 십자가 보혈이 우리에게 튀어 우리의 죄가 사하여진다는 상징적 의미가 있다. 두 번째 방법은 정수리를 도끼나 망치로 쳐서 죽이는 방법이다. 세 번째 방법은 심장을 창이나 칼로 찔러 죽이는 방법이다. 이들 중 첫 번째 방법이 가장 유력하다.

은 손도끼를 주어 죽은 짐승의 각을 뜨게 한다. 이 또한 작업 도중 살점이 튀고 피가 튀고 역겨운 냄새가 진동할 것이다. 이 작업이 끝나면 제사자는 짐승의 내장을 씻고 이 모든 것을 제사장에게 주고 제사장은 제단 위에 올려놓고 불에 태운다. 하나님은 이 짐승이 타는 냄새를 기뻐하신다(레 1:9 "여호와 앞에 향기로운 냄새니라"). 그 이유는 내게 있던 죄와 그 죄로 인한 하나님의 진노가 다 타서 없어졌기 때문이다.

이런 짐승의 모습으로 십자가를 제단(祭壇) 삼아 오르신 분이 예수님이시다. 나의 원죄와 평생에 지은 죄를 씻으시기 위해 세상 죄를 지고 가는 하나님의 어린 양으로 오셨다.

> **(요 1:29)** 이튿날 요한이 예수께서 자기에게 나아오심을 보고 이르되 보라 세상 죄를 지고 가는 **하나님의 어린 양이로다**

2) 인간의 죄를 대속하기 위해 인간의 모습으로 오셔야만 했던 주님!

말씀으로 잉태하여 우리와 같은 모습으로 사시다가 마침내 인류의 대속제물이 되어 십자가에 달려 돌아가신 일은 예수님이 태어나시기 700년 전 사람 이사야가 잘 예언하고 있다.

> **(사 53:5)** 그가 **찔림은 우리의 허물 때문이요** 그가 **상함은 우리의 죄악 때문이라** 그가 **징계를** 받으므로 **우리는 평화를 누리고** 그가 **채찍에 맞으므로 우리는 나음을 받았도다**

위의 말씀을 풀어보자. "그가 찔림은" 어떤 찔림인가? 주님의 머리에는 가시면류관이 있었다. 이 가시면류관은 팔레스타인 아카시아나무와 싯딤나무, 그리고 잔가시가 많은 스피나 크리스티나무를 엮어 만든 관을 말한다. 이것을 로마 병사들이 가죽 장갑을 끼고 주님의 머리에 씌우고는 위에서 밑으로 눌러 내림으로써 이 가시가 주님의 이마의 살을 찢고 뼈를 상하게 하며, 피는 얼굴에 흘러내리고 주님의 비명소리가 들리고 또 그들은 예수님의 손에 갈대를 들린 다음 그 앞에 무릎을 꿇고 조롱하며 이르기를 "유대인의 왕이여, 만세."라고 떠들어댔다. 또 이들은 예수님께 침을 뱉고 갈대를 빼앗아 머리를 내리쳤다. 그리고 십자가에서 양 손목과 발목에 못을 박아 산 채로 달았다. 제사 제도에 사용되었던 짐승처럼 창에 찔려 피와 물을 다 쏟아내시고 짐승의 가죽이 벗겨지듯 주님의 옷을 벗겨 제비를 뽑아 나누어 가지는 저들의 모습에서 나(우리)의 모습을 발견한다. 비록 2000년 전 로마 병사들이 그 일을 꾸미고 행하였지만, 나 또한 그 시대에 있었다면 그와 같이 행동했을지도 모른다.

지금도 내 안에는 예수님을 온전히 따르지 않으려는 속성이 있음을 부인할 수 없다. 내가 가지고 있는 내 죄와 그에 따른 하나님의 진노에서 우리 주님은 다름 아닌 나를 구원하시기 위해 그 일을 나(我) 대신 감당하시고 감내하신 것을 우리는 잊지 말아야 한다. 내게 있는 죄를 없애기 위해 십자가에 못 박히신 주님으로부터 받은 사랑이 바로 이런 사랑이다. 그렇다면 이 사랑을 받은 나는 무엇을 할 것인가?

> **(요 1:14) 말씀이 육신이 되어 우리 가운데 거하시매** 우리가 그의 영광을 보니 아버지의 독생자의 영광이요 **은혜와 진리가** 충만하더라

이와 같이 성육신의 사건 속에는 하나님의 은혜와 진리가 그 안에 충만하게 담겨 있는 은총의 사건이다.

사도 바울은 성육신의 사건을 빌립보서 2:5~8에서 겸손, 포기, 동일화로 말씀하신다.

> **(빌 2:5~8) 너희 안에 이 마음을 품으라 곧 그리스도 예수의 마음이니**
> 6 그는 근본 하나님의 본체시나 **하나님과 동등 됨을 취할 것으로 여기지 아니하시고**
> 7 오히려 **자기를 비워 종의 형체를 가지사** 사람들과 같이 되셨고
> 8 **사람의 모양으로 나타나사 자기를 낮추시고 죽기까지 복종하셨으니** 곧 십자가에 죽으심이라

예수님의 제자로 하나 되기

이 말씀 속에서 성부 하나님 앞에서 자신을 낮추시고 겸손한 자세로 우리와 동등한 모습으로 자신의 권리를 포기하고 오로지 피조물인 우리를 사랑하심으로 이 땅에 오신 주님의 모습. 그 속에서 참된 예배자의 마음과 태도를 발견할 수 있다. 우리 또한 예수님을 통해 그런 예배자의 모습을 취해야 한다.

2. 나의 죄를 사함받기 위한 방법이 오직 예수님인 이유

나의 죄를 사함받기 위한 방법이 오직 예수님인 이유는, 주님이 매달리신 십자가 위에 우리가 손을 얹어 회개를 통한 신앙 고백을 했을 때 비로소 나의 모든 죄가 십자가에 전가되고, 주님이 나의 죄와 그 죄로 인한 하나님의 진노를 몸소 십자가로 감당하여 마침내 나를 구원하시기 때문이다. 비록 2,000년이 지난 시점이라고 하더라도 하나님은 시공간을 만드셨기에 그것을 뛰어넘는 분이라, 지금 내가 예수님을 구주로 고백하고 그 분의 이름으로 내 죄를 자복하고 회개하면 내 죄가 마치 짐승에게 안수를 통하여 전가되는 것처럼 예수님에게 전가되어 예수님이 내 대신 벌을 받고 하나님의 진노를 견디어 내시는 것이다. 이 행위가 하나님 앞에서 반드시 있어야만 대속이 이루어진다. 이것이 구원은 오직 예수님이어야만 하는 이유이다.

주님은 우리의 죄를 대속하러 오신 사명이 있었고, 고난의 십자가를 지시려고 이 땅에 오셨다. 하지만 유대인들에게 잡히시기 전날 밤, 겟세마네 동산에서 죽을 만큼 괴로운 심정으로 땀이 핏방울이 되도록 기도하신 이유가 무엇일까(눅 22:44)? 그리고 마태복음 26:38~44에서 왜 그리도 힘들어하셨을까?

> (눅 22:44) 예수께서 힘쓰고 애써 더욱 간절히 기도하시니 **땀이 땅에 떨어지는 핏방울 같이 되더라**
>
> (마 26:38~44) 이에 말씀하시되 **내 마음이 매우 고민하여 죽게 되었으니** 너희는 여기 머물러 나와 함께 깨어 있으라 하시고
>
> 39 조금 나아가사 얼굴을 땅에 대시고 엎드려 기도하여 이르시되 내 아버지여 만일 할 만하시거든 **이 잔을** 내게서 지나가게 하옵소서 그러나 나의 원대로 마시옵고 아버지의 원대로 하옵소서 하시고
>
> 40 제자들에게 오사 그 자는 것을 보시고 베드로에게 말씀하시되 너희가 나와 함께 한 시간도 이렇게 깨어 있을 수 없더냐
>
> 41 시험에 들지 않게 깨어 기도하라 마음에는 원이로되 육신이 약하도다 하시고
>
> 42 다시 두 번째 나아가 기도하여 이르시되 내 아버지여 만일 내가 마시지 않고는 **이 잔이** 내게서 지나갈 수 없거든 아버지의 원대로 되기를 원하나이다 하시고
>
> 43 다시 오사 보신즉 그들이 자니 이는 그들의 눈이 피곤함일러라
>
> 44 또 그들을 두시고 나아가 세 번째 같은 말씀으로 기도하신 후

여기서 우리는 인간적인 예수님을 만나 볼 수 있다. 주님이 그토록 힘들어했던 것은 기도 속에서 찾아볼 수 있듯이 "이 잔을 내게서 지나가게 해달라."라는 표현이다. 이 잔이 무엇이기에 그토록 마시기 힘들어하셨을까? 그것은 십자가로 인한 고통의 잔이 아니라 하나님으로부터 버림받아야 하는 잔이었기 때문이다. 주님의 입장에서 보면 하나님의 아들로서 아버지의 말씀대로 순종하기 위해 오셨다. 그래서 하나님의 아들로서 우리를 구원하시기 위해 십자가를 지러 오신 것인데, 이에 따른 그 어떤 육체적 고난도 고통도 십자가의 그 형벌까지도 다 순종하며 받겠으나 아버지에게 버림받는 아들이 되는 이 잔만큼은 피하고 싶다고 절규하고 계시는 것이다. 이 고통이 가장 큰 고통으로 다가왔던 것이다.

그러나 주님이 그 잔을 마시지 아니하면 끝내 내(우리)가 마셔야 한다. 그러기에 주님은 아버지의 뜻대로 결국 그 잔을 마시고 만다. 아들로서 아버지에게 버림받고 싶지 않은 아들의 마음을, 땀이 핏방울이 되도록 기도하는 그 마음을 누가 알아줄까? 사랑이 크면 클수록 더욱 힘든 일인데, 두 분은 온전하신 사랑으로 함께하고 계셨는데, 나(내 죄) 때문에 잠시 아버지로부터 버림받는 진노를 감당하기로 작정하신 것이다.

예수님의 제자로 하나 되기

왜냐하면 그만큼 우리를 사랑하고 계셨기 때문이다.

그런데 사도 바울의 말씀처럼(롬 2:5) 내 죄로 인해 내게 향해 있던 하나님의 진노의 잔을 예수님이 내 대신 마셔 이제 빈 잔이 내 앞에 놓였음에도 그 빈 잔을 내 고집과 회개하지 않는 마음으로 다시 채우고 있으니 이 얼마나 어리석은 일인가?

> **(롬 2:5)** 다만 **네 고집과 회개하지 아니한 마음을 따라** 진노의 날 곧 하나님의 의로우신 심판이 나타나는 그 날에 임할 **진노를 네게 쌓는도다**

예수님의 이 고난의 과정이 반드시 있어야 대속이 되기에 예수님이 아니면 우린 구원을 받을 수 없다. 세상 어디에 나를 위해 피 한 방울이라도 흘려준 신이 있었던가? 조금만 생각해보면 알 일이다.

그래서 사도 바울은 사도행전 4:12에서 우릴 구원하실 자는 오직 그 이름 예수 그리스도뿐이라고 말씀하고 있다.

> **(행 4:12)** **다른 이로써는 구원을 받을 수 없나니** 천하 사람 중에 구원을 받을 만한 다른 이름을 우리에게 주신 일이 없음이라 하였더라

3. 예수님은 하나님과 죄인 된 내가 화목할 수 있도록 화목 제물로 오셨다.

1) 하나님과 나 사이에 막힌 담(죄의 담)을 허무셨다(엡 2:13~14).

> **(엡 2:13~14)** 이제는 전에 멀리 있던 너희가 **그리스도 예수 안에서** 그리스도의 피로 가까워졌느니라
> 14 그는 우리의 화평이신지라 **둘로 하나를 만드사** 원수 된 것 곧 중간에 막힌 담을 자기 육체로 허시고

2) 하나님과 나와 화목하게 하셨다(골 1:20).

> **(골 1:20)** **그의 십자가의 피로 화평을 이루사** 만물 곧 땅에 있는 것들이나 하늘에 있는 것들이 그로 말미암아 자기와 화목하게 되기를 기뻐하심이라

4. 나의 죄를 살펴보자.

"나는 하나님 앞에서 얼마나 큰 죄인인가?"라는 질문에 대해 깊이 생각해보자. 만일 하나님께서 나의 죄를 다른 사람들이 볼 수 있도록 영안의 눈을 뜨게 한다면 나는 어떻게 세상에서 살아갈 수 있을까? 물론 이 세상에서 죄인이 아닌 자가 있겠는가? 털어서 먼지 나지 않는 자가 없다고 하듯이, 우리는 모두가 주님 앞에서 먼지와 같은 존재들이고 죄를 가진 존재들이다. 성경에서는 "죄를 범하지 않는 의인은 세상에 없다(전 7:20)."라고 하였고, "의인은 없나니 하나도 없으며(롬 3:10)"라고 증언하고 있다.

앞서 말했듯이 내가 죄를 지을 때마다 내 몸에 가시가 돋는다고 생각해 보자. 성인이 된 나에게 얼마나 많은 큰 가시와 잔가시들이 생기겠는가? 아마도 흉측한 내 모습을 보면 아무도 반겨 줄 사람이 없을 것이다. 사랑하는 내 부모도, 아내도, 자식들마저도 모두 도망가고 말 것이다. 그런데 나의 주님은 이런 흉측한 모습을 아무도 보지 못하게 하셨다. 그러기에 내가 살 수 있다. 깨끗한 채 말이다. 그러나 주님은 이 모든 것을 보신다. 그런데도 나를 버리지 않으신다. 오히려 그런 나를 외롭게 두지 아니하시고 방향을 몰라 헤매고 있을 때 자신의 품에 안으시고 자신의 등으로 업으시며 걸어가신다. 그 가시에 찔려 아프실 텐데 말이다. 그런데 나에게 생긴 이 죄의 가시는 그분의 몸에 닿아 그분의 몸에 상처를 내고 피가 닿아야만 녹아 없어지니 이제 더 이상 죄를 짓지 말자. 주님을 더 이상 아프게 하지 말자.

예수님의 제자로 하나 되기

5. 주님은 우리를 구원하기 위해 자신의 생명까지도 우리를 위해 주셨다. 우리에게 주어진 영생의 대가는 바로 주님의 생명으로 산 결과이다. 주님은 이 땅에 오시기 전에도 우리를 위해 우주 만물을 창조하셨다.

하나님의 말씀에 불순종한 우리를 끝까지 책임지고 동행하기 위해, 에덴에서 불순종한 인간들만 세상으로 쫓아내신 것이 아니라 같이 나오셔서 아담과 하와를 돌보아주셨다.

하나님은 창세기 3:21에서 보듯 가죽옷을 지어 입히시고 타락한 인간을 진멸시키지 아니하셨으며 노아를 통해 다시 인류를 시작하셨고 마침내 아브라함을 통해 모든 열방에게 복음으로 말미암아 복(福)을 주실 것을 약속하셨다.

지금까지 우리를 다스리시고 성경을 우리 손에 쥐어주시고 말씀대로 사는 방법을 가르치시고 제시하시며 인도하시는 주님이 지금 어떤 모습으로 무엇을 하고 계시는지 다음 만남에서 알아보도록 하자.

네 번째 만남

예수님은 지금
무엇을 하고 계시는가?

지난 주일 설교에 대한 말씀을 나눈다

a) 설교말씀 본문과 주제와 내용을 서로 나눈다.

b) 가장 큰 은혜나 감동을 받은 내용은 무엇인가?

c) 이 말씀에 비추어 볼 때 현재 나의 모습은 어떠한가?

d) 이 말씀으로 내가 버려야 할 것과 바꾸어야 할 생활 습관(사고)이 있다면 무엇인가?

　(주일 말씀에 대한 세부 실천 계획을 세워보고 실천해 보았는가?)

e) 말씀 속에서 결단한 내용과 그 결단한 것이 지켜지고 있는가?

들어가기

1. 지금 예수님은 무엇을 하고 계신 것 같습니까?

1) 임마누엘 하나님으로 우리와 함께하신다.

마태복음 1:23의 말씀처럼 우리와 함께하시는 임마누엘의 하나님으로 계신다는 사실을 알아야 한다. 주님은 지금 하나님 보좌 우편에 앉아 계신다. 그리고 성령 하나님을 통해 주님이 이 땅에 오셔서 우리에게 분부하신 모든 것을 생각나게 하시고 지켜 행하게 하신다.

2,000년 전 예수님은 십자가에서 죽으셨다. 그리고 3일 만에 부활하셨다. 이 사건은 창세기 3:15의 말씀을 성취하시기 위해 이미 예정되어 있었던 것이다. 사망을 이기셨다는 것은 매우 중요한 사건이다. 지금까지 죽었다가 다시 살아나 영원히 산 사람은 아무도 없다. 성경은 유일하게 하나님의 아들로 이 땅에 오신 예수님만이 죽었다가 다시 살아나셔서 다시 죽지 아니하시고 하늘로 오르사 하나님 보좌 우편에 앉으셨다고 분명히 증언하고 있다. 이 사실이 곧 우리의 소망이다.

성경은 예수님께서 스스로 예언했던 대로 다시 부활한 사건을 목격한 사람들을 증인으로 기록하고 있다. 어떤 사람들이 보았는가?

고린도전서 15:4~8에서 "게바와 열두 제자, 그리고 오백여 형제, 사도 바울"이 보았다고 기록하고 있다.

(고전 15:4~8) 장사 지낸 바 되셨다가 **성경대로 사흘 만에 다시 살아나사**

5 **게바에게** 보이시고 후에 **열두 제자에게와**

6 그 후에 **오백여 형제에게 일시에 보이셨나니** 그 중에 지금까지 대다수는 살아 있고 어떤 사람은 잠들었으며

7 그 후에 **야고보에게** 보이셨으며 그 후에 **모든 사도에게와**

8 **맨 나중에 만삭되지 못하여 난 자 같은 내게도** 보이셨느니라

2) 성령을 통하여 성도를 지키시고 성화 과정으로 이끄신다.

성화 과정이란 완전한 그리스도인의 경지에 이르는 것을 말한다. "열한 번째 만남, 성령 충만한 삶"에서 다시 다루겠지만, 성화의 필수조건인 말씀은 바로 누가복음 9:23의 말씀을 온전히 이루어 가는 것이다. 사도 바울은 이 말씀을 이렇게 이루었다. '자기부인(自己否認)'에 대해서는 "형제들아 내가 그리스도 예수 우리 주 안에서 가진바 너희에 대한 나의 자랑을 두고 단언하노니 나는 날마다 죽노라(고전 15:31).", 그리고 '자기 십자가에 대해서는 "나는 이제 너희를 위하여 받는 괴로움을 기뻐하고 그리스도의 남은 고난을 그의 몸 된 교회를 위하여 내 육체에 채우노라(골 1:24)."라는 말씀으로 고백하고 있다.

날마다 새로워지고 날마다 죽기 위해서는 어떻게 해야 하는가? 그것은 "다만 네 고집과 회개하지 아니한 마음을 따라 진노의 날 곧 하나님의 의로우신 심판이 나타나는 그 날에 임할 진노를 네게 쌓는도다(롬 2:5)."라는 말씀처럼 내가 가지고 있는, 세상의 경험으로 생긴 못난 고집과 고정관념을 먼저 버려야 한다. 그리고 날마다 하나님 앞에서 말씀을 통해 나의 삐뚤어진 모습과 죄악 된 모습, 그리고 불의한 모습을 낱낱이 찾아내어 버려야 한다. 그것이 다시 생기려고 할 때 거부하고 거절해야 한다. 하나님의 사람으로 거듭나기 위한 고통과 고난, 그리고 복음을 전하는데 있어 생기는 환란 등은 내가 감당하고 짊어지고 가야 할 십자가이다. 이것을 짊어지고자 할 때 주님은 나를 도우신다.

예수님의 제자로 하나 되기

2. 타락 전후, 그리고 예수를 영접한 후 우리의 모습을 생각해 보자.

1) 타락하기 이전 우리의 모습은 어떠했는가?

(1) 하나님의 형상을 그대로 유지하고 있었다(창 1:26~27).

> **(창 1:26~27)** 하나님이 이르시되 우리의 형상을 따라 우리의 모양대로 우리가 사람을 만들고 **그들로 바다의 물고기와 하늘의 새와 가축과 온 땅과 땅에 기는 모든 것을 다스리게 하자 하시고**
> 27 하나님이 자기 형상 곧 **하나님의 형상대로 사람을 창조하시되 남자와 여자를 창조하시고**

(2) 땅과 하늘의 권세를 가지고 있었다(창 1:26; 창 2:19).

짐승들에게 이름을 부여하는 것은 그것들의 주인이 되었음을 의미한다.

> **(창 2:19)** 여호와 하나님이 흙으로 각종 들짐승과 공중의 각종 새를 지으시고 아담이 무엇이라고 부르나 보시려고 그것들을 그에게로 이끌어 가시니 **아담이 각 생물을 부르는 것이 곧 그 이름이 되었더라**

(3) 자유의지를 부여하셨다(창 2:16).

이는 선택의 자유로서 완전한 자유의지였다.

> **(창 2:16~17)** 여호와 하나님이 그 사람에게 명하여 이르시되 **동산 각종 나무의 열매는 네가 임의로 먹되**
> 17 선악을 알게 하는 나무의 열매는 **먹지 말라 네가 먹는 날에는 반드시 죽으리라** 하시니라

모든 실과는 임의로 먹을 수 있는 선택의 자유를 부여하셨다. 여기에는 선악을 알게 하는 나무도 포함되어 있었다. 그러나 단지 그 선악을 알게 하는 과일만은 "먹지 말라 먹는 날엔 반드시 죽으리라"는 명령이 함께 있었던 것이다. 그들은 먹고 싶어도 참아야 하는 인내가 필요했다. 선악과를 볼 때마다 하나님의 말씀을 기억해내고 그것을 지켜내

야 하는 인내와 순종이 뒤따라야 했다. 이렇게 선악과는 아담에게 있어서 자신의 정체성을 분명히 알게 하는 좋은 나무였던 것이다.

선악과의 의미를 잠시 살펴보면 선악과는 창조주이신 하나님과 피조물 사이의 경계선이었다. 그래서 그 경계선을 넘으면 반드시 죽는 형벌이 있었다. 또 선악과는 자신의 정체성과 하나님에 대한 정체성을 알려주는 나무였다. 마지막으로 선악과는 하나님의 말씀이 담겨 있는 성경책과 같은 나무였다.

(4) 하나님과 동행하는 하나님의 자녀 신분이었다(창 2:20~ 23).

하나님은 모든 만물의 주인이시다. 그래서 창조 때마다 낮과 밤, 하늘 등 이름을 지어주셨다. 그런데 이 권세를 아담에게 일부 이양하여주셨음을, 모든 짐승에게 이름을 붙여주게 하심과 다스리는 권세까지 부여하셨음을 확실히 하신다. 또 아담이 타락하지 않았을 때는 하나님께서 하와를 어떻게 만들었는지 설명을 하지 않았음에도 하나님이 하신 일을 바로 알아낸다. 모두가 알다시피 그는 하와를 만들 때 깊은 잠에 빠져 있었다. 그런데도 자신의 뼈로, 그리고 살로 채워 만든 사실을 알아낸다. 이것은 하나님의 형상이 그에게 그대로 존재했기 때문이고 하나님과 온전한 소통이 이루어졌기 때문이다.

> **(창 2:20~23)** 아담이 모든 가축과 공중의 새와 들의 모든 짐승에게 이름을 주니라 아담이 돕는 배필이 없으므로
> 21 여호와 하나님이 <u>아담을 깊이 잠들게 하시니</u> 잠들매 그가 그 갈빗대 하나를 취하고 살로 대신 채우시고
> 22 여호와 하나님이 아담에게서 취하신 그 갈빗대로 여자를 만드시고 그를 아담에게로 이끌어 오시니
> 23 <u>아담이 이르되 이는 내 뼈 중의 뼈요 살 중의 살이라</u> 이것을 남자에게서 취하였은즉 여자라 부르리라 하니라

2) 타락 후 우리의 모습은 어떠한가?

(1) 하나님과 멀어지게 되었다.

하나님을 피하는 존재가 되어버렸다(창 3:8), 하나님의 자녀의 신분에서 사탄의 종으로 타락해 버렸다(롬 6:16).

> **(창 3:8)** 그들이 그 날 바람이 불 때 동산에 거니시는 여호와 하나님의 소리를 듣고 아담과 그의 아내가 **여호와 하나님의 낯을 피하여** 동산 나무 사이에 숨은지라

> **(롬 6:16)** 너희 자신을 종으로 내주어 **누구에게 순종하든지 그 순종함을 받는 자의 종이 되는 줄을 너희가 알지 못하느냐** 혹은 죄의 종으로 사망에 이르고 혹은 순종의 종으로 의에 이르느니라

(2) 죄로 인해 사망이 우리에게 들어왔다(창 2:17; 롬 5:12).

> **(롬 5:12)** 그러므로 **한 사람으로** 말미암아 **죄가 세상에 들어오고** 죄로 말미암아 **사망이 들어왔나니** 이와 같이 모든 사람이 죄를 지었으므로 사망이 모든 사람에게 이르렀느니라

> **(창 2:17)** 선악을 알게 하는 나무의 열매는 먹지 말라 **네가 먹는 날에는 반드시 죽으리라** 하시니라

(3) 하나님의 형상이 깨어져 버렸다.

갈라디아서 4:19의 "그리스도의 형상을 이루기까지"라는 말씀은 그 형상이 손상을 입었다는 이야기이다. 이것을 성령의 도우심으로 회복해야 한다.

> **(갈 4:19)** 나의 자녀들아 **너희 속에 그리스도의 형상을 이루기까지** 다시 너희를 위하여 해산하는 수고를 하노니
> **(고전 3:16)** 너희는 **너희가 하나님의 성전인 것과 하나님의 성령이 너희 안에 계시는 것을** 알지 못하느냐

(4) 죄가 해결되지 않은 채 마귀를 아비로 두게 되었다(요 8:44).

> **(요 8:44)** 너희는 **너희 아비 마귀에게서 났으니** 너희 아비의 욕심대로 너희도 행하고자 하느니라 그는 처음부터 살인한 자요 **진리가 그 속에 없으므로** 진리에 서지 못하고 거짓을 말할 때마다 제 것으로 말하나니 이는 그가 거짓말쟁이요 거짓의 아비가 되었음이라

(5) 우리에게 준 권세가 사탄에게 순종함으로 사탄에게 넘겨준바 되었다(눅 4:6; 롬 6:16).

　　사탄이 예수님을 시험하는 과정에서 누가복음 4:6에 "이 모든 권위와 그 영광을 내게 넘겨준 것"이라고 말한 것은 아담과 하와에게 주어진 권위와 영광이 그들이 자신에게 순종함으로써 자신의 것이 되었다고 말하고 있는 것이다.

> **(눅 4:6)** 이르되 이 모든 권위와 그 영광을 내가 네게 주리라 이것은 **내게 넘겨준 것**이므로 내가 원하는 자에게 주노라

> **(롬 6:16)** 너희 자신을 종으로 내주어 **누구에게 순종하든지 그 순종함을 받는 자의 종이 되는 줄을 너희가 알지 못하느냐** 혹은 죄의 종으로 사망에 이르고 혹은 순종의 종으로 의에 이르느니라

3) 예수를 영접한 후 우리들의 모습은 어떻게 변화되었는가?

(1) 죄를 사함 받고(엡 1:7) 하나님의 자녀가 되는 회복이 일어났다(요 1:12).

> **(엡 1:7)** 우리는 그리스도 안에서 그의 은혜의 풍성함을 따라 그의 피로 말미암아 **속량** 곧 **죄 사함을 받았느니라**
> **(요 1:12)** **영접하는 자 곧 그 이름을 믿는 자들**에게는 **하나님의 자녀가 되는** 권세를 주셨으니

(2) 예수 그리스도로 인해 이제 새로운 피조물이 되었다(고후 5:17).

> **(고후 5:17)** 그런즉 누구든지 **그리스도 안에 있으면 새로운 피조물이라** 이전 것은 지나갔으니 **보라 새 것이 되었도다**

(3) 하나님 나라의 백성으로 거듭나게 되었다(벧전 2:9).

(벧전 2:9) 그러나 너희는 **택하신 족속이요** 왕 같은 제사장들이요 **거룩한 나라요 그의 소유가 된 백성이니** 이는 너희를 어두운 데서 불러내어 그의 기이한 빛에 들어가게 하신 이의 아름다운 덕을 선포하게 하려 하심이라

(4) 예수님이 우리 안에 거하심으로써 하나님의 형상이 다시 회복되었으나(고후 4:4) 여전히 육체의 소욕인 죄의 속성과 공존하는 상태가 되어 이 상태에서 육체의 소욕을 완전히 십자가에 못 박아 죽게 해야 하는 과정이 남게 되었다(갈 3:26~27; 엡 2:12~18).

(갈 3:26~27) 너희가 다 믿음으로 말미암아 **그리스도 예수 안에서 하나님의 아들이 되었으니**
27 누구든지 그리스도와 합하기 위하여 세례를 받은 자는 **그리스도로 옷 입었느니라**

(고후 4:4)) 그 중에 이 세상의 신이 믿지 아니하는 자들의 마음을 혼미하게 하여 그리스도의 영광의 복음의 광채가 비치지 못하게 함이니 **그리스도는 하나님의 형상이니라**

(엡 2:12~18) 그 때에 너희는 그리스도 밖에 있었고 이스라엘 나라 밖의 사람이라 약속의 언약들에 대하여는 외인이요 세상에서 **소망이 없고 하나님도 없는 자이더니**
13 이제는 **전에 멀리 있던 너희가 그리스도 예수 안에서 그리스도의 피로 가까워졌느니라**
14 그는 우리의 화평이신지라 둘로 하나를 만드사 원수 된 것 **곧 중간에 막힌 담을 자기 육체로 허시고**
15 법조문으로 된 계명의 **율법을 폐하셨으니** 이는 이 둘로 자기 안에서 한 새 사람을 지어 화평하게 하시고
16 또 **십자가로 이 둘을 한 몸으로 하나님과 화목하게 하려 하심이라** 원수 된 것을 십자가로 소멸하시고
17 또 오셔서 먼 데 있는 너희에게 평안을 전하시고 가까운 데 있는 자들에게 **평안을 전하셨으니**
18 이는 **그로 말미암아 우리 둘이 한 성령 안에서 아버지께 나아감을 얻게 하려 하심이라**

(5) 회개가 내 안에서 일어난다(고후 7:9; 요일 1:9).

남을 아프게 하고 상처 준 것부터 시작하여 선이 아닌 것은 모두(미지근한 신앙 상태도) 악일 가능성이 높기 때문에 이러한 것들이 생각

나고 회개하는 역사가 내 안에서부터 일어난다.

> **(고후 7:9)** 내가 지금 기뻐함은 너희로 근심하게 한 까닭이 아니요 도리어 너희가 근심함으로 **회개함에 이른 까닭이라** 너희가 하나님의 뜻대로 근심하게 된 것은 우리에게서 아무 해도 받지 않게 하려 함이라

> **(요일 1:9)** 만일 우리가 **우리 죄를 자백하면** 그는 미쁘시고 의로우사 **우리 죄를 사하시며 우리를 모든 불의에서 깨끗하게 하실 것이요**

> **(계 3:16)** 네가 이같이 **미지근하여** 뜨겁지도 아니하고 차지도 아니하니 내 입에서 너를 토하여 버리리라

3. 예수님의 사랑은 따뜻하고 완전한 사랑이다.

처음 이 과를 공부할 때 '예수님' 하면 떠오르는 단어가 '사랑'이라고 했다. 그 이유를 다시 한번 살펴보며 정리해 보자.

1) 주님의 제자 중 가룟 유다를 제자로 택한 이유에서 볼 수 있다.

가룟 유다를 제자로 삼기 전에 주님은 그가 자신을 팔 자(者)임을 처음부터 알고 있었다. 그런 자를 품고 제자로 삼아 구원하려 하셨다.

우리는 여기서 두 가지 메시지를 발견할 수 있다. 하나는 원수도 사랑하라는 말씀과 세상의 어떤 영혼도, 심지어 하나님을 배반할지라도 그를 끝까지 가르치고 도와주고 구원하려는 것이 하나님의 뜻이라는 것을 예수님의 마음을 통해 볼 수 있다. 구원받지 못한 영혼이 하나도 없게 하려는 주님의 마음을 본다.

그러나 가룟 유다를 보면서 느끼는 점은 주님이 우리를 버리는 것이 아니라 우리 자신이 주님을 버리고 떠난다는 사실이다(딤전 2:4).

> **(딤전 2:4)** 하나님은 **모든 사람이 구원을 받으며 진리를 아는 데에 이르기를** 원하시느니라

> **(요 6:64)** 그러나 너희 중에 믿지 아니하는 자들이 있느니라 하시니 이는 예수께서 믿지 아니하는 자들이 누구며 자기를 팔 자가 누구인지 **처음부터 아심이러라**

주님이 가룟 유다를 품고 끝까지 그를 아끼시는 모습은 최후의 만찬에서도 볼 수 있다. 주님은 제일 먼저 베드로의 발을 씻기신다. 주님이 베드로의 발을 씻기려 하자 베드로는 깜짝 놀라 "어떻게 주님이 제 발을 씻으시냐고" 하며 사양하지만 주님은 "네가 내게 발을 씻기게 아니하면 나와 상관이 없다."라고 말씀하신다. 베드로가 그렇다면 머리부터 발끝까지 씻겨달라고 하자 주님은 이미 목욕한 자는 발만 씻으면 된다고 하신다. 이렇듯 베드로의 주님을 향한 겸손과 적어도 주를 섬기는 마음이 남다름을 볼 수 있다. 이렇게 창조주가 피조물의 발을 씻어 주기 위해 그들 앞에서 무릎을 꿇고 허리를 굽혀 발을 씻기는 사랑을 보여주신다.

모든 제자의 발을 씻기신 후에 가룟 유다에게 와서 주님이 대야에 물을 받아 가룟 유다 앞으로 가신다. 가룟 유다는 뻔뻔한 모습(속으로는 이미 군호를 맞추고 스승이신 예수를 팔려는 계획을 다 세워놓고 아닌 척)으로 의자에 앉아 있다. 주님은 그의 앞에서 발을 씻기기 위해 무릎을 꿇는다. 그리고 유다의 발을 들어 물에 담그고 씻기 시작하신다. 그런데 잠시 후 발을 담근 물 위에 무언가가 뚝뚝 떨어진다. 그것은 바로 예수님의 눈물이었다. 그리고 가룟 유다를 위해 이렇게 기도하는 소리가 들린다. "유다야, 유다야, 네 마음을 돌이킬 수는 없느냐? 어찌하여 나를 버리고 돈을 사랑하느냐? 내가 그렇게 너를 위해 기도했건만 너는 세상 욕심을 버릴 수 없었더냐? 불쌍하고 어리석은 영혼이여 돌이키거라." 하면서 끝까지 그를 위해 울어주시는 예수님을 본다(이 내용은 내가 힘들어하며 주님에게 "주님, 왜 가룟 유다를 택하셨어요? 처음부터 주님을 팔 자라는 것을 알면서 어찌 그리하셨나요? 저라면 그렇게 하지 않아요. 그건 어리석은 일이잖아요"하고 기도하던 중에 보여주신 환상이었다).

(눅 22:31~32) 시몬아, 시몬아, 보라 사탄이 너희를 밀 까부르듯 하려고 요구하였으나 32 그러나 내가 너를 위하여 **네 믿음이 떨어지지 않기를 기도하였노니** 너는 돌이킨 후에 네 형제를 굳게 하라

2) 나사로의 죽음 앞에서 울고 있는 그의 가족들과 조문 온 유대인들의 상한 심령을 보시고 같이 울어주시는 따뜻한 사랑을 볼 수 있다.

어찌 보면 주님은 우실 이유가 전혀 없다. 왜냐하면 곧 죽은 나사로를 살릴 것이기 때문이다. 조금 있으면 살아난 그를 보고 울던 그들이 다시 기뻐하기 때문에 울지 말라고, 울 필요가 없다고 그렇게 말씀하실 수 있었지만 주님은 지금 당장 그들이 아파하는 그 상한 마음을 보시고 함께 울어주시고 위로해 주신다.

> (요 11:33~35) 예수께서 <u>그가 우는 것과 또 함께 온 유대인들이 우는 것을 보시고 심령에 비통히 여기시고 불쌍히 여기사</u>
> 34 이르시되 그를 어디 두었느냐 이르되 주여 와서 보옵소서 하니 35 예수께서 <u>눈물을 흘리시더라</u>

3) 나인 성 과부의 아들이 죽어 나오는 장례행렬을 보시고 그냥 지나치는 주님이 아니시다.

하염없이 아들의 죽음 앞에 울고 있는 어미의 마음에 집중하시는 주님은 그녀의 앞으로 가셔서 이렇게 말씀하신다. "딸아 울지 마라." 하시고 죽은 청년을 다시 살리신다.

주님은 나의 눈물에 약하시다. 상한 심령으로 기도하는 이를 그냥 지나치지 않으시는, 나를 향한 그 사랑을 보아야 한다.

기도가 왜 이루어지는가? 그것은 주님이 기도하는 우리를 사랑하시기 때문이다.

> (눅 7:12~13) 성문에 가까이 이르실 때에 사람들이 한 죽은 자를 메고 나오니 이는 한 어머니의 독자요 그의 어머니는 과부라 그 성의 많은 사람도 그와 함께 나오거늘
> 13 <u>주께서 과부를 보시고 불쌍히 여기사 울지 마라</u> 하시고

예수님의 제자로 하나 되기

4) 한 분이면서도 세 분이신 삼위일체 하나님의 나를 향한 사랑은 아낌없이 주는 사랑이라고 말할 수 있다.

그 이유는 성부 하나님은 하나밖에 없는 아들을 내어주시면서까지 우리를 구원하시기 때문이다. 구약을 통해 비추어진 하나님의 사랑은, 인류를 멸망시키는 그 진노의 상황에서도 자신을 경외하는 백성에게는 긍휼을 베푸시는 사랑이었다. 또 가나안 땅으로 입성할 때는 그곳을 죄악으로 물들게 한 모든 죄의 원흉을 하나님의 백성들이 스스로 그것들을 모두 진멸(히: 헤렘)시키라고 명령하셨다. 그것은 하나님이 잔인해서가 아니라 하나님은 티끌 같은 죄도 싫어하시기에 당신의 백성들 또한 그렇게 해주기를 바라셨고, 깨끗한 땅을 그들에게 주기를 원하셨기 때문이다. 사랑하는 자녀에게 개가 먹던 밥그릇에 밥을 담아 먹으라고 그대로 주는 부모가 어디 있겠는가?

성자 하나님의 사랑은 나를 자신의 생명보다도 더 귀히 여기시는 사랑이다.

성령 하나님의 사랑은 항상 우리를 도우시고 업으시고 품으시는 한없이 아껴주시는 사랑이다.

삼위일체이신 하나님은 나를 향해 이렇게 말씀하신다. "내가 너를 네 평생 내 사랑하는 아들보다도, 내 생명보다도 내 모든 것으로 사랑하고 내가 너를 아낀다."라고 내 귀에, 내 마음에, 항상 속삭이신다. 그러기에 "너도 나와 같은 사랑을 했으면 한다. 나를 향해 그리고 네 이웃을 향해."라고 말씀하신다.

(롬 8:26) 이와 같이 **성령도** 우리의 **연약함을 도우시나니** 우리는 마땅히 기도할 바를 알지 못하나 **오직 성령이 말할 수 없는 탄식으로 우리를 위하여 친히 간구**하시느니라

4. 나누어 봅시다.

　하나님의 아들 예수를 믿지 않는 자들이 심판을 받는 이유는 "하나님께서 그 아들에 대하여 증거하신 증거를 믿지 않음으로 하나님을 거짓말하는 자로 여겼기 때문이다(요일 5:10)."라고 분명히 이야기하고 있다.

　그렇다면 당신은 예수를 믿고 나서 당신의 삶에 어떤 변화가 일어나고 있는가?

　이제 당신 안에 당신의 삶을 변화시킬 원동력이 생긴 것을 알아야 한다.

　지금까지 예수님에 대해 배우고 말씀을 통해 알아봤다.

　당신은 예수님을 어떤 분이라고 생각하는가?

　예수님을 새롭게 믿는 마음으로 당신의 신앙고백을 해보십시오.

인성 : (마1:1) 아브라함과 다윗의 자손 예수 그리스도의 계보라. 예수님은 아브라함과 다윗의 혈통으로 이 땅에 오셨다. 그리고 우리와 똑같이 시험을 받으셨다.

신성 : 말씀이 육신이 되어 우리 가운데 거하시매(요1:14). 죄는 없다 (히4:15).
하나님의 아들로 오심(성부하나님이 인정(마3:17), 마귀들이 인정(마8:29), 제자들이 인정(마16:16), 그리고 수많은 무리들이 인정함

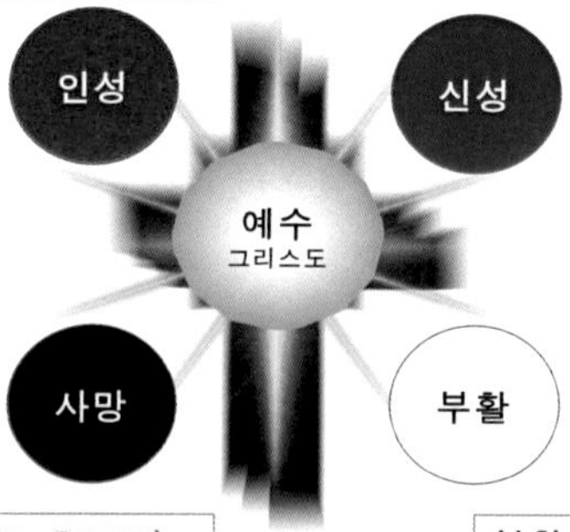

인성   신성

예수
그리스도

사망   부활

사망의 의미 : (사53:5; 요1:29) 예수님은 죄가 없어 죽을 수 없는 분이었으나 십자가로 죽어야 했던 이유는 그에게 우리의 죄가 적용되었기 때문이다. 레위기에 짐승으로 드린 제사제도를 이루신 일은 육체의 모양으로 오셔서 육체를 가진 모든 자를 구원하시기 위함이다. 세상 죄를 지고 가는 하나님의 어린양으로서 십자가의 죽음은 그를 의지하는 자들은 이와 같이 세상과 죄를 십자가에 못을 박아 죽게 하고 이제부터는 죄와 싸우되 피 흘리기 까지 저항하고 싸워야 할 몫이 남아있다(히 12:4)

부활 : 삼일 만에 부활하심, 사망권세를 이기심, 모든 권세를 회복하심(마28:18)
의미 : 타락한 인간에 대한 대속 (구원)의 완성, 새로운 피조물의 소망, 하나님 형상의 완전한 회복

십자가는 하나님 나라의 시작과 끝을 알리는 푯대이다.
십자가는 천국을 침노하고 빼앗는 길이다.
십자가는 하나님과 소통하는 마지막 방법이다.
십자가는 하나님의 형상을 회복하고 화목하게 하는 관계의 중심이다.

〈그림 2〉 예수그리스도의 십자가

예수 그리스도

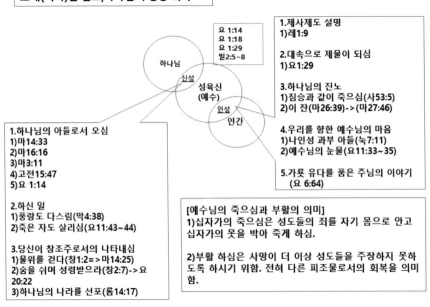

[예수님의 정체성]
1.말씀: 고후 4:6
2.신성과 인성을 모두 가지신 유일하신
분-이 두 가지를 가져야만 하는 이유=성
육신의 이유=구원의 유일한 통로
　1)신성: 말씀으로 잉태 하심.
　　　　　하나님의 아들로 오심
　2)인성: 대속, 화목제물로
3.부활의 의미: 대속의 완성,천국 복음의
도래(시작)을 선포,하나님의 형상 회복

요 1:14
요 1:18
요 1:29
빌2:5~8

하나님

신성

성육신
(예수)

인성

인간

1.제사제도 설명
1)레1:9

2.대속으로 제물이 되심
1)요1:29

3.하나님의 진노
1)짐승과 같이 죽으심(사53:5)
2)이 잔(마26:39)->(마27:46)

4.우리를 향한 예수님의 마음
1)나인성 과부 아들(눅7:11)
2)예수님의 눈물(요11:33~35)

5.가룟 유다를 품은 주님의 이야기
　(요 6:64)

1.하나님의 아들로서 오심
1)마14:33
2)마16:16
3)마3:11
4)고전15:47
5)요 1:14

2.하신 일
1)풍랑도 다스림(막4:38)
2)죽은 자도 살리심(요11:43~44)

3.당신이 창조주로서의 나타내심
1)물위를 걷다(창1:2=>마14:25)
2)숨을 쉬며 성령받으라(창2:7)->요
20:22
3)하나님의 나라를 선포(롬14:17)

[예수님의 죽으심과 부활의 의미]
1)십자가의 죽으심은 성도들의 죄를 자기 몸으로 안고
십자가의 못을 박아 죽게 하심.

2)부활 하심은 사망이 더 이상 성도들을 주장하지 못하
도록 하시기 위함. 전혀 다른 피조물로서의 회복을 의미
함.

〈그림 3〉 예수 그리스도의 사명

예수님의 제자로 하나 되기

기억하게 하옵소서

내가 기도를 게을리 할 때면
당신께서 날 위해
날이 새도록 기도하던
당신의 모습을
기억하게 하옵소서

내가 세상의 명예를
구할 때면
가시관을 쓰시고
이마에 흐르던 핏방울을
기억하게 하옵소서

내가 남의 도움을
거절할 때면
당신의 못 박힌
피 묻은 손을
기억하게 하옵소서

내가 세상의
안락과 쾌락을 구할 때면
당신의 가슴에 꽂힌
창 자국을 기억하게 하옵소서

내가 게을러질 때면
당신의 못 박힌
발등을 기억하게 하옵소서

내가 교만해질 때면
당신의 손으로
제자들의 발을 씻기시던
그 모습을 기억하게 하옵소서

내 삶이 힘들고 어려워
길을 잃고 헤맬 때엔
당신이 걸어가신 발자취로
나를 인도하옵소서

내가 남을 미워하고
증오하는 마음이 생길 때면
기억하게 하옵소서
당신의 그 크신 사랑을…

　　　　　　　　　　　　　　　예수님의 제자로 하나 되기

제3부

그리스도인의
삶으로

다섯 번째 만남

구원의 확신

지난 주일 설교에 대한 말씀을 나눈다

a) 설교말씀 본문과 주제와 내용을 서로 나눈다.

b) 가장 큰 은혜나 감동을 받은 내용은 무엇인가?

c) 이 말씀에 비추어 볼 때 현재 나의 모습은 어떠한가?

d) 이 말씀으로 내가 버려야 할 것과 바꾸어야 할 생활 습관(사고)이 있다면 무엇인가?

  (주일 말씀에 대한 세부 실천 계획을 세워보고 실천해 보았는가?)

e) 말씀 속에서 결단한 내용과 그 결단한 것이 지켜지고 있는가?

예수님의 제자로 하나 되기

들어가기

 두란노서원의 일대일 제자양육 책에 보면 10가지의 질문이 있는데 이 질문에 대한 답을 제시해 보자.

다음 10가지 질문에 분명히 '예'라고 대답할 수 있어야 하고, 또한 깊이 이해하고 있어야 한다.

1. 이제 당신은 예수를 믿고 그의 몸인 교회에 속했습니다. 다시 한번 묻습니다. 당신은 예수를 믿습니까?

이 질문의 가장 중요한 요소는 바로 예수 그리스도에 대한 확실한 신뢰를 묻는 것이다. 믿음이란 히브리어로 '아만'이라고 한다. 이것은 어떤 경우에도 흔들리지 않고 견고한 신뢰(信賴) 상태를 말하고 있다. 따라서 믿음의 의미는 확고한 신뢰를 바탕으로 한다. 이제 막 예수님을 알고 믿기 시작한 사람이 어떻게 이런 믿음이 금방 생길 수 있겠는가? 신뢰란 경험을 바탕으로 생기는 것이고, 이제 막 경험을 시작한 경우이기에 어찌 보면 무리한 일일 수 있다. 그러나 우리의 신앙고백을 통해 구원의 도화선에 불은 붙었고 그 불을 스스로 꺼트리지 않는 한 주님의 때에 반드시 구원은 이루어진다는 사실을 신뢰하는 것이 중요하다. 또한 작은 불씨 하나가 온 산을 태우듯이 "예수님이 나의 구주이십니다."라는 이 고백이 마침내 나의 전신을 구원하는 작은 불씨가 된다는 사실을 믿어야 한다.

그러니 여기서의 질문은 "이 작은 불씨를 가지고 있는가?" 하는, 즉 예수님이 자신의 죄를 씻어주시고 새로운 피조물로서 하나님의 백성으로 거듭나게 된 사실을 믿느냐 하는 정도라고 보면 좋을 듯하다. 믿음은 이렇게 시작하는 것이다.

다음 〈그림 4〉를 참고해보면 구원이라는 폭탄이 실제로 터지기 위해서는 도화선이 다 타야 가능하다.

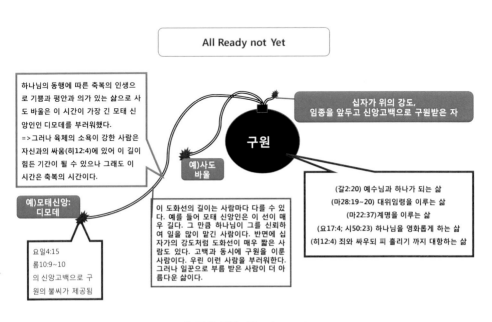

<그림 4> 구원 - All ready not yet

믿음 생활은 예수님을 바라볼 때 비로소 시작되는 것이다. 그때 비로소 허상으로만 생각되던 하나님 나라가 실상으로 느껴지고, 나타난다. 그제야 하나님이 보이기 시작하고 신뢰가 쌓인다.

2. 예수 그리스도가 지금 당신 안에 계십니까?

어떻게 확신하고 '예'하고 대답할 수 있을까? 이 대답을 하기 전에 내 안에 예수님이 계시는 증거가 나타나야 하는데, 그것을 어떻게 알 수

예수님의 제자로 하나 되기

있을까? 성경은 이렇게 말씀하고 있다.

> (고전 12:3) 그러므로 내가 너희에게 알리노니 하나님의 영으로 말하는 자는 누구든지 예수를 저주할 자라 하지 아니하고 또 **성령으로 아니하고는 누구든지 예수를 주시라 할 수 없느니라**
>
> (고후 13:5) 너희는 믿음 안에 있는가 너희 자신을 시험하고 너희 자신을 확증하라 **예수 그리스도께서 너희 안에 계신 줄을** 너희가 스스로 알지 못하느냐 그렇지 않으면 너희는 버림 받은 자니라
>
> (갈 4:6) 너희가 아들이므로 하나님이 **그 아들의 영을 우리 마음 가운데 보내사 아빠 아 버지라 부르게** 하셨느니라
>
> (요 1:12) 영접하는 자 곧 **그 이름을 믿는** 자들에게는 **하나님의 자녀가 되는** 권세를 주셨으니

영접하는 자의 의미는 그의 이름을 믿는 자를 말씀하신다.

예수님의 이름을 믿는다는 것은 무슨 의미인가? 그것은 앞서 배운 것처럼 예수라는 이름의 뜻에서 살펴보면 "자기 백성을 그들의 죄에서 구원할 자(마 1:21)"임을 믿는 믿음이다. 즉 내가 이 이름에 의지하여 하나님의 백성이 되었고, 또한 자녀가 되었다는 것이다. 이 말씀을 증거로 내가 구원을 받았다는 사실을 믿는 것이다.

이제 내가 구원받았다는 증거는 "누구든지 성령으로 말미암지 않고는 예수님을 주라 시인할 수 없다(고전 12:3)."라는 말씀을 보아 내가 지금 예수님을 "나의 주"라고 고백하고 있고, 또 그렇게 기도하고 있기에 내 안에 성령님이 계신다는 사실을 확신할 수 있다. 또 하나님이 그 아들의 영을 우리 마음 가운데 보내셔서 하나님을 "아빠 아버지(갈 4:6)"라고 부를 수 있는 것도 우리 안에 성령이 계시다는 증거이다.

마지막으로 사도 바울은 예수 그리스도께서 내 안에 계시는지 자신이 스스로 시험하고 확증하라고 말씀하시면서 내가 내 안에 예수의 영인 성령이 계시는 줄 모르면 그는 버림받은 자(者)라고 고린도후서 13:5에서 말씀하실 만큼 그 인식이 그리스도인에게 얼마나 중요한 사고(思

考)인지를 천명하고 계신다.

3. 당신은 '죄' 용서함을 받았다고 확신합니까?

이 질문은 "하나님 앞에서 당신의 정체성이 어떤 것인지, 그리고 하나님 앞에서 어떤 존재인지를 인식하고 있는가?" 하는 질문과 함께 하나님과 나와의 관계에 문제를 일으킨 그 원인 제공자인 '죄'에 대해 용서를 받았는지를 묻고 있는 것이다.

그렇다면 악은 무엇이고 또 죄란 무엇인지 먼저 알아야 한다. 악에 대한 정의를 예레미야 2:19에서 살펴보면 "네 악이 너를 징계하겠고, 네 반역이 너를 책망할 것이라. 그런즉 네 하나님 여호와를 버림과 네 속에 나를 경외함이 없는 것이 악이요, 고통인 줄 알라. 주 만군의 여호와의 말씀이니라."라고 여호와 하나님께서 예레미야 선지자를 통해 말씀하신다. 어찌 보면 인생의 고난과 고통도 여호와를 온전히 경외하지 않는 데서 온다는 점도 반드시 인식해야 할 부분이다.

앞서 설명했듯이, '죄'의 히브리어는 '핫타'라는 말이다. 이는 '벗어나다', '빗나가다'라는 뜻으로 궁수가 활을 쏠 때 그 화살이 과녁에서 빗나가고 벗어난 상태를 말한다. 따라서 성경 속에서 죄의 정의는 "하나님 뜻으로부터 빗나가고 벗어난 모든 것이 죄"인 것이다.

아담과 하와의 불순종으로 인해 죄가 세상 속으로 들어오고 그 결과 하나님의 진노인 사망이 같이 들어오게 되었다.

호세아 선지자는 호세아 6:7에서 "하나님 앞에서의 죄를 짓는다는 의미는 (곧 언약을 어기는 것) 곧 반역을 의미한다."라고 말씀하고 있다.

> **(호 6:7)** 그들은 **아담처럼 언약을 어기고** 거기에서 **나를 반역**하였느니라

우리는 지금까지 살아오면서 하나님의 말씀을 얼마나 많이 어기고

예수님의 제자로 하나 되기

살아왔던가? 내가 하나님 앞에서 얼마나 큰 죄인(罪人)인가를 다시 생각해 보자.

아무 죄 없는 주님을 얼마나 많이 학대하고 박해하며 조롱까지 했던가? 2,000년 전 로마 병사가 자신은 가죽장갑을 낀 채 가시면류관을 만들어 예수님의 머리에 씌우면서 그 위에서 가시면류관을 눌러 그 가시가 예수님의 머리의 살을 찢고 뼈를 상하게 할 때 주님의 비명소리와 온 얼굴에는 가시에 찔려 피가 흐르고, 또 갈대를 꺾어서 예수님의 손에 쥐어주며 침을 뱉으며 "유대인의 왕이여, 왕 노릇 하라."라고 조롱하면서 비웃던 그들. 또 주님을 십자가에 못 박고 그의 옷을 벗겨 제비뽑고 있던 그들. 그리고 창으로 옆구리를 찔러 온몸에 남아 있던 물과 피를 모두 쏟게 하던 로마 병사. 그가 바로 나(我)라는 사실이다. 내가 죄를 한 번 지을 때마다 예수님을 조롱하는 것이고, 십자가에 못 박는 것이고 가시면류관을 씌우는 행위이고, 창을 들어 찌르는 것이다. 2,000년 전 로마 병사가 바로 내가 되는 것이다. 내가 죄를 인식하지 못하고 지은 죄, 알고 지은 죄, 그 어떤 죄든 죄를 지을 때마다 그 죄가 가시가 되어 혹은 창이 되어 주님을 찌르는 것임을 알아야 한다.

예수님께서 인간의 모든 죄를 대속하기 위해 2,000년 전에 이 땅에 오셔서 십자가의 형벌을 지심으로 그 모든 죄를 다 용서받게 되었다. 단, 용서받는 조건은 하나님의 아들로 오신 예수께서 나의 모든 죄를 포함하여 인류의 모든 죄까지 다 용서하여 주신다는 사실을 믿는 것이고, 그러한 자라야만 용서를 받게 된다는 것이다.

2,000년이라는 시간이 지났어도 예수님의 십자가의 능력은 변함이 없는 것이다. 그 이유는 시간과 공간을 하나님께서 만드셨고 과거, 현재, 미래를 모두 하나로 보시기 때문이다. 우리는 하나님 앞에서 죄인이다. 인간은 모두 죽는다. 그 자체만으로도 모든 인간이 하나님 앞에서 죄인이라는 사실을 인지할 수 있다.

죄의 특성은 항상 하나님의 진노가 죄와 함께 공존한다는 사실이다. 죄를 씻기 위해서는 죄인임을 인정하고 회개가 일어나야 한다. 그 신앙고백을 예수 그리스도의 이름으로 해야만 그 고백을 통해 나의 죄가 십자가 위에 달리신 예수님께 전가되고, 이어 나의 죄로 인해 내게 향하여 있던 하나님의 진노가 예수님께 향하게 된다. 그러므로 내 대신 십자가의 진노와, 아들이지만 죄의 가장 큰 형벌인 하나님으로부터 버림받는 형벌까지도 감당하게 된다. 그로 인해 나는 비로소 내 죄가 다 씻김을 받고 다시 거룩해짐으로 하나님의 존전(尊前)에 설수 있는 자격을 부여받게 된다는 사실을 인지해야 한다.

누구든지 예수님으로 인해 나 자신이 죄 사함을 받았다고 인지(認知)하는 성도는 성부 하나님의 사랑과 성자 하나님의 사랑, 그리고 성령 하나님의 사랑, 즉 삼위일체 하나님의 사랑을 깨닫게 되었다는 증거이다.

4. 이제 하나님의 자녀가 되었습니까?

이 질문은 "당신은 이제 누구에게 속하고 있는지 분명히 인식(認識)하고 있습니까?"라는 질문이기도 하다.

우리는 앞에서 예수 그리스도를 통해 "나는 죄 사함을 받았다."라고 당당하게 고백했다. 그렇다면 이제 죄 사함을 받은 당신은 누구의 자녀가 되었는가라는 질문의 답은 물론 하나님의 자녀가 되었다는 사실을 알 수 있을 것이다. 요한 사도는 하나님의 자녀가 되기 위해서는 요한복음 1:12에서 "예수 그리스도의 이름을 믿는 것"이라고 했고, 그런 자들에게 하나님이 주시는 권세가 있다고 하였다.

원래 우리는 죄를 짓기 전에는 하나님의 자녀였다. 그런데 아담과 하와가 죄를 지음으로 말미암아 잠시 동안 죄의 종으로, 사탄의 자녀로 신분이 바뀌어버렸다.

예수님의 제자로 하나 되기

이제 이 사망의 자녀가 된 우리를 예수님이 하나님의 자녀로 회복시키기 위해 오셨다. 인간 스스로는 하나님을 알지도 못하고 찾아올 수도 없으니 먼저 잃어버린 하나님을 찾고 하나님께로 돌아올 수 있게 그 문을 활짝 여신 분이 바로 예수님이시다. 이 예수님을 누가 보냈는가? 바로 성부 하나님이시다. 자신의 품속에서 독생하시던 아들 예수님을 우리를 위해 이 땅에 보내주신 분이 바로 성부 하나님이시다(요 1:18).

우리는 성자 하나님을 내어주실 만큼 우리를 사랑하시는 성부 하나님의 사랑을 먼저 알아야 한다. 아들 예수 그리스도만을 의지하여 하나님을 인정하는 자(者)만을 자녀로 삼는 회복(화목)의 길을 여셨다. 이 얼마나 감사한 일인가?

주님도 자신을 믿지 않는 자들을 향하여 "독사의 자식, 분노의 자식, 너희 아비 마귀"라 말씀하셨다. 그런 우리였는데, 예수 그리스도의 이름을 믿으면 하나님의 자녀로 인정해 주시는 것이 하나님의 은혜이다. 이 사실을 믿어야 한다.

> **(요 3:7)** 요한이 많은 바리새인들과 사두개인들이 세례 베푸는 데로 오는 것을 보고 이르되 **독사의 자식들아** 누가 너희를 가르쳐 임박한 진노를 피하라 하더냐
>
> **(요 1:12)** **영접하는 자** 곧 그 이름을 믿는 자들에게는 **하나님의 자녀가 되는 권세를 주셨으니**
>
> **(요 8:44)** 너희는 **너희 아비 마귀에게서 났으니** 너희 아비의 욕심대로 너희도 행하고자 하느니라 그는 처음부터 살인한 자요 진리가 그 속에 없으므로 진리에 서지 못하고 거짓을 말할 때마다 제 것으로 말하나니 이는 그가 거짓말쟁이요 거짓의 아비가 되었음이라
>
> **(롬 8:21)** 그 바라는 것은 피조물도 **썩어짐의 종 노릇한 데서 해방되어 하나님의 자녀들의 영광의 자유에 이르는 것**이니라

하나님의 자녀가 된 우리는 아직도 부족한 면이 너무도 많다. 하나님의 자녀임에도 여전히 하나님의 피조물인 다른 사람을 미워하고 비방하고 판단한다. 그러나 그렇다고 실망하지 말아야 한다. 갓난아기가 태어나면서부터 말을 유창하게 하고 걸으며 뛰기까지 한다면 얼마나 좋

겠는가? 그렇지만 그런 아이는 없다. 이제 막 시작한 신앙의 고백은 마치 언젠가는 터질 폭탄의 도화선에 불을 붙인 것과 같이 작은 불씨가 제공된 것이기에, 이제 구원이 온전히 이루어지는 과정을 밟아 나아가야 하는 과제가 남아 있다(<그림 4> 참조). 하나님의 자녀 신분이 된 이상 우리 안에 계신 성령의 도우심을 구하고 그의 세미한 음성에 귀를 기울여 순종함으로써 온전한 그리스도의 삶을 살아내야 하는 거룩한 부담이 모든 성도에게 주어진 것이다.

5. 당신은 영생을 얻었습니까?

영생의 의미는 요한복음 17:3에서 말해주고 있다.

> (요 17:3) 영생은 곧 유일하신 참 하나님과 그가 보내신 자 예수 그리스도를 아는 것이니이다

영생의 시작은 참 하나님과 그가 보내신 예수 그리스도를 아는 것에서부터 이루어진다. 여기서 참 하나님이라고 말씀하신 이유는 거짓된 하나님이 있음을 전제하고 있다. 참 하나님은 예수 그리스도와 연관되어 있다. 따라서 예수 그리스도가 없는 하나님은 거짓된 하나님이라고 말씀하고 계시는 것이다.

영생의 삶은 참 하나님이 보내신 예수 그리스도를 알고, 또 그를 통해서 참 하나님을 아는 자들에게 주어지는 선물이다. 그래서 예수를 믿는 우리는 그분을 통해 영생을 얻게 된다. 여기서 '안다'라는 단어는 히브리어로 '야다'라고 하는데, 이 단어의 뜻은 마치 부부관계처럼 서로가 신뢰할 수 있을 만큼 체험을 통해 깊이 아는 상태를 말한다. 그러므로 우리는 예수님을 통해 하나님을 그렇게 알고 있어야 한다. 그때 비로소 흔들리지 않는 믿음으로 영생을 얻었다고 할 수 있다.

예수님의 제자로 하나 되기

6. 당신은 구원을 받았습니까?

구원은 어떻게 받는 것인가? 또 성령님은 내 안에 언제 들어와서 내 영혼을 구원시키셨는가 하는 문제를 먼저 풀어보자.

이단들로부터 가장 많이 받는 질문이기도 하며 신천지는 이런 질문으로 접근한다. 누군가가 교회에 다닌다고 하면 "당신은 구원받았음을 확신합니까?" 하고 물어온다. 그러면 대부분의 크리스천은 머뭇거린다. 왜냐하면 아직 눈에 보일 만큼 확신이 가지 않기 때문이다. 연이어 이렇게 물어온다. "당신 생일은 기억하시죠?" 그 질문에 "예"라고 대답하면 "이 땅에 태어난 생일은 기억하면서 천국에서 새롭게 태어난 날을 모르시다니요. 그러니 당신은 아직 태어나지도 못했고 구원도 받지 못했으니 다시 구원받아야 합니다."라고 하면서 포교한다고 한다.

그러나 세상에서 "나는 구원받았다."라고 확신하며 그날을 기억하고 사는 사람이 몇이나 있을까? 심지어 사도 바울조차도 고린도전서 9:27에서 "나는 버림을 받을까 두려워한다."라고 고백하고 있다. 그럼에도 우리가 확신할 수 있는 것은 오직 말씀에 의지해서이다. 비록 내가 구원받은 날짜는 기억할 수 없으나, 로마서 10:9~10의 말씀으로 내 작은 입으로 예수님을 나의 구주로 고백했을 때 나는 이미 구원받았음을 확신한다고 해야 한다.

그렇다면 나의 구원이 어떻게 해서 이루어지게 되는지 잠깐 살펴보자. 창조주 하나님께서 예수 그리스도에게 있는 하나님을 아는 빛을 내 마음에 먼저 비추어주셨기 때문에 구원이 시작된다(고후 4:6).

> (고후 4:6) 어두운 데에 빛이 비치라 말씀하셨던 그 하나님께서 **예수 그리스도의 얼굴에 있는 하나님의 영광을 아는 빛을 우리 마음에 비추셨느니라**

이 빛이 곧 성령이시다. 이 빛으로 구원을 온전히 이루어가는 것이다. 베드로전서 2:2 말씀처럼 우리가 말씀을 먹으므로 믿음이 점점 성장해가고 그래서 마침내 구원에 이르는 복을 얻게 되는 것임을 알아야 한다.

> **(벧전 2:2)** 갓난 아기들 같이 **순전하고 신령한 젖을 사모하라** 이는 그로 말미암아 너희로 **구원에 이르도록 자라게 하려 함**이라

성령님에 대해 요한일서 4:15의 말씀에 의지해서 알아보자. 먼저 하나님께서 내 마음에 비추어 주신 빛으로 내 작은 입으로 예수님을 하나님의 아들로 시인할 때 성령님이 내 안에 온전히 거하게 되고 나 또한 하나님 안에 거하게 된다는 첫 번째 원리가 이루어진다.

그다음 내 안에 계신 성령님께서 로마서 10:9~10의 말씀을 내 마음으로 믿게 하고 내 입술로 고백시킴으로써 구원을 받게 한다. 즉 예수를 나의 주로 시인하고 하나님께서 예수님을 죽은 자 가운데서 다시 살리신 것을 마음으로 믿으면 구원을 받는다고 기록하고 있다. 그래서 구원은 나의 어떤 공로로 이루어지는 것이 아니라 성령 하나님으로부터 나오는 "은혜의 선물(엡 2:8)"이 되는 것이다. 성령님이 내 안에 계시지 않는다면 이런 고백도 할 수 없으려니와 '하나님을 아버지'라고, '예수를 주'라고 고백할 수도 없기 때문이다.

> **(요일 4:15)** 누구든지 예수를 하나님의 아들이라 시인하면 하나님이 그의 안에 거하시고 그도 하나님 안에 거하느니라

요한일서 4:15의 고백으로 예수님과 나와의 위대한 교환이 일어난다.

> **(롬 10:9~10)** 네가 만일 네 입으로 예수를 주로 시인하며 또 하나님께서 그를 죽은 자 가운데서 살리신 것을 네 마음에 믿으면 구원을 받으리라
> 10 사람이 마음으로 믿어 의에 이르고 입으로 시인하여 구원에 이르느니라

> **(고후 5:21)** 하나님이 죄를 알지도 못하신 이를 우리를 대신하여 죄로 삼으신 것은 우리로 하여금 그 안에서 하나님의 의가 되게 하려 하심이라

로마서 10:9~10의 고백으로 나의 죄가 예수님으로 인해 씻김을 받는 계기가 일어난다. 이때 나의 죄를 고백하고 회개하는 고백이 같이 이루어져야 한다. 이것이 곧 예수님을 나의 구주로 고백하는 영접기도이다.

영접의 의미는 바로 예수 그리스도 그 이름을 믿는 것을 말한다(요 1:12). 예수란 이름의 뜻은 무엇인가? 바로 "자기 백성을 그들의 죄에서 구원할 자(마 1:21)"임을 뜻하며, 그 이름을 믿는 믿음을 말한다. 즉 이것은 내가 예수님의 백성 됨을 시인하고 믿는 것이고, 또 주님을 자기 백성인 나를 구원하실 분으로 온전히 믿겠다는 고백이 바로 영접기도이다. 이러한 영접기도 속에서 위대한 교환이 일어나는데, 이 교환은 내가 입고 있던 죄인의 옷을 신앙고백을 통해(마치 구약에서 제물로 바쳐진 짐승에게 안수하는 행위와 같은) 예수님이 십자가상(上)에서 내 옷을 입고, 대신 예수님이 입고 있었던 거룩한 옷을 내게 입혀주시고 십자가의 고난으로 내 죗값을 치르시는 것을 의미한다. 이 신앙고백을 통해 칭의(稱義)가 일어난다.

> **(엡 2:8)** "너희는 그 은혜에 의하여 **믿음으로 말미암아** 구원을 받았으니 이것은 너희에게서 난 것이 아니요 **하나님의 선물**이라
>
> **(요 1:12)** 영접하는 자 곧 **그 이름을 믿는 자들에게는** 하나님의 자녀가 되는 권세를 주셨으니

내가 구원받는 것은 나 스스로 생긴 믿음으로 인해 구원받는 것처럼 보인다. 그러나 이 믿음조차도 성령님이 주시는 은사(고전 12:8~11)로 말미암아 구원을 받게 되는 것이다.

예수님을 하나님의 아들이라고 믿게 하시는 분도 성령님이시고, 주(主)라고 고백하여 구원시켜 주시는 것도 내가 아닌 성령님의 역사로 이루어지는 것이기에 나의 구원은 온전히 하나님이 주시는 선물임에 틀림이 없다. 이렇게 해서 내가 구원을 받는 것이다.

> (고전 12:8~11) 어떤 사람에게는 성령으로 말미암아 **지혜의 말씀**을, 어떤 사람에게는 같은 성령을 따라 **지식의 말씀**을,
>
> 9 다른 사람에게는 같은 성령으로 **믿음**을, 어떤 사람에게는 한 성령으로 **병 고치는 은사**를,
>
> 10 어떤 사람에게는 **능력 행함**을, 어떤 사람에게는 **예언함**을, 어떤 사람에게는 **영들 분별함**을, 다른 사람에게는 **각종 방언 말함**을, 어떤 사람에게는 **방언들 통역함**을 주시나니
>
> 11 이 모든 일은 같은 한 성령이 행하사 그의 뜻대로 **각 사람에게 나누어 주시는 것**이니라

결론적으로 내가 구원받는다는 것은 이 땅에서부터 하나님 나라가 임하고, 또 나는 그의 소유가 된 백성으로서 내가 죽으면 내 안에 계시는 성령님이 나를 천국으로, 즉 하늘에 있는 하나님 나라로 인도하심으로 갈 수 있는 것이다. 따라서 성령이 자기자신(自己自身) 안에 계시지 않는 자는 결단코 천국에 들어가지 못한다는 사실을 알아야 한다.

7. 오늘 밤에 죽는다면 천국 가리라는 확신이 있습니까?

"구원의 동기가 믿음인가? 아니면 선한 행위인가? 당신은 어느 쪽에 무게를 두고 있는가?" 하는 질문이다.

많은 사람들이 천국은 죽어서 가는 곳으로 알고 있다. 그러나 성경에서 말하는 천국은 하나님 나라를 의미한다. 하나님 나라는 죽어서 가는 곳이 아니다. 지금 이 땅에서부터 예수 그리스도를 통하여 시작되고 있는 나라이다.

따라서 하나님 나라는 이 땅에서 믿음으로 이루어지는 나라이고, 예수님의 재림으로 완성되는 나라이다. 그리고 그 나라의 백성은 예수 그리스도의 가르침대로 살아가는 사람들을 말한다. 하나님 나라에 대해 조금 더 구체적으로 설명하면, 먼저 예수님을 믿기 전에 우리의 주인은 사탄이었다. 그에게 예속되어 있었고, 그를 아버지로 두고 있었으며, 나 자신에 대한 정체성을 완전히 망각한 존재였다. 그리고 사탄의 다스림 안에서 종노릇을 하고 살아온 인생이다. 그런데 예수 그리스도를 믿는

자에게는 하나님의 자녀가 되는 권세가 주어졌고 예수 그리스도를 믿음으로 말미암아 타락하기 이전의 정체성(正體性, Identity)으로 회복되어 하나님을 아버지로 섬기고 그분의 통치 아래에서 사는 백성으로 회복되는 것을 의미한다.

하나님 나라를 소유한 백성은 사망권세 아래에서 두려워했던 인생이 아니라 예수 그리스도를 통해 영생과 평안의 삶을 얻었다. 재앙의 두려움 속에서 살던 삶이 희망과 미래를 가진 삶으로, 슬픔과 고통의 삶이 기쁨과 행복한 인생으로 바뀌는 나라가 바로 하나님 나라이다. 이 땅에서 이런 삶을 예수 그리스도의 영인 성령의 도우심으로 미리 살아가는 것이고, 죽어서는 하늘에서의 하나님 나라로 이어져 사는 것이다. 육체의 죽음과는 아무런 연관성이 없기에 오늘 죽더라도 우리는 성령의 인도하심으로 천국에 반드시 가게 되는 것이다.

예수를 믿는다고 하면서 지금 이 순간까지도 죄를 짓는 크리스천들은 정신 차리고 죄와 더불어 싸우되 피 흘리기까지 대항하여야 하며(히 12:4), 나 자신, 또 외부의 환경과도 그렇게 싸워야 한다. 결코 질 수 없다. 내가 만약 죄에게 진다면 또다시 예수님께 못을 박는 악을 저지르게 되는 것이다.

(히 12:4) 너희가 **죄와 싸우되** 아직 **피흘리기까지는 대항**하지 아니하고

이제 그리스도인이라면 악은 어떤 모양이라도 버리고, 죄인의 길에 서지 아니하고, 악인의 생각을 따르지 아니하며, 오로지 하나님의 말씀을 보기를, 듣기를, 행하기를, 즐거워해야 한다.

그런데 우리는 죄와 싸우되 피 흘리기까지 싸우지는 아니하고 쉽게 타협해 버리고 만다. 육체의 쾌락과 소욕이 성령을 대적하여 우리 스스

로 죄의 올무에 걸려 넘어지게 하려고 하기에, 피 흘리는 각오로 저항하고 대항하지 아니하면 너무도 쉽게 넘어지게 된다는 사실을 인지해야 한다.

예수를 믿어 하나님의 백성이 된 우리는 오직 믿음으로 나를 변화시켜 나아가야 한다. 이 땅에서 하나님의 백성답게 살아가기 위해서 죽을힘을 다해 세상의 유혹과 싸워야 한다. 사람이 가지고 있는 본질은 죄의 속성이 강하기 때문에 그 안에는 항상 죄와 악이 순환하며 마르지 않는 샘물처럼 하나님을 떠난 삶을 살도록 부추긴다. 또한 스스로에게 관대하며 자신에게 적당한 핑곗거리를 제공하여 타협하게 한다.

알아야 할 것은 오직 의인은 믿음으로 말미암아 살고, 또 이 믿음은 들음에서 시작된다는 사실이다. 믿음은 믿음으로 이르게 함으로써 결국 믿음을 자라게 하는 것은 믿음 자신이고, 이 믿음은 곧 말씀을 들을 때 생기는 것이기에 나의 믿음을 성장시키는 방법은 오직 말씀을 듣고 읽고 지키는 길 밖에는 없다.

결론적으로 아무리 작은 믿음이라 할지라도 그 믿음으로 우리가 구원받기에 지금 죽어도 천국에 갈 수 있는 것이다. 그 믿음으로 내 안에 성령님이 계시고, 그 성령님께서 나를 천국으로 인도하시기 때문에 나는 지금 죽어도 천국에 가는 것이다.

결국 이 문제는 "성령이 내 안에 계심을 신뢰하는가?"라는 질문과 함께 가는 것이다. 의롭지 아니하면 구원받을 수 없기에 하나님께서 의롭다고 인정하는 자는 바로 예수 그리스도 안에 있는 자들만이 해당한다.

> **(고후 5:21)** 하나님이 죄를 알지도 못하신 이를 우리를 대신하여 죄로 삼으신 것은 우리로 하여금 <u>그 안에서 하나님의 의가 되게 하려 하심이라</u>

8. 당신은 성령을 받았습니까?

"성령을 받은 사람과 받지 않은 사람의 삶의 특징은 어떠한가? 또 어떻게 하면 성령을 받을 수 있을까? 또 성령은 언제 받는 것인가?"라는 질문에 아울러 답할 수 있어야 한다.

1) 성령을 누가 주시는가?

(1) 하나님께서(요 3:34; 고후 5:5).

> **(요 3:34)** 하나님이 보내신 이는 하나님의 말씀을 하나니 이는 **하나님이 성령을** 한량없이 **주심**이니라

> **(고후 5:5)** 곧 이것을 우리에게 이루게 하시고 **보증으로 성령을** 우리에게 주신 이는 **하나님**이시니라

(2) 예수님께서(요 20:22; 요 16:7).

> **(요 16:7)** 그러나 내가 너희에게 실상을 말하노니 내가 떠나가는 것이 너희에게 유익이라 내가 떠나가지 아니하면 보혜사가 너희에게로 오시지 아니할 것이요 가면 **내가 그를 너희에게로 보내리니**
> **(요 20:22)** 이 말씀을 하시고 그들을 향하사 숨을 내쉬며 이르시되 **성령을 받으라**

2) 성령에 대한 성경 말씀을 찾아보면 성령은 누구에게 오는가?

(1) 성령을 알고 구하는 자에게 주신다(눅 11:13; 행 8:15).

> **(눅 11:13)** 너희가 악할지라도 좋은 것을 자식에게 줄 줄 알거든 하물며 너희 하늘 **아버지께서 구하는 자**에게 성령을 주시지 않겠느냐 하시니라
> **(행 8:15)** 그들이 내려가서 그들을 위하여 **성령 받기를 기도하니**

(2) 안수를 받을 때 주신다(행 8:17).

> **(행 8:17)** 이에 두 사도가 그들에게 **안수하매** 성령을 받는지라

(3) 믿음으로 받는다(갈 3:2, 5).

> **(갈 3:2,5)** 내가 너희에게서 다만 이것을 알려 하노니 너희가 성령을 받은 것이 율법의 **행위로냐 혹은 듣고 믿음으로냐**
> 5 너희에게 성령을 주시고 너희 가운데서 능력을 행하시는 이의 일이 **율법의 행위에서냐 혹은 듣고 믿음에서냐**

(4) 회개하여 예수 그리스도의 이름으로 세례받을 때(행 2:38)

> **(행 2:38)** 베드로가 이르되 너희가 **회개하여** 각각 예수 그리스도의 이름으로 **세례를 받고 죄 사함을 받으라** 그리하면 성령의 선물을 받으리니

(5) 예수 그리스도로 말미암아 더욱 충만히 받게 된다(딛 3:6).

> **(딛 3:6)** 우리 구주 **예수 그리스도로 말미암아** 우리에게 그 **성령을 풍성히 부어 주사**

3) 성령의 또 다른 이름은?

(1) 보혜사(保惠師): 우리를 지켜주시고(保), 은혜를 주시며(惠), 가르치시는(師) 분

> **(요 14:26)** 보혜사 곧 아버지께서 내 이름으로 보내실 성령 **그가 너희에게 모든 것을 가르치고 내가 너희에게 말한 모든 것을 생각나게** 하리라

(2) 진리 혹은 진리의 영(요 15:26).

> **(요 15:26)** **내가** 아버지께로부터 **너희에게 보낼 보혜사** 곧 **아버지께로부터 나오시는 진리의 성령이** 오실 때에 그가 나를 증언하실 것이요

4) 성령이 거하는 처소는 어디인가? (고전 3:16; 고전 6:19)

(1) 우리 안에 거하신다.

> **(고전 3:16)** 너희는 너희가 <u>하나님의 성전인 것</u>과 <u>하나님의 성령이 너희 안에 계시는 것</u>을 알지 못하느냐

> **(고전 6:19)** 너희 몸은 너희가 하나님께로부터 받은 바 <u>너희 가운데 계신 성령의 전인 줄</u> <u>을 알지 못하느냐 너희는 너희 자신의 것이 아니라</u>

(2) 만물 위에 계신다(요 3:31; 엡 1:22). 그리고 교회의 머리가 되신다.

> **(엡 1:22)** 또 만물을 그의 발 아래에 복종하게 하시고 <u>그를 만물 위에 교회의 머리로 삼으</u> <u>셨느니라</u>

> **(요 3:31)** 위로부터 오시는 이는 만물 위에 계시고 땅에서 난 이는 땅에 속하여 땅에 속한 것을 말하느니라 <u>하늘로부터 오시는 이는 만물 위에 계시나니</u>

5) 성령이 없는 자(者)의 특징을 살펴 보자(유 1:17~19).

(1) 정욕대로 행하는 사람들이다.

(2) 예수를 믿는 자들을 조롱하는(우습게 아는) 사람들이다.

> **(유 1:17~19)** 사랑하는 자들아 너희는 우리 주 예수 그리스도의 사도들이 미리 한 말을 기억하라
> 18 그들이 너희에게 말하기를 마지막 때에 <u>자기의 경건하지 않은 정욕대로 행하며 조롱</u> <u>하는 자들이 있으리라</u> 하였나니
> 19 이 사람들은 <u>분열을 일으키는 자</u>며 <u>육에 속한 자</u>며 <u>성령이 없는 자</u>니라

(3) 분열을 일으키는 사람들이다.

(4) 육의 욕심을 쫓는 사람들이다(갈 5:19~21).

> **(갈 5:19~21)** <u>육체의 일은 분명하니</u> 곧 음행과 더러운 것과 호색과
> 20 우상 숭배와 주술과 원수 맺는 것과 분쟁과 시기와 분냄과 당 짓는 것과 분열함과 이단과
> 21 투기와 술 취함과 방탕함과 또 그와 같은 것들이라 전에 너희에게 경계한 것 같이 경계하노니 이런 일을 하는 자들은 <u>하나님의 나라를 유업으로 받지 못할 것이요</u>

6) 성령을 받은 자의 증거

(1) 겸손하며 형제를 사랑하고 긍휼히 여기게 된다(벧전 3:8).

> **(벧전 3:8)** 마지막으로 말하노니 너희가 다 마음을 같이하여 동정하며 **형제를 사랑하며 불쌍히 여기며 겸손하며**

(2) 예수를 주님으로 고백하게 된다(고전 12:3).

> **(고전 12:3)** 그러므로 내가 너희에게 알리노니 하나님의 영으로 말하는 자는 누구든지 예수를 저주할 자라 하지 아니하고 또 **성령으로 아니하고는 누구든지 예수를 주시라 할 수 없느니라**

(3) 말씀을 사모하고 묵상하게 된다(시 1:1~3).

> **(시 1:1~3)** 복 있는 사람은 악인들의 꾀를 따르지 아니하며 죄인들의 길에 서지 아니하며 오만한 자들의 자리에 앉지 아니하고
> 2 **오직 여호와의 율법을 즐거워하여** 그의 율법을 주야로 묵상하는도다
> 3 그는 시냇가에 심은 나무가 철을 따라 열매를 맺으며 그 잎사귀가 마르지 아니함 같으니 그가 하는 모든 일이 다 형통하리로다

(4) 성령의 은사와 열매가 나타나게 된다(고전 12:8~11; 갈 5:22~23).

> **(갈 5:22~23)** 오직 성령의 열매는 **사랑과 희락과 화평과 오래 참음과 자비와 양선과 충성과**
> 23 **온유와 절제니** 이같은 것을 금지할 법이 없느니라

> **(고전 12:8~11)** 어떤 사람에게는 **성령으로** 말미암아 **지혜의 말씀**을, 어떤 사람에게는 같은 성령을 따라 **지식의 말씀**을,
> 9 다른 사람에게는 같은 성령으로 **믿음**을, 어떤 사람에게는 한 성령으로 **병 고치는 은사**를,
> 10 어떤 사람에게는 **능력 행함**을, 어떤 사람에게는 **예언함**을, 어떤 사람에게는 **영들 분별함**을, 다른 사람에게는 각종 **방언 말함**을, 어떤 사람에게는 **방언들 통역함**을 주시나니
> 11 이 모든 일은 같은 한 성령이 행하사 그의 뜻대로 각 사람에게 나누어 주시는 것이니라

위에서 살펴본 바 당신에게 해당되는 것이 있다면 당신 안에 성령이 계시는지 안 계시는지를 알 수 있을 것이다. 성령에 대한 좀 더 자세한 사항은 "성령 충만한 삶"에서 다루기로 하겠다.

9. 당신은 거듭났습니까?

거듭남의 의미를 잘 이해해야 한다. 크리스천에게는 두 번의 거듭남이 찾아온다.

첫째는 예수 그리스도를 통하여 우리의 신분 변화가 일어나는 것이다.

이 거듭남은 예수님을 "나의 주"라고 고백하는 자들에게 약속하신 언약이다. 요한복음 1:12에 "예수 그리스도의 이름을 믿는 자들에게는 하나님의 자녀가 되는 권세를 주셨으니"라고 기록된바 우리의 거듭남은 바로 마귀의 종(자녀)으로 있던 신분에서 하나님의 자녀의 신분으로 단 한 번의 거듭남으로 완성되는 신분 변화의 거듭남이다. 이를 조직신학에서는 지위적 거듭남이라고 한다.

두 번째 거듭남은 삶 속에서 날마다 변화하는 삶을 의미한다. 다시 말해 어제보다 오늘이 한 발 더 신앙적으로 전진해 있는 모습을 말한다. 멈추어 있는 신앙, 미지근한 신앙(계 3:15~16), 퇴보하는 신앙은 마침내 성령의 사람으로 시작했다가 다시 육체의 종으로 마감하는 경우가 있고(갈 3:3), 또 믿음을 파선하는 경우도 있다. 알렉산더와 후메내오, 빌레도가 그렇다(딤전 1:20; 딤후 2:17). 그러므로 우리는 날마다 온전한 그리스도의 사람으로 거듭나야 할 사명과 책임이 있다. 날마다 자신을 담금질하여 육체의 소욕을 채우지 아니하기 위해 "나는 날마다 죽노라."라고 고백하는 바울의 신앙(고전 15:31)이 우리에게도 필요한 것이다. 이를 조직신학에서 상태적 거듭남이라고 한다.

10. 멸망의 심판을 받지 않을 것을 확신합니까?

예수님을 그리스도로 믿는 자들에게 주는 또 하나의 축복은 심판을 받지 아니한다는 것이다. 심판대에 오를 자들은 믿지 않는 자들과 거짓 선지자들이다(계 20:12~14; 계 19:20).

삼위일체이신 하나님은 인격적인 분이시다. 인격의 3요소를 지(知,

Intellect), 정(情, Emotion), 의(意, Volition)라고 한다. 즉 지식과 감정과 의지를 말하는데, 이것에 비추어 예수님을 인격적으로 만나고 있느냐는 질문을 받을 때가 종종 있다. 물론 이 질문에는 인간과 인간이 대화하듯 만나 보신 적이 있느냐는 질문도 아울러 내포되어 있다고 보지만, 그것보다도 지, 정, 의로 만나고 있는지를 묻고 있다고 봐야 한다. 우리가 처음으로 예수를 믿고 체험을 할 때는 하나님께서 주도적으로 이끄시면서 인격적으로 만나주신다. 다메섹 도상에서 사도 바울을 만나주신 것처럼 말이다. 이후 신앙의 성장이 필요하게 되고, 나 또한 주도적이 되어 주님과 교제해야 한다. 그래야 사탄의 유혹으로부터 이겨낼 수 있는 힘이 생긴다.

인격적인 만남이란 먼저는 지식적(지적 능력)으로 만나고 있는지에 대한 물음이다. "하나님의 말씀을 읽고 듣고 알아가는데 있어 성령의 감동으로 주님의 사랑의 마음과 임재하심이 느껴지는가?"라는 질문이다. 두 번째는 감정 부분으로 "기도할 때 주님의 음성과 그분의 감정이 응답으로 임하는 것을 체험하는가?" 하는 질문이다. 세 번째는 "(자유의지로)의지적 결단을 했을 때 성령의 도우심을 체험하고 있는가?" 하는 질문을 말하는 것이다. 이런 관점에서 우리는 주님을 인격적으로 만나야 한다.

체험적인 신앙은 사도 바울이 다메섹 도상에서 만난 예수님과의 체험이다. 그리고 그는 3일 동안 장님으로 있다가 선지자 아나니아가 기도함으로써 다시 보게 되는 체험을 한다(행 9:17).

누가복음 18:22에 나오는 부자 청년에게 주님은 의지적 결단을 요구하였으나 그는 그 자리를 피하고 만다. 여기서 우리의 모습을 본다. 부자는 돈을 내려놓기 힘들고, 술을 좋아하는 사람은 술을 끊기 힘들고, 담배를 좋아하는 사람은 담배 끊기를 주저하며, 게임과 미디어와 스마트폰 등에 재미를 붙인 사람은 그것을 끊으려는 시도를 하는 대신 합당한 이유를 찾고 자기 합리화를 하는 것으로 쉽게 습관과 타협하여 그대로 그 습성을 유지하려고 한다. 이것이 육체의 소욕의 힘이다.

> **(눅 18:22)** 예수께서 이 말을 들으시고 이르시되 네게 아직도 한 가지 부족한 것이 있으니 **네게 있는 것을 다 팔아 가난한 자들에게 나눠 주라** 그리하면 하늘에서 네게 보화가 있으리라 **그리고 와서 나를 따르라** 하시니
>
> **(행 9:17)** 아나니아가 떠나 그 집에 들어가서 그에게 안수하여 이르되 형제 사울아 주 곧 네가 오는 길에서 나타나셨던 **예수께서 나를 보내어 너로 다시 보게 하시고 성령으로 충만하게 하신다 하니**

구원의 확신을 공부하면서 나를 한 번 돌아보자. 지금 나의 위치는 어디인가? 마가복음 4:38의 말씀처럼 내 안에 계신 성령님을 주무시고 계시게 만든 것은 아닌지 말이다.

주님이 주무시는 배에 풍랑이 몰아쳤다. 만약 주님이 깨어 함께 했다면 풍랑이 배를 덮치도록 놔두었을까? 우리의 삶 속에 풍랑과 같은 일이 생겼다면 주님이 내게 하시고자 하시는 말씀이 무엇인지를 물어보아야 한다.

다음 〈그림 5〉에서 나는 어디에 있는가? 여전히 투명 어항 안에 갇혀 하나님의 은혜의 바닷속에 있으면서, 하나님의 은혜를 알면서도 정작 자신에게는 미치지 못하는 신앙은 아닌지. 혹은 아직도 세상의 달콤한 유혹을 버리기를 주저하며 하나님의 은혜의 바다에 들어가기를 주저하고 있지는 않은지 점검해 보아야 한다. 이런 사람에 대해 "세상 향락을 좋아하는 자들로 살았으나 실상은 죽은 자(딤전 5:6)"라고 말씀한다. 여기서 투명 유리 어항은 바로 나의 고집과 회개하려 하지 않는 마음(롬 2:5)과 잘못된 신앙의 습관으로 구성되어 있어 스스로 그것을 알고 버리기는 쉽지 않다. 그러나 성경의 말씀의 검으로 모두 부숴버려야 할 것들이다. 사도 바울도 이러한 육체의 욕심을 버리기 위해 날마다

성령의 검으로 자신을 죽인다고 말씀하고 있다.

> **(막 4:38)** 예수께서는 **고물에서 베개를 베고 주무시더니** 제자들이 깨우며 이르되 선생님
> 이여 **우리가 죽게 된 것을 돌보지 아니하시나이까** 하니

> **(롬 2:5)** 다만 **네 고집과 회개하지 아니한 마음을 따라** 진노의 날 곧 하나님의 의로우신
> 심판이 나타나는 그 날에 임할 **진노를 네게 쌓는도다**

> **(딤전 5:6)** **향락을 좋아하는 자는** 살았으나 **죽었느니라**

> **(계 3:1)** 사데 교회의 사자에게 편지하라 하나님의 일곱 영과 일곱 별을 가지신 이가 이르
> 시되 **내가 네 행위를 아노니 네가 살았다 하는 이름은 가졌으나 죽은 자로다**

이제 당신의 신앙생활의 모습은 어떻습니까?

다음 〈그림 5〉처럼 여전히 내 안에 주무시고 계시는 성령을 모시고
있는 상태입니까? 아니면 성령님과 함께 친구처럼 동행하고 있는 모습
입니까(요 11:11; 요 15:14)?

주님은 우리에게 당신의 말에 귀를 기울이고 행하는 자를 향하여 친
구라고 말씀하신다. 주님은 나와 어깨동무가 되기를 원하신다. 그러나
미지근한 신앙 상태는 죽은 신앙으로 여기시고 자신의 입에서 토하여
버리겠다고 말씀하고 있다.

> **(계 3:16)** 네가 **이같이 미지근하여** 뜨겁지도 아니하고 차지도 아니하니 **내 입에서 너를 토**
> **하여 버리리라**

> **(요 11:11)** 이 말씀을 하신 후에 또 이르시되 **우리 친구 나사로가** 잠들었도다 그러나 내
> 가 깨우러 가노라
> **(요 15:14)** 너희는 내가 명하는 대로 행하면 곧 **나의 친구라**

구원은 오직 예수 그리스도로만 가능한 이유를 찾아보면 창세기 22:12에 "사자가 이르시되 그 아이에게 네 손을 대지 말라 그에게 아무 일도 하지 말라 네가 네 아들 네 독자까지도 내게 아끼지 아니하였으니 내가 이제야 네가 하나님을 경외하는 줄을 아노라." 여기서 하나님은 하갈에게서 난 이스마엘을 아브라함의 아들로 인정하지 않았다는 사실이다. 하나님은 이삭을 두고 네 독자라는 표현을 사용했기 때문이다. 마찬가지로 예수님도 하나님의 독생자(요 1:18)로 이 땅에 오셨기 때문에 하나님의 아들로서 구원자는 오직 예수님 외에는 없는 것이다. 그리고 주님 자신도 구원, 즉 영생도 "유일하신 참 하나님과 그가 보내신 예수 그리스도를 아는 것이다(요 17:3)."라고 정의한 것이다.

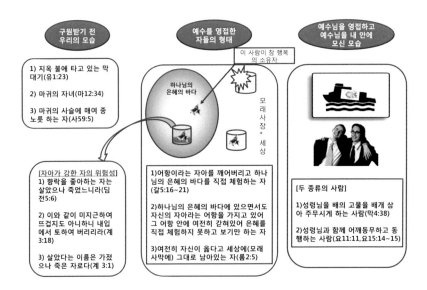

〈그림 5〉 그리스도인의 세 가지 삶의 형태

니느웨가 여기 있나이다

사랑하는 나의 아버지여
나를 고쳐주소서
나는 지금 니느웨와 같나이다

니느웨가 죄 중에 있을 때
당신께선 요나를 준비하셨고
그가 날 버리고 도망할 때
주께선 그를 흔들어 내게 보내셨나이다

당신의 크신 사랑으로
나를 품으시고
나의 죄를 깨닫게 하사
차디찬 내 마음을 눈 녹이듯 녹여주소서

사랑하는 나의 아버지여
나를 고쳐주소서
니느웨가 지금 여기에 있나이다

어느 따스한 봄날에
당신께선 천둥 치고 비 올 날을 예비하라 하셨지만
난 귀 기울여 듣지 않았습니다

그렇게 허우적거리는 나를 보시고
또다시 요나를 보내시는
그 크신 사랑에 고개를 숙입니다

여섯 번째 만남

하나님의 속성

지난 주일 설교에 대한 말씀을 나눈다

a) 설교말씀 본문과 주제와 내용을 서로 나눈다.

b) 가장 큰 은혜나 감동을 받은 내용은 무엇인가?

c) 이 말씀에 비추어 볼 때 현재 나의 모습은 어떠한가?

d) 이 말씀으로 내가 버려야 할 것과 바꾸어야 할 생활 습관(사고)이 있다면 무엇인가?

   (주일 말씀에 대한 세부 실천 계획을 세워보고 실천해 보았는가?)

e) 말씀 속에서 결단한 내용과 그 결단한 것이 지켜지고 있는가?

예수님의 제자로 하나 되기

들어가기

당신은 하나님을 어떤 분으로 생각하는가?

히브리서 12:9에서 모든 영의 아버지라고 말씀하고 있다.

> **(히 12:9)** 또 우리 육신의 아버지가 우리를 징계하여도 공경하였거든 하물며 **모든 영의 아버지께** 더욱 복종하며 살려 하지 않겠느냐

이사야는 하나님에 대해 이렇게 말씀하고 있다.

> **(사 45:5~8)** 나는 여호와라 **나 외에 다른 이가 없나니** 나 밖에 신이 없느니라 너는 나를 알지 못하였을지라도 나는 네 띠를 동일 것이요
> 6 해 뜨는 곳에서든지 지는 곳에서든지 나 밖에 다른 이가 없는 줄을 알게 하리라 **나는 여호와라 다른 이가 없느니라**
> 7 나는 **빛도 짓고 어둠도 창조하며** 나는 **평안도 짓고 환난도 창조하나니** 나는 여호와라 **이 모든 일들을 행하는 자**니라 하였노라
> 8 하늘이여 위로부터 공의를 뿌리며 구름이여 의를 부을지어다 땅이여 열려서 구원을 싹트게 하고 공의도 함께 움돋게 할지어다 나 여호와가 이 일을 창조하였느니라

> **(출 34:6)** 여호와께서 그의 앞으로 지나시며 선포하시되 여호와라 여호와라 **자비롭고 은혜롭고 노하기를 더디하고 인자와 진실이 많은 하나님이라**

　호세아 선지자도 호세아 6:3에서 "여호와를 알자 힘써 여호와를 알자."라고 강조하고 있다. 이는 하나님의 백성으로서 하나님을 지속적으로 경험하여 반드시 알고 있어야 하기에 강한 어조로 강조하고 있는 것이다. 하나님 아버지의 성품을 안다면 우리는 그 분을 더욱 온전하게 섬길 수 있게 될 것이다.

　하나님의 속성을 알아야 하는 이유는 첫째는 하나님을 온전히 경외

하기 위함이고, 둘째는 하나님의 백성으로 이 땅에서 예배적 삶을 이어가기 위함이다. 내가 섬겨야 할 분에 대해 정확히 안다면 아는 만큼 바르게 섬길(예배 할) 수 있기 때문이다.

하나님을 아는 방법은 하나님께로부터 오신 유일한 한 분이신 예수 그리스도로만 가능하다. 그래서 참 하나님을 아는 유일한 방법은 그가 보내신 예수 그리스도를 아는 지식과 그 경험에서 오는 것이다(요 17:3).

그렇다면 하나님은 어떤 분이신가?

조직신학에서 하나님의 속성을 크게 두 가지로 구분한다. 하나는 인간과 공유하고 있는 공유적인 속성이고, 또 다른 하나는 인간에게는 없고 하나님에게만 있는 비공유적인 속성으로 나뉜다.

1. 인간에게는 없고 하나님에게만 있는 (비공유적인) 속성

1) 전지(全知)하시다

하나님은 모든 것을 아시며 지식의 근원이시다.

이사야 44장 28절과 이사야 45장 1절에 보면 고레스 왕에 대한 예언이 나온다. 고레스 왕은 바사 제국의 초대 왕이자(B.C. 546~529) 바벨론을 정복한 사람으로 고레스 왕이 태어나기도 전(약 200년 전)에 하나님께서는 이사야(B.C. 759년부터 60년 동안 남유다 웃시야, 요담, 아하스, 히스기야 4대에 걸쳐 예언한 선지자) 선지자를 통하여 앞으로 200년 후에 이스라엘의 회복을 약속하고 계신다. 이 예언대로 고레스는 포로가 된 유대 백성의 귀국을 허용하였다.

또 열왕기상 13:1~2에 보면 북이스라엘의 왕 여로보암(B.C. 930년경)이 벧엘과 단에 산당을 짓고 벧엘 제단에서 제사를 지낼 때 하나님의 사람이 나타나 장차 태어날 남유다 요시야 왕(B.C. 640~609)이 이 벧엘의 제단을 파괴할 것을 예언한다.

예수님의 제자로 하나 되기

남유다 요시야 왕에 대해 살펴보면 그의 아버지는 아몬이고, 아몬의 아버지는 므낫세이고, 므낫세의 아버지는 히스기야이다. 히스기야는 죽을병에 걸렸을 때 이사야 선지자로부터 그 병으로 인해 죽을 것을 예언받고 하나님 앞에 겸비한 모습으로 회개함으로써 하나님께 15년간 생명의 연장을 허락받은 인물이다(사 38:1~6). 병을 고침받고 3년 뒤에 므낫세가 태어났다.

그런데 태어나기도 전인 남유다 왕 히스기야의 후손 요시야가 다른 나라인 북이스라엘 왕 여로보암이 만든 벧엘의 단을 더럽힐 것을 하나님께서 그의 선지자를 통해 예언하고 계신다. 무엇을 말하고 있는가? 하나님께서는 히스기야가 병들 것과 또 고쳐주실 것과 그의 후손이 태어날 것과 또 그들이 할 일들에 대해 미리 알고 계심을 말해주고 있다. 이렇듯 역사의 주관자는 하나님이심과 일어날 모든 일을 알고 계심을 분명히 말씀하고 있다.

> **(사 44:28)** 고레스에 대하여는 이르기를 내 목자라 그가 나의 모든 기쁨을 성취하리라 하며 예루살렘에 대하여는 이르기를 중건되리라 하며 성전에 대하여는 네 기초가 놓여지리라 하는 자니라

> **(왕상 13:1~2)** 보라 그 때에 하나님의 사람이 여호와의 말씀으로 말미암아 유다에서부터 벧엘에 이르니 마침 여로보암이 제단 곁에 서서 분향하는지라
> 2.하나님의 사람이 제단을 향하여 여호와의 말씀으로 외쳐 이르되 제단아 제단아 여호와께서 이와 같이 말씀하시기를 다윗의 집에 요시야라 이름하는 아들을 낳으리니 그가 네 위에 분향하는 산당 제사장을 네 위에서 제물로 바칠 것이요 또 사람의 뼈를 네 위에서 사르리라 하셨느니라 하고

또 다니엘서에 보면 느부갓네살 왕이 자신이 꾼 꿈의 내용과 그것을 해몽하라고 박수와 무당 그리고 지혜자들에게 명령을 내린다. 누구 하나 선뜻 맞추는 자가 나타나지 않자 모두 죽이라고 명령한다(단 2:1~24). 다니엘이 이 이야기를 듣고 자신이 여호와 하나님의 이름으로 왕이 꾼 꿈과 그 해몽을 해보이겠다고 한다. 사람의 머릿속에 있는 꿈까지도 아시는 주님이시다(단 2:25~49). 하나님 앞에서는 감추고 싶어도 감출 수

없는 것이다. 나의 모든 것을 아시고 또 앞으로 올 미래의 상황까지도 아시는 분임을 잊지 말아야 한다. 이 속성에 의지하여 인생을 산다면 하나님은 나의 모든 미래를 알고 계시기에 그분을 의지하여 기도한다면, 아마도 그분의 도우심으로 말미암아 우리의 인생은 아름다운 선(善)으로 이루어질 것이다.

> **(요일 3:20)** 이는 우리 마음이 혹 우리를 책망할 일이 있어도 하나님은 우리 마음보다 크시고 <u>**모든 것을 아시기 때문이라**</u>
> **(빌 4:7)** 그리하면 <u>**모든 지각에 뛰어난**</u> 하나님의 평강이 그리스도 예수 안에서 너희 마음과 생각을 지키시리라

2) 전능(全能)하시다

하나님은 불가능한 것이 없다. 하나님이 유일하게 하실 수 없는 것이 있다면, 그것은 악을 행하는 일일 것이다. 하나님은 죄와 거리가 멀다. 하나님은 아브라함을 찾아와서 하나밖에 없는 아들, 이삭을 바치라고 명령하신다. 그는 그 명령을 받고 지체하지 않는다. 새벽같이 일어나 준비한다. 그가 이렇게 순종할 수 있었던 것은 하나님께서는 전능하셔서 죽은 자도 능히 살릴 수 있음을 믿었기 때문이다. 그래서 그가 의인의 길을 갈 수 있었다고 기록하고 있다(히 11:19).

아브라함의 믿음은 "하나님은 전능하시기에 죽은 자도 다시 살릴 수 있음"을 알았기에 아들을 바칠 수 있는 행동이 나온 것이다. 이렇게 하나님을 알면 순종할 수 있는 믿음이 생기게 된다.

> **(히 11:19)** 그가 하나님이 능히 이삭을 <u>**죽은 자 가운데서 다시 살리실 줄로 생각한지라**</u> 비유컨대 그를 죽은 자 가운데서 도로 받은 것이니라

3) 영원(永遠)하시다

하나님은 영원하시다.

하나님은 시작과 끝이 없으신 분이다. 그리고 시간의 제약도 받지 않

으신다. 왜냐하면 시간과 공간을 하나님이 만드셨기 때문이다. 하나님은 영원 전부터 영원까지 계시는 분이다. 하나님으로부터 만들어진 우리 또한 아담과 하와가 타락하지 않았을 때는 사망이 없는 영원한 존재였다. 그들이 범죄를 저지름으로 인해 이 속성이 깨어지고 말았다.

> **(사 44:6)** 이스라엘의 왕인 여호와, 이스라엘의 구원자인 만군의 여호와가 이같이 말하노라 **나는 처음이요 나는 마지막이라** 나 외에 다른 신이 없느니라

> **(딤전 1:17)** **영원하신 왕** 곧 썩지 아니하고 보이지 아니하고 홀로 하나이신 하나님께 존귀와 영광이 영원무궁하도록 있을지어다 아멘

4) 불변(不變)하시다

하나님은 변치 않으신다. 만고의 불변의 이치는 바로 진리이다. 하나님의 입으로부터 나오는 말씀은 불변하는 진리이다.

아브라함과 맺은 언약이(창 12:1~3) 이삭, 그리고 야곱을 통해 지금까지 변함없이 이어져 오고 있고 마침내 예수 그리스도를 통해 그 언약이 내게도 임하게 되었다.

> **(창 12:1~3)** 여호와께서 아브람에게 이르시되 너는 **너의 고향과 친척과 아버지의 집을 떠나** 내가 **네게 보여 줄 땅으로 가라**
> 2 내가 **너로 큰 민족을 이루고** 네게 **복을 주어 네 이름을 창대하게 하리니** 너는 복이 될지라
> 3 너를 **축복하는 자에게는** 내가 **복을 내리고** 너를 **저주하는 자에게는** 내가 **저주하리니** 땅의 **모든 족속이 너로 말미암아 복을 얻을 것이라** 하신지라

5) 주권자(主權者)이시다

하나님은 모든 것을 만드셨고 모든 것의 주인이시다.

이 속성을 가장 많이 인식하고 사신 분이 바로 다윗이다. 그의 시편이 모두 하나님께서 주권자이심을 노래하고 있다. 자신의 인생의 주인이고, 자신을 이끄신 분도 주님이시고, 보호자 되심도 피난처 되심도 모든 것에 있어 나의 주인이라는 것을 노래한다. 로마서 11:36에서 하나

님의 주권을 "만물이 주에게서 나오고 주로 말미암고 주에게로 돌아감이라."라고 하며, 시작도 끝도 모두 주권자이신 주님께 달려있음을 말씀하고 있다.

> **(롬 11:36)** 이는 만물이 주에게서 <u>나오고</u> 주로 <u>말미암고</u> 주에게로 <u>돌아감이라</u> 그에게 영광이 세세에 있을지어다 아멘

6) 편재(遍在)하신다

하나님의 무한성(無限性) 곧 그분의 완전성을 나타내는 한 표현으로, 하나님은 모든 공간을 초월하시며 동시에 그의 전존재(全存在)로서 공간의 모든 지점에 존재하심을 이르는 말(시 139:7~14)이다. 성경에서 어디에든지 장소를 가리지 아니하시고 계신다는 편재의 속성으로 거룩함을 지킨 대표적인 분이 요셉이다. 그가 보디발의 아내의 유혹에도 넘어가지 않았던 것은 하나님이 지금 이 자리에 계셔서 나를 보고 계시기 때문에 득죄할 수 없다는 신앙 때문이다. 그것은 나의 거룩한 삶을 유지하는데 가장 중요한 하나님의 속성에 대한 인식이다. 그러나 다윗은 실패했다. 다윗은 왕궁 옥상을 거닐다가 우리아의 아내가 목욕하는 장면을 보고 육체의 정욕에 끌려 죄를 범하고 만다. 다윗은 이 일로 자신의 가정에서 성(性)적인 문제로 끊임없이 고통을 받는다. 밧세바가 임신한 아들이 죽는가 하면, 또 장자 암논이 압살롬의 누이를 강간하여 압살롬에게 죽임을 당한다. 압살롬은 반역하여 백주에 아버지인 다윗 왕의 첩을 희롱한다. 이렇듯 다윗은 자신의 죄로 인해 아들 세 명을 잃어버리게 된다. 음란죄가 얼마나 무서운 결과를 가져오는지 다윗을 통해 보여주고 있다. 경건을 잃어버린 신앙인의 삶은 성령의 동행이 없는 타락한 생활 그 자체가 된다.

예수님의 제자로 하나 되기

> **(시 139:7)** 내가 주의 영을 떠나 <u>**어디로 가며**</u> 주의 앞에서 <u>**어디로 피하리이까**</u>
>
> **(창 38:9)** 이 집에는 나보다 큰 이가 없으며 주인이 아무것도 내게 금하지 아니하였어도 금한 것은 당신뿐이니 당신은 그의 아내임이라 그런즉 <u>**내가 어찌 이 큰 악을 행하여 하나님께 죄를 지으리이까**</u>

7) 거룩하시다

하나님은 거룩하시다. 거룩의 의미는'깨끗하여 흠이 없는'이라는 의미도 있고 '구별하다'라는 의미도 있다.

우리도 아담과 하와가 죄를 범하기 전에는 흠 없고 죄 없는 거룩한 존재였다. 그러나 죄를 범한 후로는 거룩하지 못하게 되었다. 이제 성령이 우리 안에 계셔서 거룩한 존재로 회복되어 가는 것이지, 불의한 육체를 입고 있는 이상 여전히 육체의 소욕으로 인해 온전한 거룩은 이루지 못한다. 그러나 세상과 구별된 하나님의 백성이란 뜻에서'거룩하다'고 할 수 있다.

> **(벧전 2:5)** 너희도 산 돌 같이 <u>**신령한 집으로 세워지고**</u> 예수 그리스도로 말미암아 하나님이 기쁘게 받으실 신령한 제사를 드릴 <u>**거룩한 제사장이 될지니라**</u>
>
> **(출 19:6)** 너희가 내게 대하여 제사장 나라가 되며 <u>**거룩한 백성이 되리라**</u> 너는 이 말을 이스라엘 자손에게 전할지니라
>
> **(엡 2:22)** 너희도 <u>**성령 안에서 하나님이 거하실 처소가 되기 위하여**</u> 그리스도 예수 안에서 함께 지어져 가느니라

그럼 내가 거룩해지기 위해서는 어떻게 해야 하는가?

먼저 베드로전서 3:15에 기록된 말씀처럼 예수 그리스도를 마음에 주(主)로 삼아야 한다. 경건의 삶을 유지하기 위해 죄와 싸우되 피 흘리기까지 대항하여야 한다(히 12:4).

그러나 나의 모습은 어떠한가? 이런 핑계, 저런 핑계 찾아내고 마침내 자신을 합리화시켜 죄와 쉽게 타협하고 마는 내가 아닌가? 그리고는 깨끗한 척한다. 마지막 핑계의 말은 "어쩔 수 없었다."이고. 그러나 이

말은 하나님의 공의 앞에서는 아무 힘이 되지 못한다. 거룩은 파괴되고 자신은 이미 더럽혀져 스스로 버림을 당하게 된다. 우리가 이 속성(거룩)을 회복하지 못한다면 하나님과 소통이 원활하지 못하게 된다. 예수 그리스도를 주로 삼아 거룩하게 하고, 예수 그리스도의 이름으로 자신의 죄를 자복하고 회개할 때 잠시나마 이 거룩이 회복되고 하나님과 비로소 소통하게 되는 것이다.

> (벧전 3:15) 너희 **마음에 그리스도를 주로 삼아 거룩하게 하고** 너희 속에 있는 소망에 관한 이유를 묻는 자에게는 대답할 것을 항상 준비하되 온유와 두려움으로 하고
> (요일 1:9) 만일 **우리가 우리 죄를 자백하면** 그는 미쁘시고 의로우사 우리 죄를 사하시며 우리를 모든 불의에서 깨끗하게 하실 것이요
>
> (히 12:4) 너희가 **죄와 싸우되** 아직 **피흘리기까지는** 대항하지 아니하고

"이제 당신은 하나님의 성품, 즉 속성을 배웠습니다. 당신은 하나님의 속성 중에 어느 속성을 생활 속에서 깊게 생각하며 살고 있습니까?" 하고 나 자신과 양육생에게 물어보아야 한다.

2. 인간과 함께 공유하는 속성(공유적 속성)

1) 사랑(인애, 인자)

하나님은 사랑이시다. 하나님의 사랑은 완전하신 사랑이다. 이를 히브리어로 '헤세드'라고 하는데, 이는 '빈틈이 없는 완전하신 사랑'을 의미한다. 삼위일체의 사랑은 아낌없이 주시는 사랑이다.

하나님의 사랑은 요한복음 3:16의 말씀처럼 독생자를 세상에 보내 우리를 대신해서 우리의 죄를 위하여 대속케 하심으로 우리에 대한 그분의 사랑을 확증하셨다(롬 5:8). 이런 사랑을 받은 내가 해야 할 일은 무엇일까(요일 3:16)?

> **(요 3:16)** 하나님이 세상을 이처럼 사랑하사 독생자를 주셨으니 이는 그를 믿는 자마다 멸망하지 않고 영생을 얻게 하려 하심이라

> **(롬 5:8)** 우리가 아직 죄인 되었을 때에 그리스도께서 우리를 위하여 죽으심으로 하나님께서 우리에 대한 자기의 사랑을 확증하셨느니라

> **(롬 8:26)** 이와 같이 성령도 **우리의 연약함을 도우시나니** 우리는 마땅히 기도할 바를 알지 못하나 **오직 성령이 말할 수 없는 탄식으로 우리를 위하여** 친히 **간구하시느니라**

> **(요일 3:16)** 그가 **우리를 위하여 목숨을 버리셨으니** 우리가 이로써 사랑을 알고 우리도 형제들을 위하여 목숨을 버리는 것이 마땅하니라

삼위일체이신 하나님의 사랑을 다시 한번 기억해 보자. 우리가 삼위의 하나님으로부터 어떤 사랑을 받았고 영생을 얻었는지 다시 한번 생각해 보자.

먼저 성부 하나님의 사랑은 자신의 품을 떠나 어리석게도 사탄의 종이 되어버린 나(우리)를 다시 회복시켜 구원하시기 위해 하나밖에 없는 독생자 예수 그리스도를 이 땅에 보내어 나(我) 대신 죄의 값을 지불하시고 구원하시는 사랑이다. 아들의 생명까지도 나를 위해 주시는 그런 사랑을 누가 할 수 있단 말인가?

또 성자 하나님의 우리에게 향하신 사랑을 살펴보면, 당신의 생명조차도 아끼지 아니하시고 주시는 사랑이다. 나의 죄의 대가로 십자가의 고난을 당하셨고 하나님 아버지로부터 버림받는 수모까지 겪으셨다. 내가 내 죄로 인해 지고 가야 할 하나님의 진노의 잔을 내 대신 다 마셔주신 성자 하나님의 사랑을 내가 받은 것이다.

성령 하나님의 사랑은 내가 예수님의 공로에 의지하여 구원받은 하나님의 자녀로서 이 땅에서 온전히 구원을 이루고 살아갈 수 있도록 최선을 다해 도우시는 하나님의 사랑이시다. 내가 힘들 때 나를 업고 가시고, 내가 슬퍼하고 아파할 때 같이 울어주시고, 아파하는 친구가 되어주시는 아낌없이 희생하시는 사랑이다.

이렇듯 삼위일체 하나님의 사랑은 나를 죽도록 사랑하사 나를 그 무엇보다도 아껴주시는 사랑이다. 나는 이런 사랑을 받고 사는 하나님의 가장 값진 보배이고 보물로서 대우받고 살아가고 있음을 잊지 말아야 한다.

2) 공의

하나님은 공명정대(公明正大)하시다. 심판 때 하나님의 공의는 분명히 드러날 것이다. 공의란 하나님의 선과 악에 대한 반응이고 죄에 대해서는 심판으로 선에 대해서는 복(생명)으로 나타난다. 이러한 하나님의 공의를 통한 악의 심판을 피하는 유일한 길은 자신의 죄를 회개하고 돌이키는 것이다(요일 1:9; 롬 1:18~19).

하나님의 공의에 대한 말씀을 살펴보면

첫째, 말로만 고백하는 신앙은 의미가 없다. 행위로 이어지는 신앙을 요구하신다(마 7:21).

둘째, 의인이라고 하면서 여전히 죄를 가벼이 여기고 죄를 짓고 산다면 이 또한 버림받는다(겔 20:38).

셋째, 의인이 돌이켜 다시 죄인의 길로 간다면 그는 그 죄로 말미암아 망할 것이고 악인이 돌이켜 의의 길로 간다면 그는 그 의로 말미암아 다시 살리라는 하나님의 공의를 찾아볼 수 있다(겔 18:19~32).

(요일 1:9) 만일 우리가 우리 **죄를 자백하면** 그는 미쁘시고 의로우사 우리 **죄를 사하시며 우리를 모든 불의에서 깨끗하게** 하실 것이요

(롬 1:18) 하나님의 진노가 **불의로 진리를 막는 사람들의 모든 경건하지 않음**과 **불의에 대하여** 하늘로부터 나타나나니

> **(마 7:21)** 나더러 주여 주여 하는 자마다 다 천국에 들어갈 것이 아니요 다만 **하늘에 계신 내 아버지의 뜻대로 행하는 자**라야 들어가리라
>
> **(겔 20:38)** 너희 가운데에서 **반역하는 자와 내게 범죄하는 자를 모두 제하여 버릴지라** 그들을 그 머물러 살던 땅에서는 나오게 하여도 이스라엘 땅에는 들어가지 못하게 하리니 너희가 나는 여호와인 줄을 알리라
>
> **(겔 18:19~32)** 26 만일 의인이 그 **공의를 떠나 죄악을 행하고 그로 말미암아 죽으면 그 행한 죄악으로 말미암아 죽는 것이요**
>
> 27 만일 **악인이 그 행한 악을 떠나 정의와 공의를 행하면 그 영혼을 보전하리라**

성경은, 정의를 행하는 자에 대한 하나님의 공의는 화평과 평안과 안전이라고 말씀하신다(사 32:17). 여기서 정의란? 사람이 지켜야 할 도리로서 그 도리는 하나님으로부터 나오는 말씀을 말한다(창 18:25; 신 32:4). 왜냐하면 정의가 하나님의 속성이기 때문이다.

> **(창 18:25)** 주께서 이같이 하사 의인을 악인과 함께 죽이심은 부당하오며 의인과 악인을 같이 하심도 부당하니이다 세상을 심판하시는 이가 **정의를** 행하실 것이 아니니이까
>
> **(신 32:4)** 그는 반석이시니 그가 하신 일이 완전하고 그의 모든 길이 **정의롭고** 진실하고 거짓이 없으신 하나님이시니 공의로우시고 바르시도다
>
> **(사 32:17)** 공의의 **열매는 화평**이요 공의의 **결과는 영원한 평안과 안전**이라

여기서 하나님의 말씀에 순종하는 공의의 열매가 화평과 평안과 안전이라는 것은 공의 자체가 하나님의 속성이고, 이것은 곧 성령의 속성을 의미하므로 성령이 내 안에 계심으로 평안과 화평과 안전으로 나타난다는 사실을 말씀하고 있다. 반면에 불순종에 대한 공의의 열매는 심판으로 그들에게 나타난다.

3) 의로움

하나님은 잘못된 일을 하지 않으신다. 타락한 인간을 향하여는 악으로부터 돌이킴을 의미한다.

하나님은 의로우시다(신 32:4). 따라서 하나님의 백성인 우리 또한 의로워야 한다. 하나님의 백성으로서 우리는 하나님과 같이 온전하여야

한다(마 5:48). 이 말씀은 성숙해야 한다는 의미이다. 무엇보다도 우리가 의롭게 살기 위해서는 하나님의 진리 안에 사는 삶이 되어야 하고 항상 육체의 욕심과 싸워 이겨내야 한다(갈 5:16~21).

> **(신 32:4)** 그는 반석이시니 그가 하신 일이 완전하고 그의 모든 길이 **정의롭고** 진실하고 거짓이 없으신 하나님이시니 공의로우시고 바르시도다

> **(마 5:48)** 그러므로 하늘에 계신 너희 아버지의 **온전하심과 같이** 너희도 온전하라

4) 진실하심

하나님은 언제나 진실하시다.

하나님께서는 거짓이 조금도 없으시다(딛 1:2). 하나님의 입으로부터 나오는 모든 말씀이 진리이고 진실이다. 하나님의 백성인 나 또한 거짓 없이 진실한 삶을 살아야 한다. 빌립보서 2:15의 말씀처럼 하나님의 흠 없는 자녀로 세상에서 그들 가운데 빛의 삶으로 살아가야 한다.

> **(딛 1:2)** 영생의 소망을 위함이라 이 영생은 **거짓이 없으신 하나님이** 영원 전부터 약속하신 것인데

> **(빌 2:15)** 이는 너희가 흠이 없고 순전하여 어그러지고 거스르는 세대 가운데서 **하나님의 흠 없는 자녀**로 세상에서 그들 가운데 빛들로 나타내며

3. 하나님의 속성과 신앙의 관계성

우리가 하나님의 속성을 배워야 하는 이유는 우리가 경외해야 하는 하나님에 대한 정체성을 분명히 알아 온전히 예배하기 위함이다.

우리의 믿음의 성장과 밀접한 관련이 있는 속성을 보면 하나님은 전지전능하신 분이고 주권자이심을 아는 것이다. 이것을 분명히 알 때 신뢰가 생기고 의지하게 된다.

성도로서 경건한 삶을 살아내기 위해서는 하나님의 편재와 거룩함을 인식하고 있어야 한다. 어디에나 계시는 하나님 앞에서(코람데오) 우리가 거룩함을 잃어버리는 행동을 그리 쉽게 할 수는 없기 때문이다.

성도의 소망을 위한 하나님의 속성은 영원불변하심과 헤세드, 공의, 신실, 진실, 의로우심 등의 속성으로부터 하나님과 함께 영원한 삶 속에서 영원한 사랑을 할 수 있는 소망을 가지게 한다.

4. 우리에게 향하신 하나님의 본심은 무엇일까?

1) 모든 사람이 예수 그리스도 안에서 구원받기를 원하신다(딤전 2:4).

(딤전 2:4) 하나님은 **모든 사람이 구원을 받으며 진리를 아는 데에 이르기를** 원하시느니라

2) 우리의 삶에 재앙이 아닌 평안과 미래와 희망을 주기를 원하신다(애 3:33; 렘 29:11).

(애 3:33) 주께서 인생으로 고생하게 하시며 근심하게 하심은 **본심이 아니시로다**

(렘 29:11) 여호와의 말씀이니라 너희를 향한 나의 생각을 내가 아나니 **평안이요 재앙이 아니니라 너희에게 미래와 희망을 주는 것이니라**

3) 모든 일에 있어서 마침내 복을 주시기 위함이다(신 8:16).

하나님께서 이스라엘을 출애굽 시켜 광야교회로 이끄신 이유는 그들의 마음을 시험(test)하시고자 함이었다고 모세가 이야기한다. 하나님의 임재 속에서 사는 그들은 철저하게 하나님만 바라보는 훈련을 하게 되었고, 그 훈련의 기본은 그들 자신을 낮추는 것이었다. 그리고 그 훈련 기간 동안에는 하늘에서 '만나'가 내려오고 반석에서 물이 나오게 하여 전능자의 손길을 체험하게 하셨다. 그럼에도 불구하고 광야 1세대는 자신을 낮추는 데 실패하였다. 그러나 광야 2세대는 하나님의 임재 앞에

전인격적으로 자신을 낮춤으로 말미암아 약속의 땅인 가나안 땅에 들어갈 수 있었다.

이 훈련의 결과는 마침내 복을 주기 위함이었다고 성령님은 말씀하신다.

> (신 8:16) 네 조상들도 알지 못하던 만나를 광야에서 네게 먹이셨나니 이는 다 **너를 낮추시며 너를 시험하사 마침내 네게 복을 주려 하심이었느니라**

5. 하나님의 일과 하나님의 뜻은 무엇인가?

예수님이 이 땅에서 살아가는 동안 자신의 양식으로 삼으신 것은 하나님의 뜻을 행하는 것과 하나님의 일을 온전히 이루는 이것이라고 하셨다(요 4:34). 그렇다면 주님이 양식으로 삼으신 하나님의 뜻과 일은 무엇일까? 또 사도들은 그것을 어떻게 이해했는지 살펴보자.

> (요 4:34) 예수께서 이르시되 **나의 양식은 나를 보내신 이의 뜻을 행하며 그의 일을 온전히 이루는 이것이니라**

1) 하나님의 뜻은 요한복음 6:40과 데살로니가전서 5:16~18에서 찾아볼 수 있다.

우리를 향하신 하나님의 뜻은 첫째는 그가 보내신 아들을 믿고 영생(구원)을 얻는 것이다. 둘째는 구원을 받은 자로서 이 땅에서 예수 그리스도의 가르침 안에서 그와 동행(쉬지 않고 기도하는 상태)하는 삶 속에서 모든 일에 감사로 살며 그를 통해서 항상 기뻐하며 행복하고 즐거운 삶을 살아가기를 바라고 계신다.

> (요 6:40) **내 아버지의 뜻은 아들을 보고 믿는 자마다 영생을 얻는 것이니** 마지막 날에 내가 이를 다시 살리리라 하시니라

> (살전 5:16~18) **항상 기뻐하라**
> **17 쉬지 말고 기도하라**
> **18 범사에 감사하라** 이것이 그리스도 **예수 안에서 너희를 향하신 하나님의 뜻이니라**

2) 하나님의 일은 요한복음 6:29에서 그 의미를 찾을 수 있다.

하나님의 일 역시 예수 그리스도를 믿는 것이다. 예수 그리스도를 믿는 것도 일이라고 표현하는 것은, 믿음이 행위로 드러나야 한다는 것을 말씀하고 있기 때문이다. 믿음으로 일하는 자, 신뢰가 마침내 믿음의 관계로 발전시켜 그 어떤 경우에도 믿음을 저버리지 않는 온전한 상태까지 이르는 것을 말씀하시면서 이것을 온전히 이루는 것을 예수님은 양식으로 삼으셨다. 우리 또한 그리 해야 한다.

> (요 6:29) 예수께서 대답하여 이르시되 **하나님께서 보내신 이를 믿는 것이 하나님의 일이니라** 하시니

일이라는 의미 속에는 의무감도 있고 자원하는 마음도 있는 것이다. 일에는 반드시 수고와 노동이 따른다. 주님이 믿음을 일로 표현하신 이유를 잘 생각해 보자.

히브리서 기자는 믿음을 온전케 하시는 분은 오직 주님밖에는 없다고 말씀하신다(히 12:2). 따라서 믿음을 온전케 하기 위해서는 그가 가르쳐준 진리(계명)를 행하여야 한다(요 14:15). 그의 진리 안에는 자유함이 있다(요 8:32).

> (히 12:2) 믿음의 주요 또 **온전하게 하시는 이인 예수**를 바라보자 그는 그 앞에 있는 기쁨을 위하여 십자가를 참으사 부끄러움을 개의치 아니하시더니 하나님 보좌 우편에 앉으셨느니라
> (요 14:15) 너희가 나를 사랑하면 **나의 계명을 지키리라**
> (요 8:32) 진리를 알지니 **진리가 너희를 자유롭게 하리라**

6. 삼위일체

삼위에 대한 예수님의 말씀은 마태복음 28:19에서 "아버지와 아들과 성령의 이름으로 세례를 베풀고"라고 하심으로 세 분의 하나님을 말씀하셨다.

또 세 분이 하나이심을 요한복음 10:30에서 "아버지와 나는 하나이다."라고 말씀하셨다. 요한복음 14:26에서는 "내 이름으로 보내실 성령하나님과 하나이심"을 말씀하신다.

요한복음 8:42에서는 또한 예수님 자신과 하나님 아버지를 구분하셨다.

그렇다면 성경에서 말씀하시는 하나, 즉 일체(一體)의 개념을 살펴보면 요한복음 17:21에서 서로 안에 거하심으로 하나가 된다는 사실을 말씀하고 있다.

> **(요 17:21)** 아버지여, **아버지께서 내 안에, 내가 아버지 안에 있는 것 같이** 그들도 다 **하나가 되어** 우리 안에 있게 하사 세상으로 아버지께서 나를 보내신 것을 믿게 하옵소서
>
> **(마 28:19)** 그러므로 너희는 가서 모든 민족을 제자로 삼아 **아버지와 아들과 성령의 이름으로** 세례를 베풀고
>
> **(요 8:42)** 예수께서 이르시되 하나님이 너희 아버지였으면 너희가 나를 사랑하였으리니 이는 **내가 하나님께로부터 나와서 왔음이라** 나는 스스로 온 것이 아니요 **아버지께서 나를 보내신 것**이니라
>
> **(요 10:30) 나와 아버지는 하나**이니라 하신대

세 분의 하나님께서는 서로가 서로 안에 거하여 마치 한 몸처럼 움직이시고 일하신다는 사실을 말씀하고 계신다.

삼위일체의 논리는 인간의 숫자적인 개념으로는 이해할 수도 없고 설명할 수도 없다. 왜냐하면 삼위일체, 즉 "세 분이 곧 한 분이시다."라는 무한세계의 개념을 유한세계에서 아무리 담아서 분석한다 하더라도 다 담을 수 없고, 담은 만큼 유한한 의미가 되어 온전히 이해할 수 없기 때문이다. 그러나 주어진 말씀으로 분석하자면 세 분의 하나님이 마치 한 몸처럼 서로 모든 것을 같이하고 계심을 의미하며, 어느 한 분의 하나님이 모르게 진행된 일도 없고 진행할 수도 없음을 의미한다.

굳이 하시는 일에 있어 성경을 중심으로 비추어진 상황을 구분한다면 성부 하나님을 중심으로 인간의 구원 계획이 이루어졌고, 그다음은

예수님의 제자로 하나 되기

성자 하나님을 중심으로 구속의 역사가 실행되었으며, 이제 성령 하나님으로 말미암아 하나님의 백성들이 남은 과업을 온전하게 이루어간다는 사실로 볼 수 있으나, 실제로 이 모든 일은 한 분의 하나님으로 일하심을 알아야 한다.

성령 하나님의 이름은 보혜사(保惠師)인데, 그 뜻을 한자로 풀면, 지킬 保(보), 은혜 惠(혜), 스승 師(사)이다. 나를 지키시고, 하나님의 은혜를 주셔서 경험하게 하시고, 주님의 말씀을 가르치고 생각나게(요 14:26) 일하시는 하나님이시다. 성령 하나님의 처소는 우리 안에 거하고(고전 3:16), 의인들의 회중에 거하고(마 18:20), 우주 만물 위에 거하신다(행 7:48~49). 성령 하나님이 거하지 않는 곳은 없다.

> **(고전 3:16)** 너희는 너희가 하나님의 성전인 것과 **하나님의 성령이 너희 안에 계시는 것**을 알지 못하느냐

1) 성령 하나님을 누가 보내셨는가(요 14:16; 요 14:26)? - 성부 하나님, 성자 하나님

> **(요 14:16)** 내가 아버지께 구하겠으니 **그가 또 다른 보혜사를 너희에게 주사** 영원토록 너희와 함께 있게 하리니

> **(요 14:26)** **보혜사** 곧 **아버지께서 내 이름으로 보내실 성령** 그가 너희에게 **모든 것을 가르치고 내가 너희에게 말한 모든 것을 생각나게 하리라**

2) 예수님은 누가 보내셨는가(요 8:42)? - 하나님 아버지

> **(요 8:42)** 예수께서 이르시되 하나님이 너희 아버지였으면 너희가 나를 사랑하였으리니 이는 **내가 하나님께로부터 나와서** 왔음이라 나는 스스로 온 것이 아니요 **아버지께서 나를 보내신 것이니라**

3) 예수님은 어디에 계셨는가(요 1:18)?

- 하나님 품속에 (천국)

> **(요 1:18)** 본래 하나님을 본 사람이 없으되 **아버지 품속에 있는 독생하신 하나님이 나타내셨느니라**

4) 예수님은 지금 어디에 계신가(막 16:19)?

- 하나님 보좌 우편에

> **(막 16:19)** 주 예수께서 말씀을 마치신 후에 하늘로 올려지사 **하나님 우편에 앉으시니라**

5) 참 하나님을 어떻게 볼 수 있는가?

예수님을 통해서만 볼 수 있다(요 1:18; 요 14:9; 고후 4:6).

하나님께서 보내신 예수 그리스도를 아는 것으로부터, 또 경험을 통해 본다(요 17:3).

> **(요 14:9)** 예수께서 이르시되 빌립아 내가 이렇게 오래 너희와 함께 있으되 네가 나를 알지 못하느냐 **나를 본 자는 아버지를 보았거늘** 어찌하여 아버지를 보이라 하느냐
>
> **(요 1:18)** 본래 하나님을 본 사람이 없으되 **아버지 품속에 있는 독생하신 하나님이 나타내셨느니라**
>
> **(요 17:3)** 영생은 곧 유일하신 **참 하나님**과 **그가 보내신 자 예수 그리스도를 아는 것**이니이다
>
> **(고후 4:6)** 어두운 데에 빛이 비치라 말씀하셨던 그 하나님께서 **예수 그리스도의 얼굴에 있는 하나님의 영광을 아는 빛을** 우리 마음에 비추셨느니라

6) 일체의 개념

앞서 말했지만 여기서는 약간의 보충 개념으로 벌코프(Louis Berkhof)의 조직신학을 일부 인용하여 설명한다.

먼저 본질상 성부와 성자와 성령은 한 분의 하나님이시다. 이것은 마

치 하나의 콩깍지 안에 세 개의 콩이 있는 원리처럼 본질상 한 모양을 가지고 있지만 그 속에는 완전한 인격체로 세 분이 계신다는 의미이다(히 1:3; 빌 2:6).

그리고 예수님은 하나(일체)의 개념을 "아버지가 내 안에 내가 아버지 안에 있는 것같이(요 17:20)"라고 말씀하시면서 우리 또한 성령 안에 거하여 하나 되기를 기도하셨다. 안에 거한다는 것은 모든 것을 알고 공유한다는 것을 의미한다.

> **(빌 2:6)** <u>그는 근본 하나님의 본체시나</u> 하나님과 동등 됨을 취할 것으로 여기지 아니하시고

> **(히 1:3)** 이는 하나님의 영광의 광채시요 <u>그 본체의 형상이시라</u> 그의 능력의 말씀으로 만물을 붙드시며 죄를 정결하게 하는 일을 하시고 높은 곳에 계신 지극히 크신 이의 우편에 앉으셨느니라

7) 위격을 정한 근거

성부를 제1위격으로, 성자를 제2위격으로, 성령을 제3위격으로 구분하신 근거는 먼저 성부 하나님을 예수님께서 '아버지'라고 칭하셨고, 또 아버지로부터 당신이 오셨다고 말씀하심으로써 성부 하나님을 제1위격으로 두셨다. 아버지로부터 온 분은 바로 예수님이셨기에(요 1:18; 요 5:26; 요 17:8) 제2위격으로 두셨으며, 마지막으로 성령님은 성부 하나님과 성자 하나님이 함께 보내셨기에 제3위격으로 두셨다. 이것은 사람들의 이해를 돕기 위한 구별이지 하나님 편에서는 모두가 같은 위격인 셈이다. 왜냐하면 세 분이 일체로 구성하고 계시기 때문이다(요 15:26; 갈 4:6; 요 14:16).

> **(요 5:26)** 아버지께서 <u>자기 속에 생명이 있음 같이 아들에게도 생명을 주어</u> 그 속에 있게 하셨고

> **(요 17:8)** 나는 아버지께서 내게 주신 말씀들을 그들에게 주었사오며 그들은 이것을 받고 <u>내가 아버지께로부터 나온 줄을</u> 참으로 아오며 아버지께서 나를 보내신 줄도 믿었사옵나이다

> **(요 15:26)** <u>내가</u> 아버지께로부터 <u>너희에게 보낼 보혜사</u> 곧 <u>아버지께로부터 나오시는 진리의 성령이</u> 오실 때에 그가 나를 증언하실 것이요

> **(갈 4:6)** 너희가 아들이므로 하나님이 <u>그 아들의 영을 우리 마음 가운데 보내사</u> 아빠 아버지라 부르게 하셨느니라

8) 삼위일체의 사역에 대한 구별

모든 사역의 계획은 성부 하나님으로부터 온다. 그리고 그 사역을 성자 하나님이 이루신다. 성자 하나님의 사역은 성령 하나님이 이루신다. 이와 같이 사역도 삼위에 따라 구분하지만 실상은 성부와 성자와 성령이 함께 일하고 계심을 알아야 한다. 단지 우리의 눈에 세 분의 하나님의 모습으로 구별되어 볼 수 있는 은혜가 있을 뿐이다.

> **(요 3:17)** 하나님이 그 아들을 세상에 보내신 것은 세상을 심판하려 하심이 아니요 그로 말미암아 <u>세상이 구원을 받게 하려 하심이라</u>
> **(마 20:28)** 인자가 온 것은 섬김을 받으려 함이 아니라 도리어 섬기려 하고 자기 목숨을 <u>많은 사람의 대속물로 주려 함이니라</u>
> **(요 4:34)** 예수께서 이르시되 나의 <u>양식은 나를 보내신 이의 뜻을 행하며 그의 일을 온전히 이루는 이것</u>이니라
> **(요 14:26)** 보혜사 곧 아버지께서 내 이름으로 보내실 성령 <u>그가 너희에게 모든 것을 가르치고 내가 너희에게 말한 모든 것을 생각나게 하리라</u>

/ 암송하기 /

> **(요 3:16~17)** 하나님이 세상을 이처럼 사랑하사 독생자를 주셨으니 이는 그를 믿는 자마다 멸망하지 않고 영생을 얻게 하려 하심이라
> 17 하나님이 그 아들을 세상에 보내신 것은 세상을 심판하려 하심이 아니요 그로 말미암아 세상이 구원을 받게 하려 하심이라

> **(갈 2:20)** 내가 그리스도와 함께 십자가에 못 박혔나니 그런즉 이제는 내가 사는 것이 아니요 오직 내 안에 그리스도께서 사시는 것이라 이제 내가 육체 가운데 사는 것은 나를 사랑하사 나를 위하여 자기 자신을 버리신 하나님의 아들을 믿는 믿음 안에서 사는 것이라

성경(언약)

지난 주일 설교에 대한 말씀을 나눈다

a) 설교말씀 본문과 주제와 내용을 서로 나눈다.

b) 가장 큰 은혜나 감동을 받은 내용은 무엇인가?

c) 이 말씀에 비추어 볼 때 현재 나의 모습은 어떠한가?

d) 이 말씀으로 내가 버려야 할 것과 바꾸어야 할 생활 습관(사고)이 있다면 무엇인가?

　(주일 말씀에 대한 세부 실천 계획을 세워보고 실천해 보았는가?)

e) 말씀 속에서 결단한 내용과 그 결단한 것이 지켜지고 있는가?

들어가기

성경은 하나님의 언약 책이다. 다시 말해 하나님과 인간과의
관계에 대한 책이다. 하나님은 당신을 섬기기만 하라고 인간
을 만들지 않았다. 그랬다면 굳이 사람이 필요하지 않았을
것이다. 천사들로 충분했을 것이기 때문이다. 하나님은 전
적인 주권적 의지에 의해서 인간을 만드셨다. 그리고 그들을 자신의 형
상으로 만드심으로써 그들과 특별한 관계를 허락하시고 또 요구하셨다.

코에 생기를 불어 넣어 생령(living being, soul, 生靈)이 되게 하셨고,
또 에덴이라는 특별한 동산을 만들어 창조주이신 하나님과 피조물인
인간이 함께 소통하며 살 수 있는 특별한 공간(장소)을 만드시고 그곳에
서 함께 동행하셨다. 그런데 인간이 자신의 욕심을 채우기 위해 스스로
타락하여 그 관계를 깨버렸고, 그들은 에덴을 떠나야만 했다. 이제 스
스로는 돌이킬 수 없는 인간을 회복시키기 위해 하나님의 아들이신 예
수님이 오셔서 다시 하나님과의 관계를 화목하게 하시고 구원하신다는
사실을 언약으로 알려주고 있는 것이 성경의 전반적인 내용이다.

성경이 만들어져 우리에게 들어온 과정을 살펴보면 성경의 처음 기록
자는 모세이다. 모세가 쓴 모세오경은 약 B.C. 1500년경에 적힌 것으
로 알려져 있다. 파피루스와 양피지, 또는 토판(土版) 등을 사용하여 기
록하였으며 처음에는 구전으로 전해오다가 인쇄술이 점점 발달하면서
오늘날의 성경이 탄생하게 된 것이다.

구약이 39권으로 확정된 것은 A.D. 90년경 얌니아 종교회의에서였

고, 그전 B.C. 200~150년경에 최초의 번역본인 70인역(70人譯)이 만들어졌다. 이 번역본이 나오게 된 동기는, 히브리어가 점점 사장되고 헬라어가 발달함에 따라 하나님의 말씀이 후세 사람들에게 전해지기도 전에 없어질 위기를 느꼈기 때문이다 유대인들이 각 지파별로 6명씩 선출하여 72명을 모아 히브리어로 된 39권의 성경을 헬라어로 번역한 성경이 바로 70인역이다. 여기에 부록으로 15권을 삽입하게 되는데, 이를 외경이라고 부른다. 이 부록은 얌니아 종교회의에서 제외되었고 결국 오로지 39권만을 정경으로 인정되었다.

신약은 여러 번의 종교회의를 거쳐 마침내 A.D. 397년 카르타고 종교회의에서 신약 27권을 정경으로 인정해 오늘날의 성경 66권이 탄생하게 되었다.

가장 오래된 사본은 A.D. 1947년에 사해 쿰란에서 발견된 사해 사본이다. 현재 우리가 사용하는 사본은 레닌그라드 사본이다.

"성경은 누가 썼는가?"라는 질문을 하면 의외로 대답을 잘 못한다. 왜일까? 하나님의 말씀이라는 것은 아는데, 실제 기록한 자는 사람이기 때문이다. 이 단순한 질문에 많은 의미가 담겨 있다. 성경은 "성령에 감동된 사람들이 썼다."고 베드로후서 1:21과 디모데후서 3:16에서 증언하고 있으며, 심지어 성경은 폐할 수 없다고 하였다. 그리고 하나님의 말씀을 받아 쓴 사람들을 신이라고 했고(요 10:35), 결국 성경은 신(神)이 썼는데 그 신(神)이 바로 성령(聖靈)님이라고 말씀하고 있는 것이다.

그래서 성경은 정확무오(正確無誤)하다고 할 수 있다. 불완전한 사람들이 필사(筆寫)하는 과정에서 잘못 옮겨 기록할 수 있어 해석상 약간의 차이는 있을 수 있으나, 성경 안에 큰 구원의 강줄기에는 조금도 영향을 줄 수 없을 만큼 미미한 것들이기에 성경은 정확무오한 것이 맞다.

이제 성경을 누가 썼는지 분명히 알게 되었다. 다시 말하지만 성경은 성령 하나님이 쓰셨고 성경은 하나님의 말씀이다. 그런데 우린 전능하신 하나님이 쓰신 이 말씀을 왜 읽지 않을까? 세상의 어떤 것보다도 가치 있고 반드시 알아야 할 말씀인데 왜 우리들은 세상 일이 먼저이고 하나님의 말씀을 읽고 알아 가는 것을 소홀히 하는 걸까? 그 이유는 하나이다. 성경은 하나님의 말씀이고 하나님이 쓰셨다는 것을 머리로는 듣고 가르침을 받아 알고 있는데 가슴으로는 믿어지지 않기 때문이다.

그리스도인이라면 반드시 하나님의 말씀을 주야로 즐거워하여 묵상해야만 한다(시 1:1~2).

> **(벧후 1:21) 예언은** 언제든지 사람의 뜻으로 낸 것이 아니요 **오직 성령의 감동하심을 받은 사람들이** 하나님께 받아 말한 것임이라

> **(딤후 3:16) 모든 성경은 하나님의 감동으로 된 것으로** 교훈과 책망과 바르게 함과 의로 교육하기에 유익하니

> **(시 1:1~2) 복 있는 사람은** 악인들의 꾀를 따르지 아니하며 죄인들의 길에 서지 아니하며 오만한 자들의 자리에 앉지 아니하고
> 2 **오직 여호와의 율법을 즐거워하여 그의 율법을 주야로 묵상하는도다**

> **(요 10:35) 성경은** 폐하지 못하나니 **하나님의 말씀을 받은 사람들을 신이라** 하셨거든

호세아 4:6에서 "내 백성이 지식이 없으므로 망하는도다."라고 말씀하고 있다. 하나님의 백성이 하나님의 대한 지식과 말씀에 대한 지혜가 없다면 망하고 만다는 사실이다.

성경을 읽으라고 권하면 이런 핑계 저런 핑계를 대면서 도무지 읽을 생각이 없는 자들을 두고 하나님께서는 이사야 29:11~13에서 "책을 읽으라." 하면 "너무 어렵고 이해가 안 되어서 못 읽겠어요." 하고 핑계를 대며 또 글을 모르는 사람에게 "읽으라."라고 했더니 "나는 글을 모르니 읽을 수 없어요." 하고 핑계를 대는 자들을 향해 야단을 치시는 말씀이 있다. 글을 모르면 깨우쳐서라도 읽어야 한다. 왜냐하면 그 글에는 하나님의 진리의 말씀인 생명의 말씀이 있기 때문이다. 살기 위해서라도

읽어야 하고, 하나님의 말씀이기에 반드시 읽어야 한다. 하나님 앞에서는 그 어떤 핑계로도 하나님의 공의를 피할 수 없는 것이다.

> **(사 29:11~13)** 그러므로 모든 계시가 너희에게는 봉한 책의 말처럼 되었으니 그것을 글 아는 자에게 주며 이르기를 **그대에게 청하노니 이를 읽으라** 하면 그가 대답하기를 **그것이 봉해졌으니 나는 못 읽겠노라** 할 것이요
> 12 또 그 책을 **글 모르는 자에게 주며** 이르기를 그대에게 청하노니 **이를 읽으라** 하면 그가 대답하기를 **나는 글을 모른다 할 것이니라**
> 13 주께서 이르시되 이 백성이 입으로는 나를 가까이 하며 입술로는 나를 공경하나 **그들의 마음은 내게서 멀리 떠났나니** 그들이 나를 경외함은 사람의 계명으로 가르침을 받았을 뿐이라

1. 성경의 66권의 주인공은 누구일까?

이 질문의 대답은 물론 "예수 그리스도"이다(요 5:39). 그런데 한 사람이 더 있다. 그는 바로 "나"이다. "예수님이 이 땅에 오신 이유가 무엇인가?" 하고 묻는다면 바로 나 때문에 오셨다고 대답할 수 있다. 물론 이것은 좁은 의미에서의 대답이다. 그러나 분명한 것은 나를 구원하시고자 수천 년(태초) 전부터 계획하시고 이 땅에 오신 것이다. 그러니 성경의 주인공은 바로 "예수님과 나"인 것이다. 내가 바로 성경의 주인공임을 잊지 말아야 한다.

> **(요 5:39)** 너희가 성경에서 영생을 얻는 줄 생각하고 성경을 연구하거니와 이 **성경이** 곧 **내게 대하여 증언하는 것**이니라

2. 성경의 전체 주제를 한마디로 말한다면?

성경은 "하나님이 나를 죽도록 사랑한다."라는 사실을 말씀해주고 있다(요 3:16).

하나님이 나를 얼마나 사랑하시는지, 그냥 내버려 두면 내가 가지고 있는 원죄로 인해 영원히 하나님을 만날 수 없고 영원한 죽음으로 가

야 할 신세에 놓인 나를 구원하기 위해 자신의 하나밖에 없는 아들 예수를 보내셨다. 내가 어디에서, 누구에게, 이런 깊은 사랑을 받아볼 수 있을까? 하나님 외에는 아무도 없다. 내 부모도, 내 아내도, 내 자녀도 나를 위해 대신 죽어주지 않는다. 그런 사람은 세상에 아무도 없는 것이다. 오로지 한 분 예수, 그분의 사랑은 하나밖에 없는 생명을 희생시켜서 나를 구하러 오셨다. 나를 자신의 아들을 내어주고서라도 구원하시려는 하나님의 사랑. 자신의 생명조차도 아끼지 아니하시고 나를 위해 죄의 값을 생명으로 지불하여 나를 살리신 하나님. 지금도 사랑하고 이끄시고 보호하시는 하나님을 날마다 느끼고 체험할 수 있어야 한다.

성경의 전체 주제로 하나님은 "내가 너를 죽도록 사랑하고 있다"라고 하신다. 십자가가 그 말씀을 입증하고 있다.

> **(요 3:16) 하나님이 세상을 이처럼 사랑하사 독생자를 주셨으니** 이는 그를 믿는 자마다 멸망하지 않고 영생을 얻게 하려 하심이라

여기서 "세상을" 빼고 "나를 혹은 내 이름"으로 바꾸어 읽어 보자.

"<u>하나님이 나(홍길동)를 이처럼 사랑하사 독생자를 주셨으니</u> 이는 그를 믿는 자마다 멸망하지 않고 영생을 얻게 하려 하심이라(요 3:16)."

3. 성경에서의 복의 개념은 어떤 것인가?

먼저 알아야 할 것은 성경에서의 복은 빌어서 받는 기복(祈福)이 아니다. 예수 그리스도를 믿는 사람들에게 이미 주어진 복이다. 이 복을 이 땅에서부터 어떻게 누리면서 살아가느냐 하는 방법만 남아 있을 뿐이다. 그 방법은 오로지 예수 그리스도를 통하여 하나님 앞에서 겸손과 경외함으로 나아갈 때 비로소 내 것이 된다.

그리스도인들에게 주어진 복이 무엇인지 알아보자.

예수님의 제자로 하나 되기

1) 하나님의 자녀로서 영생의 복과 동행의 복을 함께 약속받는다(요 17:3; 마 1:23; 요 4:14; 요 1:12).

이 복은 마귀의 종 신분에서 예수 그리스도 안에서 하나님의 자녀가 되는 신분으로 영생의 복을 받게 된다는 약속이다. 이것은 임마누엘, 즉 성령과 동행하는 복을 포함한다.

> **(요 17:3) 영생은** 곧 **유일하신 참 하나님과 그가 보내신 자 예수 그리스도를 아는 것**이니이다
> **(롬 8:16) 성령이 친히 우리의 영과 더불어** 우리가 하나님의 자녀인 것을 증언하시나니

> **(마 1:23)** 보라 처녀가 잉태하여 아들을 낳을 것이요 그의 이름은 **임마누엘**이라 하리라 하셨으니 이를 번역한즉 **하나님이 우리와 함께 계시다** 함이라
> **(요 4:14) 내가 주는 물을 마시는 자**는 영원히 목마르지 아니하리니 내가 주는 물은 그 속에서 영생하도록 솟아나는 샘물이되리라

> **(요 1:12) 영접하는 자** 곧 그 이름을 믿는 자들에게는 **하나님의 자녀가 되는** 권세를 주셨으니

2) 형통의 복(시 128편=>창 3:17~18의 저주가 풀리는 복)

> **(창 3:17~18)** 아담에게 이르시되 네가 네 아내의 말을 듣고 내가 네게 먹지 말라 한 나무의 열매를 먹었은즉 땅은 너로 말미암아 저주를 받고 **너는 네 평생에 수고하여야 그 소산을 먹으리라**
> 18 **땅이 네게 가시덤불과 엉겅퀴를 낼 것이라** 네가 먹을 것은 밭의 채소인즉

> **(시 128:1~6) 여호와를 경외하며 그의 길을 걷는 자마다 복이 있도다**
> 2 네가 **네 손이 수고한 대로 먹을 것이라 네가 복되고 형통하리로다**
> 3 네 집 안방에 있는 **네 아내는 결실한 포도나무 같으며** 네 식탁에 둘러 앉은 **자식들은 어린 감람나무 같으리로다**
> 4 여호와를 경외하는 자는 이같이 복을 얻으리로다
> 5 여호와께서 시온에서 네게 복을 주실지어다 너는 평생에 예루살렘의 번영을 보며
> 6 **네 자식의 자식을 볼지어다** 이스라엘에게 평강이 있을지로다

시편 128:2의 축복은 창세기 3:17~18의 저주의 말씀이 풀려 땅이 가시와 엉겅퀴를 내지 못하고, 땀을 흘려 내 손이 수고한 그대로 소산을 얻게 하신다는 약속이다.

그리고 다른 사람들의 복의 통로가 되고 형통한 삶을 유지할 것을 약속하신다. 또 자식들에 대해 "어린 감람나무와 같이"라고 비유한 것은 비전이 있음을 두고 하는 말씀이다. 감람나무는 장차 기름(감람유)이 나오고 그 기름은 상처를 낫게 하는 기름이고 팔면 돈이 되는 기름이다. 이렇듯 자식들을 세상에서도 신앙으로도 비전 있는 나무로 자라게 하신다는 뜻이다. 즉 가정에서 부부관계, 자녀 관계가 회복된다는 사실을 말씀하신다. 마지막으로 건강의 축복도 아울러 받아 장수의 복을 주실 것을 약속하신다.

3) 재물과 영광과 생명이 보상으로 주어진다(잠언 22:4).

인간이 세상에서 사는데 가장 필요한 복이 바로 이 세 가지 복이다. 이 복을 주시겠다고 약속하신다. 재물을 주심으로써 나를 통해 이 재물 또한 가난한 자들을 위해 쓰이게 하시고, 영광을 주신다는 것은 세상의 명예를 주셔서 나를 통해 세상에서 억울한 자들이나 필요한 자들에게 도움을 줄 수 있게 하신다는 것이다. 마지막으로 건강하게 오래오래 살게 하시며 또 영생을 주신다는 약속이기도 하다.

> **(잠 22:4)** 겸손과 여호와를 경외함의 **보상은 재물과 영광과 생명**이니라

4. 성경에서 말씀하고 계신 복을 받기 위해서는 무엇을 해야 하는가?

앞서 말했듯이 하나님 앞에서 겸손하고 하나님의 말씀을 경청하며 그를 경외하는 것을 통해 누릴 수 있다.

그렇다면 하나님을 경외한다는 것은 무슨 의미일까? 이는 하나님의 성품(속성)을 분명히 알고 그분의 뜻과 일을 행하는 것이 온전한 경외라고 할 수 있다. 즉 말씀을 행함으로 경외함이 드러나는 것이다.

예를 들어 무소부재(편재, 遍在), 어디든지 계시는 하나님을 인식하고

예수님의 제자로 하나 되기

산다면 요셉처럼 보디발의 아내가 그렇게 유혹해도 넘어가지 않을 수 있는 신앙이 생긴다. 이것이 하나님의 속성을 아는 힘이다. 또 하나는 아브라함이 하나밖에 없는 아들 이삭을 바칠 수 있었던 것은 그가 하나님은 죽은 자도 다시 살릴 수 있는 전능하신 하나님임을 알고 믿었기 때문이다. 그래서 그는 그런 순종을 할 수 있었다(히 11:17~19). 이와 같이 하나님을 경외한다는 것은 하나님이 어떤 분이신지를 아는 것이 먼저이고 그다음은 그것을 믿는 것이고 그다음은 행위로 이어져야 한다는 사실이다. 인간의 불의한 입으로 감히 그분의 이름조차 담을 수 없을 만큼 존귀하시고 위대한 왕이시며 유일하신 참 하나님이시기에 그분의 말씀 아래 두려운 마음으로 서서 듣는 태도를 경외라고 정의할 수 있다.

5. 그렇다면 하나님의 일은 무엇이고 우리를 향하신 하나님의 뜻은 무엇인가?

앞서 하나님의 속성에서 다루었지만 여기서 다시 한번 생각해 보자. 예수님도 요한복음 4:34에서 자신의 사명을 이 땅에서의 양식으로 표현하여 말씀하고 계신다.

> **(요 4:34)** 예수께서 이르시되 **나의 양식은 나를 보내신 이의 뜻을 행하며 그의 일을 온전히 이루는 이것**이니라

1) 하나님의 뜻은(요 6:40; 살전 5:16~18)?

> **(요 6:40)** 내 **아버지의 뜻은 아들을 보고 믿는 자마다 영생을 얻는 이것이니** 마지막 날에 내가 이를 다시 살리리라 하시니라

하나님 아버지의 첫 번째 뜻은 독생자이신 예수 그리스도를 보고 믿는 자들을 구원시키는 것이다. 이 뜻 안에는 인류의 모든 사람이 자신

의 아들을 보고 믿어 한 사람도 구원받지 못하는 사람이 없기를 원하시는 하나님의 뜻이 담겨 있다(딤전 2:4).

> **(딤전 2:4)** 하나님은 <u>모든 사람이 구원을 받으며 진리를 아는 데에 이르기를</u> 원하시느니라

진리란 무엇인가? 예수 그리스도 자체가 진리이고 또 그의 가르침이 바로 진리이다(요 14:6).

> **(요 14:6)** 예수께서 이르시되 내가 곧 <u>길이요 진리요 생명이니</u> 나로 말미암지 않고는 아버지께로 올 자가 없느니라

하나님의 두 번째 뜻은 데살로니가전서 5:16~18의 말씀에서 찾아볼 수 있다.

> **(살전 5:16~18)** <u>항상 기뻐하라</u>
> 17 <u>쉬지 말고 기도하라</u>
> 18 <u>범사에 감사하라</u> 이것이 <u>그리스도 예수 안에서</u> 너희를 향하신 <u>하나님의 뜻</u>이니라

하나님의 자녀로서 항상 기쁘게 사는 것, 그리고 쉬지 말고 기도하는 것처럼 매 순간마다 하나님의 사랑과 예수 그리스도의 가르침과 성령의 동행하심을 인지하고 인식하며 사는 삶, 그 속에서 모든 일에 감사로 산다면 이것이 하나님의 뜻에 맞는 삶이라고 하신다.

2) 하나님의 일은(요 6:29)?

> **(요 6:29)** 예수께서 대답하여 이르시되 <u>하나님께서 보내신 이를 믿는 것이 하나님의 일</u>이니라 하시니

본문에서 하나님의 일은 "예수님을 믿는 것이다."라고 했다.

그렇다면 어떻게 믿는 것이 잘 믿는 믿음이라고 할 수 있을까?

그것은 바로 하나님이 말씀하신 계명을 잘 지키는 것으로 판가름하신다고 말씀하신다(요 15:10; 요 14:15). 믿음을 일로 말씀하신 것은 살아 있는 믿음은 결국 행위로 드러날 수밖에 없기 때문이다(약 2:17, 22).

> **(약 2:17,22)** 17 이와 같이 **행함이 없는 믿음은 그 자체가 죽은 것**이라
> 22 네가 보거니와 **믿음이 그의 행함과 함께 일하고** 행함으로 믿음이 온전하게 되었느니라
>
> **(요 15:10)** 내가 아버지의 계명을 지켜 그의 사랑 안에 거하는 것 같이 **너희도 내 계명을 지키면** 내 사랑 안에 거하리라
>
> **(요 14:15)** 너희가 나를 사랑하면 **나의 계명을 지키리라**

6. 우리를 향하신 하나님의 본심은 무엇일까?

하나님의 본심에 대해서도 하나님의 속성에서 배웠다. 다시 한번 리뷰(Review)하는 개념으로 생각하고 정리해 보자.

1) 모두 예수 그리스도 안에서 구원받기를 원하신다(딤전 2:4).

> **(딤전 2:4)** 하나님은 **모든 사람이 구원을 받으며 진리를 아는 데에 이르기를** 원하시느니라

2) 우리의 인생이 재앙이 아닌 평안이길 바라신다(애 3:33 => 렘 29:11).

> **(렘 29:11)** 여호와의 말씀이니라 너희를 향한 나의 생각을 내가 아나니 **평안이요 재앙이 아니니라 너희에게 미래와 희망을 주는 것**이니라
>
> **(애 3:33)** 주께서 **인생으로 고생하게 하시며 근심하게 하심은 본심이 아니시로다**

지금 내가 재앙(고난) 안에 있다고 생각한다면 그것은 하나님께서 나에게 지금 무엇인가를 깨닫게 하시는 과정이고, 나를 낮추시려는 과정이고, 나의 정체성을 발견하라는 것으로 마침내 복을 주시기 위함이라

는 사실을 인지하고 회개하며 나아가야 하는 것이 하나님 자녀로서의 태도이다(신 8:16).

> **(신 8:14~16)** 네 마음이 교만하여 **네 하나님 여호와를 잊어버릴까 염려**하노라 여호와는 너를 애굽 땅 종 되었던 집에서 이끌어 내시고
>
> 15 너를 인도하여 그 광대하고 **위험한 광야 곧 불뱀과 전갈이 있고 물이 없는 건조한 땅을 지나게 하셨으며** 또 너를 위하여 단단한 반석에서 물을 내셨으며
>
> 16 네 조상들도 알지 못하던 만나를 광야에서 네게 먹이셨나니 이는 다 너를 낮추시며 너를 시험하사 **마침내 네게 복을 주려 하심**이었느니라

7. 반드시 암송해야 할 구절이 있다면?

1) 창 12:1~3 - 언약백성으로 선교의 시작

> **(창 12:1~3)** 여호와께서 아브람에게 이르시되 너는 **너의 고향**과 **친척**과 **아버지의 집을** 떠나 **내가 네게 보여 줄 땅으로 가라**
>
> 2 **내가 너로 큰 민족을 이루고 네게 복을 주어 네 이름을 창대하게 하리니 너는 복이 될지라**
>
> 3 **너를 축복하는 자에게는** 내가 **복을** 내리고 **너를 저주하는 자에게는** 내가 **저주하리니 땅의 모든 족속이 너로 말미암아 복을 얻을 것**이라 하신지라

하나님은 아브라함을 먼저 찾아오셨다. 기독교가 다른 종교와 다른 점은, 모든 종교가 다 인간의 주도하에 만들어졌지만, 기독교는 하나님이 인간을 찾아오심으로 설립되어진 참 종교라는 것이다.

하나님은 아브라함에게 먼저 선행되어야 할 일을 말씀하신다. 그것은 고향과 친척과 아버지의 집을 떠나라는 명령이었다. 이 명령을 주신 이유는 인간이 가장 나약해질 때 혹은 무엇엔가 기대고 싶을 때 의지할 곳과 안식할 대상을 찾는다면 그것은 고향과 친척과 아버지의 집이 될 것이며, 이것을 떠나고 버릴 때 비로소 인간은 하나님을 찾고 온전히 의지할 수 있는 환경이 되기 때문이다. 그리고 목적지는 하나님이 장차 보

여 주실 땅에 있었다. 정확한 지명도 없다. 오로지 하나님께만 의지해야 찾을 수 있고 갈 수 있는 땅이었다. 이 명령에 순종했을 때 아브라함은 큰 민족을 이루게 되는 씨앗이 되고 하나님이 그를 복되게 하여 그 이름을 창대하게 하고 복이 되게 해 주시겠다는 약속을 하신다. 이 약속은 하나님이 아브라함의 순종의 대가로 이루어 주실 축복이었다.

창 12:1의 주어는 아브라함이고, 2절부터 3절의 주어는 여호와 하나님이시다. 이것은 아브라함이 하나님의 명령을 받들고 순종할 때 주님이 아브라함에게 직접 하신 약속을 주도적으로 이루어가겠다는 의미가 내포되어 있다.

2) 요 3:16~17 - 우리에게 향하신 하나님의 사랑 고백

> (요 3:16~17) 하나님이 세상을 이처럼 사랑하사 독생자를 주셨으니 이는 그를 믿는 자마다 멸망하지 않고 영생을 얻게 하려 하심이라
> 17 하나님이 그 아들을 세상에 보내신 것은 세상을 심판하려 하심이 아니요 그로 말미암아 세상이 구원을 받게 하려 하심이라

하나님이 세상(나)을 이처럼 사랑하사 독생자를 보내 구원하시는 그 큰 사랑을 알자는 것이다. 이것은 성경의 가장 중요한 핵심이다. 성경이 만들어진 이유도 바로 이 사랑 때문이다.

3) 갈 2:20 - 하나님의 사랑을 받은 자로서의 마음가짐과 생활의 태도와 각오를 나타내는 대표적인 고백, 성도의 대헌장(大憲章).

> (갈 2:20) 내가 그리스도와 함께 십자가에 못 박혔나니 그런즉 이제는 내가 사는 것이 아니요 오직 내 안에 그리스도께서 사시는 것이라 이제 내가 육체 가운데 사는 것은 나를 사랑하사 나를 위하여 자기 자신을 버리신 하나님의 아들을 믿는 믿음 안에서 사는 것이라

이 말씀은 사도 바울의 신앙고백으로 그리스도인이라면 마땅히 지켜야 할 제한(制限)과 권리(權利)라고 할 그리스도인의 대헌장(大憲章)이라

고 할 수 있다.

십자가의 사건은 비록 2,000년 전에 일어난 일이지만 지금 내가 예수를 나의 주님으로 고백하는 그 순간 2,000년 전 예수님이 달리신 십자가 위에 나도 같이 예수님과 하나가 되어 못 박힌 사람(죄를 십자가에 못 박은 상태)이 된다. 이제는 내 육체의 욕심에 끌려 사는 인생이 아니라 예수 그리스도의 사랑 안에서 사는 자로서 그분의 사랑과 섭리를 믿는 믿음으로 살아가는 존재임을 분명히 선언하는 것이다.

4) 마 22:37~40 - 예수를 믿는 우리에게 주어진 지켜야 할 대계명(大誡命)

> (마 22:37~40) 예수께서 이르시되 **네 마음을 다하고 목숨을 다하고 뜻을 다하여 주 너의 하나님을 사랑하라** 하셨으니
> 38 이것이 크고 첫째 되는 계명이요
> 39 둘째도 **그와 같으니 네 이웃을 네 자신 같이 사랑하라** 하셨으니
> 40 이 **두 계명이 온 율법과 선지자의 강령**이니라

성경이 우리에게 가르치는 가장 큰 두 가지 계명이 있다. 첫째는 하나님을 사랑하되 힘을 다해, 마음을 다해, 뜻을 다해 그리고 생명을 다해 주 너의 하나님을 사랑하는 것이고, 둘째는 이 사랑을 바탕으로 이웃을 내 몸과 같이 사랑하는 것이다. 이 계명을 이루어가는 것이 순종이고 하나님의 거룩한 백성으로서의 삶의 모습이다.

5) 마 28:18~20 - 예수를 믿는 우리에게 주어진 대위임령(大委任令)

> (마 28:18~20) 예수께서 나아와 말씀하여 이르시되 하늘과 땅의 모든 권세를 내게 주셨으니
> 19 그러므로 너희는 **가서 모든 민족을 제자로 삼아 아버지와 아들과 성령의 이름으로 세례를 베풀고**
> 20 **내가 너희에게 분부한 모든 것을 가르쳐 지키게 하라** 볼지어다 내가 세상 끝날까지 너희와 항상 함께 있으리라 하시니라

예수님의 제자로 하나 되기

이 말씀은 대위임령으로 그리스도인이라면 누구에게나 주어진 사명이다.

가정에서는 부모와 아내(남편)와 자녀에게 복음을 가르치고 진리를 전파해야 하는 사명이 있다. 이 사명으로 하나님의 나라와 의를 땅끝까지 세워나가야 한다. 이 일을 예수님은 모든 성도에게 위임하셨다.

6) 마 24:14 - 세상의 끝은 선교의 끝

> (마 24:14) 이 천국 복음이 모든 민족에게 증언되기 위하여 온 세상에 전파되리니 그제 야 끝이 오리라

세상의 종말은 선교의 끝을 알린다. 땅끝까지 복음이 전해져야만 종말이 온다.

어떤 이들은 예루살렘이 세상의 끝이라며, 그곳을 선교의 마지막 사명지로 생각하여 복음을 전하려고 부단히 애쓴다. 물론 복음이 예루살렘으로부터 시작했기에 끝이 그곳인지도 모르지만, 그렇다고 원을 그리다 말고 끝 지점을 이어버린다면 그것은 온전한 원이 될 수 없듯이 세상의 끝은 모두를 포함한 끝임을 알아야 한다.

7) 갈 5:22~23 - 성령의 열매

> (갈 5:22~23) 오직 성령의 열매는 사랑과 희락과 화평과 오래 참음과 자비와 양선과 충성과
> 23 온유와 절제니 이같은 것을 금지할 법이 없느니라

이 본문을 두고 성경의 원어적 의미를 찾아보면, 성령의 열매를 9가지로 나열하면서도 동사는 단수 동사로 사용하고 있다. 이유는 성령의 열매는 모두 하나라는 의미를 담았기 때문이다. 또한 모두 사랑 안에서 이루어져야 하기 때문이다. 그래도 9가지로 사도 바울이 표현했기에 그

의미를 살펴보자.

먼저 앞에 3개는 나 자신과 관계되는 열매이다. 사랑과 희락과 화평을 잃어버린다면 나머지 6가지 열매는 결코 얻을 수 없기 때문이다. 이 3가지가 반드시 나에게 먼저 존재하고 있어야 한다. 이 3가지 열매로 나머지 6개의 열매를 이룰 수 있기 때문이다. 그리고 오래 참음과 자비와 양선은 이웃과의 관계에서 필요한 열매이다. 이웃이 도발한다고 하여 같이 화를 낸다면 관계가 깨어지고 말 것이다. 이런 관계에서는 복음을 전할 수가 없게 된다. 따라서 참고 인내하면 그만큼 관계도 좋아지게 되고, 자연스레 섬길 수 있게 되며, 선을 베풀 수 있는 환경이 된다. 다시 말해 하나님의 사랑을 나를 통해 그들에게 전할 수 있는 기회가 더 많아진다는 것이다. 나머지 3가지인 충성과 온유와 절제는 하나님과의 관계에 있어 하나님의 일꾼으로서 충성하는 모습으로, 그리고 그의 앞에서 온유와 겸손으로 나아가며 자기 육체의 소욕을 절제하는 이러한 행동이 드러나야 한다.

열매는 결코 쉽게 얻어지는 것이 아니다. 감나무의 감이 빨갛게 익어 우리 손에 오기 위해서는 모진 비바람에도 나무에 붙어있기 위해 온갖 힘을 다해야 하고 강렬한 가을 햇볕도 견뎌야 한다. 이처럼 온전한 열매가 되기 위해서는 합당한 어려움이 동반된다는 사실을 알아야 한다.

8) 창 1:1 - 믿음의 시작

> **(창 1:1)** 태초에 하나님이 천지를 창조하시느니라

이 말씀은 하나님께서 천지를 창조하신 사건을 믿는 것이다. 이 말씀을 믿지 못하면 모든 성경의 말씀을 믿지 못하게 된다. 여기서 사용된 '태초'는 히브리어로 '베레쉬트'이다. 이 말은 시간의 시작을 알리는 단어이다. 시간의 시작을 알리는 것은 끝이 있음을 암시한다고 볼 수 있다.

그 끝은 요한계시록에서 말하는 "최후의 심판의 날"이 됨을 알 수 있다. 또 '하나님이'라는 말은 복수명사로 히브리어로 '엘로힘', 즉 삼위일체의 하나님을 의미한다. '창조하다'라는 의미로 사용된 히브리어 '바라'는 단수동사로 무에서 유를 창조할 때 사용되는 단어이다. 종합해 보면 삼위일체 하나님께서 우주 만물을 무(無)에서 유(有)로 창조하셨다는 사실을 선포하고 있다.

8. 언약에 대해 살펴보자.

하나님은 인간과 언약을 체결하시기 전에 먼저 복을 내려주셨다(창 1:26~28). 그 복은 하나님의 형상대로 지음을 받았다는 것과 바다의 물고기와 하늘의 새와 가축과 온 땅과 땅에 기는 모든 것을 다스리는 권한을 주셨다는 것이다. 그리고 "생육하고 번성하여 땅에 충만하라.", "땅을 정복하라." 하시고 이렇게 큰 축복과 권한을 부여하셨는데, 그 축복을 하루아침에 잃어버리고 말았다.

1) 아담의 언약(창 2:15~17) - 에덴 언약

하나님께서 세상을 창조하시고 에덴동산을 만들어 그곳에 아담을 두었다. 여기서 하나님께서 세상을 만드시고 또 에덴이라는 특별한 장소를 만드신 이유는 '에덴'이라는 이름에서 찾아볼 수 있다. 히브리어인 '에덴'은 '행복', '기쁨'이라는 뜻을 갖고 있다. 그런데 이것을 재귀대명사로 사용하면 '쾌락'과 '유희'라는 뜻으로 바뀌게 된다. 하나님은 당신과 함께 인간이 행복하기를 원하셨다. 그리고 그 행복은 하나님과 함께 동행할 때만 가능했다. 하나님은 인간에게 세 가지 명령을 하신다.

첫째는 에덴을 경작하는 일이다(창 2:15). 에덴은 가정과 교회와 천국을 상징하기도 한다. 그렇다면 하나님은 아담에게 가정을 경작하고 가꾸는 것을 명령하신 것이다. 하나님이 부여하신 자유의지로 자신의 영역을 자신의 마음대로 마음껏 가꾸는 일을 부여받은 것이다. 사람은 일하면서 행복하도록 만들어졌다. 자신의 인생은 하나님이 주신 자유의지로 스스로 선택하고 개척해 나가는 것이다. 그리고 그 책임도 자기 스스로 져야 한다.

또 경작하라는 의미 속에는 섬기라는 의미도 내포되어 있다. 에덴이라는 곳에서 위로는 하나님을 섬기고 땅 아래에서는 아내와 이웃, 그리고 모든 자연과 생물을 사랑으로 섬기라고 하신 것이다. 이때 사용된 용어가 '아바드'라는 단어인데 이는 '예배'를 표현하는 단어이다. 이 사명은 인간이 비록 타락하였어도 연속적으로 이어지는 사명이었다.

둘째는 에덴을 지켜내는 것이다(창 2:15). 지키라는 명령은 누군가로부터 공격이 있음을 알려주시는 것이다. 이 말씀은 하나님께서 나의 인생을 도우시겠다는 말씀이다. 미리 알려주시고 도와주셔서 나의 삶을 온전히 보전시켜주겠다는 뜻이다. 미리 알고 깨어 있으면(육체의 소욕을 버린 상태에 있으면) 지켜낼 수 있다. 그러나 아담과 하와는 사탄으로부터의 공격을 막아내지 못하였다. 왜냐하면 그들은 자기 욕심에 끌려 미혹되어 끝내 유혹에 빠졌기 때문이다.

셋째는 선악과를 먹지 않는 것이다(창 2:17). 하나님은 왜 선악과를 만드셨을까? 많은 사람이 의문을 품는다. 한마디로 말하면, 아담을 위해서 만드신 것이다. 선악과의 의미를 다시 한번 살펴보자.

선악과는 하나님의 말씀이 담긴 나무였다. 다시 말해 지금의 성경책과 같은 역할을 한 것이다. 아담은 이 말씀을 어겨서 하나님께 반역하게 된 것이다. 아담이 선악과를 볼 때마다 하나님은 자신을 만드신 창조주이고 자신은 그의 피조물이라는 사실을 알게 되었을 것이다. 이와 같이 선악과는 자신의 정체성과 하나님의 정체성을 알게 하는 나무였다. 또 하나는 창조주와 피조물의 경계선의 역할을 했던 것이다. 이 선을 넘으면 반드시 죽는다는 생명의 선(線)이었다. 아담은 이 언약을 저버린 것이다.

이런 내용을 알고 보면 아담이 언약을 지키지 못한 것은 하나님이 실패한 것이 아니라 결국 아담이 실패한 것이다. "선악과를 먹지 말라 먹는 날에는 반드시 죽으리라" 이 언약이 파기되면서 인간은 타락하게 되었고 벌을 받게 되었다.

선악과를 먹음으로 변화된 결과를 살펴보면
① 제일 먼저 두려움이 찾아왔다(창 3:10). 죄는 하나님을 떠나게 만든다. 어린아이가 엄마 품을 떠나면 제일 먼저 갖게 되는 것이 두려움이다. 이와 같은 두려움이 사람에게 찾아왔다.
② 뱀(사탄)에게는 배로 다니고 종신토록(살아있는 동안이라는 뜻으로, 이는 죽는 날이 반드시 온다는 의미. 즉 여인의 후손으로 오시는 메시아로 인해 사탄의 시대는 끝이 난다는 의미이다) 흙을 먹을 것이며(이는 뱀이 흙을 먹는다는 의미라기보다 흙으로 만들어진 아담과 그 후손을 죄의 원흉인 사탄에게 속하게 하셨다는 의미이다) 여자의 후손이 네 머리를 상하게 할 것이요(메시아의 탄생을 예고), 너는 그의 발꿈치(십자가로 상해를 입혀 생명을 빼앗은 것처럼 보이나 실제는 생명에는 전혀 영향을 주지 못하는 정도의 상해를 의미)를 상하게 할 것이다(창 3:15).
③ 여자에게는 산고의 고통을 더하셨고 남편의 다스림을 받게 하셨다(창 3:16).
④ 남자에게는 종신토록 수고하여야 그 소산을 먹지만 그러나 땅이 가시와 엉겅퀴를 내어 그 소산을 줄어들게 하셨고, 너는 흙이니

흙으로 돌아갈 것이라고 하셨다(창 3:17~19).

⑤ 하나님이 그들에게 가죽옷을 지어 입히셨다(창 3:21). 가죽옷을 입히셨다는 이야기는 동물 한 마리가 죽었다는 이야기이다. 어떤 동물이겠는가? 그 동물은 어린 양이었을 것이다. 이 어린 양은 바로 요한 사도가 말했던 것처럼 세상 죄를 지고 가는 하나님의 어린 양으로 오실 예수 그리스도를 예표하고 있는 것이다. 장차 오실 예수 그리스도로 인하여 두려움과 부끄러움이 가려지고 없어진다는 것을 예언하고 계시다. 우리가 예수님을 영접하면 두려움과 우리의 허물이 없어지는 것도 이와 같은 이치이다. 이것이 곧 칭의(稱義)로 연결되는 것이다. 이 가죽옷은 곧 어린 양의 옷으로 예수 그리스도로 옷 입는 것을 의미한다.

⑥ 에덴동산에서 쫓겨나고 생명나무 근처에는 가지도 못하게 화염검(불칼)으로 막으셨다(창 3:24). 이는 죄가 해결되지 않은 상태에서 생명나무 열매를 인간이 먹게 되면 구속의 사역이 일어날 수 없게 되고, 타락한 인간은 영원히 구원받을 수 없는 존재가 되어 하나님의 영원한 징계에서 벗어날 수 없게 되기 때문에 때가 될 때까지 이 길을 막으셨다.

2) 노아의 언약(창 9:1~17) - 무지개 언약

다시는 물로 인간을 멸하지 않겠다는 약속이다. 노아의 언약 속에서도 아담과의 언약은 그대로 유지됨을 알 수 있다.

① 생육하고
② 번성하여 땅에 충만하라
③ 땅의 모든 생물이 너를 두려워할 것이다
④ 모든 산 동물들이 너희의 먹을 것이 되리라
⑤ 고기를 그 생명 되는 피 째 먹지 말라

예수님의 제자로 하나 되기

⑥ 내가 내 언약을 너희와 너희 후손과 너희와 함께한 모든 생물에게
세우리니(9~10절)

⑦ 다시는 모든 생물을 홍수로 멸하지 아니하리라(11절)

3) 아브라함의 언약 (창 12장:1~3) - 복의 언약

하나님은 아브라함을 택하시고, 그를 복의 근원이 되게 하시고, 그를
복의 통로로 삼으셨다. "모든 족속이 너로 말미암아(복의 통로) 복을 얻
을 것이다."라는 말씀은 장차 오실 예수 그리스도가 아브라함의 후손으
로 오실 것을, 그리고 창세기 3:15의 말씀을 이루실 것을 말씀하고 계시
는 것이다.

4) 모세의 언약 - 율법적(제의적) 언약

모세의 언약은 다음과 같이 점진적으로 구체화되며 완성되어 감을
보여준다.

① 시내산 언약 (출 19:5~6)

이 언약은 출애굽기 19장 전체에서 나타난다. 피(생명)의 언약으
로서 피(생명)의 결혼식으로 비유할 수 있다.

법적으로 선포(출애굽기 24장에 제의적 절차를 통해 행위를 강조) - 반
드시 모든 제사에는 번제와 화목제가 들어간다(성경에서 생략되었더
라도 들어간 것으로 간주해야 한다).

이 언약은 (1) 연속성 (2) 영원성 (3) 대표성을 가지고 있다는 특
징이 있다. 광야에서 체결하였고, 그 대상은 출애굽의 1세대였다.
거시적 관점에서 마치 숲을 보는 형태로 기록한 것 역시 큰 특징
이다.

② 모압 언약(신명기 전체)

　　모압 땅에 서서 여리고 성을 마주하고 언약을 체결한다. 그 대상은 출애굽을 한 이스라엘의 2세대이다.

　　미래언약(세겜 언약이 포함되어 있기 때문에) 미시적 관점으로 마치 현미경을 보듯이 자세히 기록하고 있는 것이 특징이다.

③ 세겜 언약(여호수아 언약) - 언약의 완성(수 8:35b; 수 24:1~26)

　　아브라함이 여호와 하나님과 처음으로 언약을 체결했던 그 상수리나무 아래에서 여호수아가 언약을 체결하고 모세의 언약 체결식을 완성하게 된다. 요셉의 무덤도 이곳에 있다.

　　시내산 언약과 모압 언약과 세겜 언약은 하나의 언약이다. 단지 대상이 다를 뿐이다.

예수님의 제자로 하나 되기

5) 다윗의 언약(삼하 7:8~16) - 다윗의 후손으로 오실 메시아를 통한 영원한 나라를 약속하고 계신다.

(삼하 7:9~16) 네가 가는 모든 곳에서 **내가 너와 함께 있어** 네 모든 원수를 네 앞에서 멸하였은즉 땅에서 위대한 자들의 이름 같이 **네 이름을 위대하게 만들어 주리라**

10 내가 또 내 백성 이스라엘을 위하여 한 곳을 정하여 그를 심고 그를 거주하게 하고 다시 옮기지 못하게 하며 악한 종류로 전과 같이 그들을 해하지 못하게 하여

11 전에 내가 사사에게 명령하여 내 백성 이스라엘을 다스리던 때와 같지 아니하게 하고 **너를 모든 원수에게서 벗어나 편히 쉬게 하리라** 여호와가 또 네게 이르노니 여호와가 **너를 위하여 집을 짓고**

12 네 수한이 차서 네 조상들과 함께 누울 때에 내가 **네 몸에서 날 네 씨를 네 뒤에 세워 그의 나라를 견고하게 하리라**

13 그는 내 이름을 위하여 집을 건축할 것이요 나는 그의 나라 왕위를 영원히 견고하게 하리라

14 **나는 그에게 아버지가 되고 그는 내게 아들이 되리니 그가 만일 죄를 범하면 내가 사람의 매와 인생의 채찍으로 징계하려니와**

15 내가 네 앞에서 물러나게 한 사울에게서 내 은총을 빼앗은 것처럼 그에게서 빼앗지는 아니하리라

16 **네 집과 네 나라가 내 앞에서 영원히 보전되고 네 왕위가 영원히 견고하리라** 하셨다 하라

6) 갈보리산 언약 - 십자가 언약

모든 언약의 완성을 나타낸다(요 6:56; 눅 22:14~23; 마 26:26~30; 막 14:22~26 마지막 만찬).

십자가에 못 박히심으로 언약은 이루어지고 부활하심으로 언약은 완성된다(마 27:32~66).

(요 6:56) **내 살을 먹고 내 피를 마시는 자는 내 안에 거하고** 나도 그의 안에 거하나니

(마 26:26~28) 그들이 먹을 때에 예수께서 **떡을 가지사 축복하시고** 떼어 제자들에게 주시며 이르시되 **받아서 먹으라 이것은 내 몸이니라** 하시고

27 또 잔을 가지사 감사 기도 하시고 그들에게 주시며 이르시되 너희가 다 이것을 마시라

28 이것은 **죄 사함을 얻게 하려고 많은 사람을 위하여 흘리는 바 나의 피 곧 언약의 피니라**

예수님의 살과 피의 언약은 자신을 의지하는 성도들과 하나가 되는 의식을 말씀하고 있다. 그의 살은 구약에서는 '만나'로 이 '만나'는 육의 양식으로 내려왔지만, 지금 예수님이 주시는 '만나'는 영의 양식을 위함이라 썩지 않는다는 것이 다른 점이다.

피의 의미는 생명을 의미하는 것으로, 오직 예수 그리스도의 십자가의 대속의 피로만 죄 사함을 얻고 생명, 즉 영생을 얻는 유일한 길이고 진리임을 선포하시고 언약식을 거행하고 계시는 것이다.

7) 최후의 심판 후의 언약 - 새 창조 언약

새 하늘과 새 땅으로의 입성을 약속하셨다(계 21:1~3).

> (계 21:1~3) 또 내가 새 하늘과 새 땅을 보니 처음 하늘과 처음 땅이 없어졌고 바다도 다시 있지 않더라
> 2 또 내가 보매 거룩한 성 새 예루살렘이 하나님께로부터 하늘에서 내려오니 그 준비한 것이 신부가 남편을 위하여 단장한 것 같더라
> 3 내가 들으니 보좌에서 큰 음성이 나서 이르되 보라 하나님의 장막이 사람들과 함께 있으매 하나님이 그들과 함께 계시리니 그들은 하나님의 백성이 되고 하나님은 친히 그들과 함께 계셔서

새 하늘과 새 땅은 이전에 이미 만들어진 땅을 고쳐서 새롭게 단장한 것이 아니라 이전 것들을 완전히 없애버리고 전혀 새로운 창조를 하시겠다는 약속이다.

새 하늘과 새 땅은 하나님과 완전히 하나 된 세상을 의미한다. "하나님의 장막이 사람들과 함께 있다."라는 말의 의미가 바로 그것이다. 타락하기 이전의 에덴보다도 더 친밀한 관계로 창조되는 세계이다. 에덴에서의 인간의 모습은 하나님께서 인간의 육체를 흙으로 빚으시고 그 속에 생기를 불어넣어 생령이 된 상태였지만, 새 하늘과 새 땅에서의 인간의 모습은 먼저 영이 존재한 상태에서 이 영에게 거룩한 옷, 즉 영원히 썩지 않을 신령한 옷을 입혀 영체(靈體)의 존재로 영원히 거룩한 모

습으로 하나님과 함께하는 온전한 존재로 변화되는 것을 의미한다. 이것이 곧 예수님이 재림할 때, 그리고 믿음 없는 자들이 심판대에 설 때, 홀연히 일어난다고 성경은 기록하고 있다(고전 15:44; 엡 5:14).

> **(고전 15:44)** 육의 몸으로 심고 신령한 몸으로 다시 살아나나니 **육의 몸이 있은즉 또 영의 몸도 있느니라**

> **(엡 5:14)** 그러므로 이르시기를 잠자는 자여 깨어서 **죽은 자들 가운데서 일어나라** 그리스도께서 너에게 비추이시리라 하셨느니라

/ 암송하기 /

> **(딤후 3:16)** 모든 성경은 하나님의 감동으로 된 것으로 교훈과 책망과 바르게 함과 의로 교육하기에 유익하니
> **(벧전2:2)** 갓난 아기들 같이 순전하고 신령한 젖을 사모하라 이는 그로 말미암아 너희로 구원에 이르도록 자라게 하려 함이라

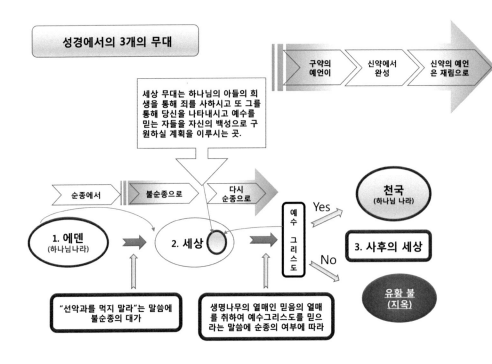

성경에서의 3개의 무대

구약의 예언이 → 신약에서 완성 → 신약의 예언은 재림으로

세상 무대는 하나님의 아들의 희생을 통해 죄를 사하시고 또 그를 통해 당신을 나타내시고 예수를 믿는 자들을 자신의 백성으로 구원하실 계획을 이루시는 곳.

순종에서 → 불순종으로 → 다시 순종으로

1. 에덴 (하나님나라)

2. 세상

예수 그리스도

Yes → 천국 (하나님 나라)

No → 3. 사후의 세상

유황 불 (지옥)

"선악과를 먹지 말라"는 말씀에 불순종의 대가

생명나무의 열매인 믿음의 열매를 취하여 예수그리스도를 믿으라는 말씀에 순종의 여부에 따라

〈그림 6〉 성경 전체의 흐름

예수님의 제자로 하나 되기

1. 성경의 무오성에 대한 주장과 그 근거

디모데후서 3:16 "모든 성경은 하나님의 감동으로 된 것으로 교훈과 책망과 바르게 함과 의로 교육하기에 유익하니"라는 말씀처럼 성경의 저자는 성령님이심을 알 수 있다.

하나님이 사람을 도구로 사용하여 쓴 책이 성경이고, 성경이 기록하고 있는 역사적 사건이나 가르치고 있는 교리나 생활의 원리가 무오(無誤)하다는 것이다. 즉 오류가 없다는 주장이다. 이러한 주장을 하는 근거는

첫째로 성경의 신적 권위를 인정하고 믿기 때문이다.

둘째로 성경의 완전 영감을 믿기 때문이다.

셋째로 성경의 독특한 목적 때문에 성경의 무오를 믿는다.

성경은 구원에 이르는 지혜가 있게 하며, 교훈과 책망과 바르게 함과 의로 교육하기에 유익하다는 목적이 있다(딤후 3:15~ 17).

성경의 영감설에 대한 주장은 크게 3가지로 나뉜다.

첫째, 완전 영감설은 성경의 원본을 가르친다. 그러나 성경의 원본은 현재 존재하지 않는다.

둘째, 기계적 영감설이다. 성령님께서 성경을 기록할 때 사람을 기계적인 도구로만 사용했다는 주장이다. 그러나 이러한 주장은 크게 인정받지 못하고 있다.

셋째, 유기적 영감설은 성경 기자들의 성품과 사상과 기질과 재능과

교육과 교양과 용어와 어법과 경험 등을 이용하여 유기적 관계로 기록하였다는 주장이다. 여기에는 축자 영감설이 있는데, 이는 성경의 각 언어와 문자마다 다 영감되었다는 말로서 기계적 영감설과는 구별된다. 학자들은 유기적 영감설 중 축자 영감설을 지지하고 있다.

2. 성경의 본문비평이란?

본문비평이란 "본문에 원래 사용된 용어나 형태를 찾아보는 연구로, 모두 불가피하게 오류를 지니고 있는 사본을 가능한 많이 비교함으로써 하나의 문학작품인 원본을 회복시키는 작업"을 의미한다. 성경과 관련하여 더욱 쉽게 말을 하자면, 성경에는 원본이 존재하지 않기 때문에 현존하는 여러 사본을 비교하고 조사해서 원본에 가장 가까운 의미를 찾으려는 학문을 두고 일컫는 말이다.

예수님의 제자로 하나 되기

여덟 번째 만남

기도하는 삶

지난 주일 설교에 대한 말씀을 나눈다

a) 설교말씀 본문과 주제와 내용을 서로 나눈다.

b) 가장 큰 은혜나 감동을 받은 내용은 무엇인가?

c) 이 말씀에 비추어 볼 때 현재 나의 모습은 어떠한가?

d) 이 말씀으로 내가 버려야 할 것과 바꾸어야 할 생활 습관(사고)이 있다면 무엇인가?

　(주일 말씀에 대한 세부 실천 계획을 세워보고 실천해 보았는가?)

e) 말씀 속에서 결단한 내용과 그 결단한 것이 지켜지고 있는가?

들어가기

기도란 무엇인가? 흔히 "영적 호흡", "하나님과의 대화" 등으로 정의한다. 모두 맞는 말이다.

하나님의 말씀이 영의 양식이라면, 기도는 내 영이 호흡하는 것이라 비유할 수 있다. 내 영이 하나님과 대화하고 늘 숨 쉬고 살아있음을 인지하고 있기 위해서는 쉬지 말고 기도해야 한다 (살전 5:17).

이 말씀을 오해하여 아무것도 하지 않고 24시간 무릎 꿇고 기도하라는 것은 절대 아니다. 이 말씀의 의미는 무엇을 하든지 매 순간, 내가 숨 쉬고 있는 한 하나님을 인식하고 인지하며 살아가라는 의미이다. 그렇게 하면 하나님이 반드시 함께하고 계심을 알게 하신다는 뜻이다. 하나님과 동행하는 원리가 바로 쉬지 말고 기도하는 것이다. 기도자(祈禱者)가 하나님과 소통하기 위해서 가장 먼저 해야 할 일이 무엇일까? 그것은 내 죄를 자복하고 회개하여 나를 깨끗하게 하는 것이다.

> **(요일 1:9)** 만일 우리가 **우리 죄를 자백하면** 그는 미쁘시고 의로우사 우리 죄를 사하시며 **우리를 모든 불의에서 깨끗하게 하실 것이요**

1. 당신은 하루에 몇 시간 기도하십니까?

우리는 기도를 10분 혹은 20분 이상, 아니 5분 이상도 하기 힘들어한다. 왜일까? 그것은 기도를 어떻게 해야 하는지 모르기 때문이다.

2. 무엇을 기도해야 하는가?

이스라엘 민족이 광야 생활을 할 때 하나님께서 베푸신 은혜와 징계를 살펴보자. 그들이 광야 생활을 할 때 모세를 통해 하나님을 원망했다. 그런데 그들의 그 원망을 다 들어주시는 하나님을 우리는 만날 수 있다. 그들이 배고프다고 원망할 때 '만나'를 주셨다. 고기를 먹고 싶은데 고기가 없다며 애굽을 그리워하며 하나님을 원망했을 때도 주님은 메추라기 떼를 불러 그들을 먹이셨다. 또 물이 없다고 원망하면 반석에서 물을 내어 주셨다. 하나님은 원망 섞인 기도도 들어주셨다. 이런 은혜 속에서도 하나님은 그들을 향한 징계를 동반했다. 그 이유는 악한 말로 하나님을 원망했기 때문이다(민 11:1). 그들이 하나님의 돌보심보다도 애굽의 노예 생활을 더 그리워했기 때문이다. 언약 백성으로서의 주체사상이 결여되어 종의 습관을 버리지 못한 모습을 보시고 징계를 내리신 것이다. 기도자(祈禱者)는 이처럼 악한 말을 입에 담아서도 안 된다는 사실을 보여주고 있다.

> **(민 11:1)** 여호와께서 들으시기에 **백성이 악한 말로 원망하매** 여호와께서 들으시고 진노하사 여호와의 불을 그들 중에 붙여서 진영 끝을 사르게 하시매

그럼 주님은 "어떻게 기도하라"고 가르치고 계십니까?(마 6:33).

> **(마 6:33~34)** 그런즉 너희는 **먼저 그의 나라와 그의 의를 구하라** 그리하면 이 모든 것을 너희에게 더하시리라
> 34 그러므로 내일 일을 위하여 염려하지 말라 **내일 일은 내일이 염려할 것이요** 한 날의 괴로움은 그 날로 족하니라

본문에서는 먼저 그의 나라와 의를 구하면 그 외의 것은 다 주시리라고 약속하신다. 구약에서 솔로몬이 이스라엘의 왕이 되었을 때 하나님께 구한 기도가 하나님 마음에 들었다고 기록하고 있다. 그가 과연 어

떤 기도를 했기에 하나님께서 마음에 들어 하셨을까? 솔로몬은 주의 백성을 재판할 수 있게 듣는 마음과 선악을 분별하는 지혜를 구하였다 (왕상 3:9~10). 자신의 부나 생명이나 원수 갚는 것을 구하지 아니하고 오직 주의 백성을 위한 송사를 듣고 분별하는 지혜를 구하였기에 하나님은 그 기도를 기뻐하셨다(왕상 3:11). 그리하여 솔로몬은 지혜뿐만 아니라 구하지 아니한 부귀와 영광을 함께 받는다(왕상 3:13).

> **(왕상 3:9~10)** 누가 주의 이 많은 백성을 재판할 수 있사오리이까 **듣는 마음을 종에게 주사 주의 백성을 재판하여 선악을 분별하게** 하옵소서
> 10 솔로몬이 이것을 구하매 그 말씀이 **주의 마음에 든지라**

> **(왕상 3:11)** 이에 하나님이 그에게 이르시되 네가 이것을 구하도다 **자기를 위하여 장수하기를 구하지 아니하며 부도 구하지 아니하며 자기 원수의 생명을 멸하기도 구하지 아니하고 오직 송사를 듣고 분별하는 지혜를 구하였으니**

> **(왕상 3:13)** 내가 또 네가 **구하지 아니한 부귀와 영광도 네게 주노니** 네 평생에 왕들 중에 너와 같은 자가 없을 것이라

그렇다면 마태복음 6:33에서 "하나님 나라와 의"는 무엇인가?

'하나님 나라'는 복음으로 세워진 나라로서 하나님의 다스림을 의미하고, '의'는 복음, 즉 예수 그리스도의 십자가로 생기는 '의'를 말한다.

다음 〈그림 7〉처럼 하나님 나라와 의를 위한 기도 중에 가장 핵심이 되는 것은 바로 가정을 위한 기도이고 그중에서도 '나 자신'이다.

예수님의 제자로 하나 되기

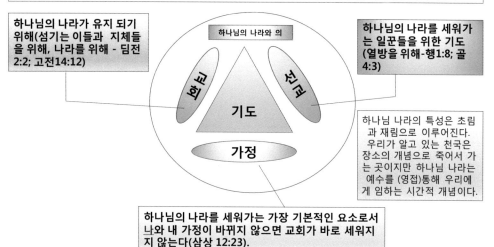

하나님의 나라가 유지 되기 위해(섬기는 이들과 지체들을 위해, 나라를 위해 - 딤전 2:2; 고전14:12)

하나님의 나라와 의

교회

선교

기도

가정

하나님의 나라를 세워가는 일꾼들을 위한 기도 (열방을 위해-행1:8; 골 4:3)

하나님 나라의 특성은 초림과 재림으로 이루어진다. 우리가 알고 있는 천국은 장소의 개념으로 죽어서 가는 곳이지만 하나님 나라는 예수를 (영접)통해 우리에게 임하는 시간적 개념이다.

하나님의 나라를 세워가는 가장 기본적인 요소로서 나와 내 가정이 바뀌지 않으면 교회가 바로 세워지지 않는다(삼상 12:23).

〈그림 7〉 하나님 나라와 의에 대한 기도의 모형도

내가 먼저 바뀌어야만 하나님 나라와 의가 이루어지기 때문이다. 내가 먼저 예수님을 만나야 하고, 성령을 체험해서 충만한 상태가 되어야 비로소 그것이 얼마나 좋고 행복한지 알게 되고 그 사실을 다른 이에게 전할 수 있게 된다.

하나님 나라와 의는 땅끝까지 흘러보내야 한다. 그 출발점은 바로 '나'이고 그다음은 내 가정이고, 내가 다니는 직장과 일터이고, 내가 섬기는 교회가 되어야 한다.

다시 말해 가정에서는 내가 먼저 변화되기를 기도해야 한다. 앞서 말했듯이 내가 주님 중심으로 바뀌게 되면 가족 구성원들도 서서히 바뀌는 것을 볼 수 있게 될 것이다.

둘째는 교회를 위해서 기도해야 한다. 교회가 바로 서야 하나님 나라가 확장되어갈 수 있는 기반이 구축되기 때문이다. 이 땅의 교회가 먼저 자신의 나라와 민족을 위해 기도해야 한다. 위정자들이 나라를 잘 다스릴 수 있도록 기도해야 하며, 또 복음의 길을 막고 있는 사회주의 나라를 위해서도 기도해야 한다.

마지막 세 번째는 선교를 위해 기도해야 한다. 선교는 예배가 없는 곳에서 예배를 드리고 교회가 없는 곳에 교회를 세우는 것이기에, 이를 위해 선교사들에게 성령 충만함을 주시고 그들이 부름을 받아 간 곳(선교지)을 위해 기도할 때 전도의 문을 여시고 주님이 예비해 두신 주의 백성을 만나 복음을 전하게 하실 것이다. 복음을 전해 받은 그 원주민들이 자신의 나라와 민족을 복음화하는 마중물의 역할을 감당하게 해달라는 것과 물적(物的), 인적(人的) 자원이 선교지에 풍부하게 공급되게 해주시는 것과 그들의 안전을 위해 기도하는 것이 선행되어야 한다. 이 기도가 하나님 나라와 의를 세워가는 기도이다.

주님이 가르쳐주신 기도(마 6:9~13)도 이와 같은 원리로 구성되어 있음을 알 수 있다.

3. 기도를 한 후 기도의 응답을 어떻게 알 수 있습니까?

첫째로 기도를 하나님께서 받으셨다는 증거로 기도자에게 평안을 주신다.

둘째로 기도의 내용이 하나님과 맞지 않을 때는 기도의 응답이 늦거나 다른 형태로 나타날 때도 있다. 기도의 응답이 가장 빠른 경우는 하나님의 마음과 기도자의 마음이 하나일 때이다.

마음을 감찰하시는 이는 오직 성령이시니 우리를 위해 친히 간구하시는 분도 성령이시다.

주님은 또 마태복음 6:34에서 내일 일을 염려하지 말고 내일 일은 내일이 염려하게 하라고 말씀하시는데, 이것은 무슨 뜻일까? 주님은 당신의 백성이 아직 닥치지도 않은 미래의 시간을 위해 염려하고 근심하는 것을 원치 않으신다. 내일이라는 시간을 누가 만들었고 그 시간은 지금 누구에게 속하여 있는가를 생각해 보면 그것은 바로 하나님이시다. 다시 말해 내일을 위한 우리의 근심과 염려를 주님이 하실 수 있도록 주님께 맡겨두고 우리는 평안하라고 당부하시는 말씀이다.

기도는 "내 일(事)에 하나님의 움직이심을 요청하는 행동"이다.

셋째는 기도해도 아무 응답이 없는 침묵하시는 하나님을 만날 때이다.

그러나 하나님은 침묵하시는 것이 아니다. 하나님은 여전히 나를 위해 일하고 계시다는 사실을 잊지 말아야 한다. 하나님은 절대로 침묵하시지 않는다. 나의 기도를 들으시지 않는 것 같아도 그 일을 이루시기 위해 일하고 계심을 믿어야 한다. 무화과나무 열매의 비유를 들어 보자.

마가복음 11:13~14과 20~22에 보면 예수님께서 베다니에서 나오실 때 시장하셔서 길에 있는 무화과나무에 잎이 무성한 것을 보고 열매를 구하러 가셨으나 열매가 없었다. 그러나 성경은 "아직 무화과 때가 아니었다."라고 기록한다. 그런데도 주님은 무화과나무에서 열매를 찾으셨다. 주님은 열매가 없고 잎만 무성한 나무를 향해 저주를 하신다. 마태복음21:19~21에서는 나무가 바로 말라 죽은 것으로 기록하지만, 마가복음에서는 다음 날에 말라 죽은 것으로 기록하고 있다. 이것은 예수님께서 그 나무를 향해 저주하실 때 이미 뿌리가 썩어가기 시작했고 그다음 날 결과가 나타난 것이다.

그리고 주님은 "하나님을 믿으라."라고 하신다. 이는 너희가 기도하면 이루어지는 것이 바로 눈앞에 나타나지 않아도 이미 일을 시작하고 계신 하나님을 믿으라는 의미이다. 그것이 무화과 열매의 때가 아니더라도 너를 위해 너의 기도를 들어주실 것을 신뢰하라는 말씀이다.

> (마 21:19) 길 가에서 한 무화과나무를 보시고 그리로 가사 잎사귀 밖에 아무 것도 찾지 못하시고 나무에게 이르시되 이제부터 영원토록 네가 열매를 맺지 못하리라 하시니 **무화과나무가 곧 마른지라**
>
> (막 11:13~14) 멀리서 잎사귀 있는 한 무화과나무를 보시고 혹 그 나무에 무엇이 있을까 하여 가셨더니 가서 보신즉 잎사귀 외에 아무 것도 없더라 **이는 무화과의 때가 아님이라** 14 예수께서 나무에게 말씀하여 이르시되 이제부터 영원토록 사람이 네게서 열매를 따 먹지 못하리라 하시니 제자들이 이를 듣더라
>
> (막 11:20) **그들이 아침에 지나갈 때에 무화과나무가 뿌리째 마른 것을 보고**
> (막 11:22) 예수께서 그들에게 대답하여 이르시되 **하나님을 믿으라**

4. 기도의 종류는 어떤 것이 있는가?

사도 바울은 디모데전서 2:1에서 간구(懇求), 기도(祈禱), 도고(禱告), 감사(感謝)로 구분하였다.

여기에 하나를 구분해서 더 추가한다면 찬양(讚揚)이다. 찬양은 곡조 있는 기도라고 표현한다.

기도의 종류를 다양하게 표현하였으나 이 모든 종류의 기도를 주님 앞에 아뢸 때 모두 하나가 되어 나오게 되어 있다. 기도를 잘 못하고 어려워하는 사람들을 위해 다음 <그림 8>과 같이 설명해 보았다.

도고는 남의 마음을 이해하고 그의 입장에서 함께 기도하는 것을 의미하며, 중보기도는 엄격한 의미로는 성령님이 우리를 대신하여 하나님께 기도하는 것을 말한다. 이런 이유로 중보(中保)기도와 도고(禱告)기도를 사도 바울은 엄밀하게 구분하였다.

예수님의 제자로 하나 되기

그러나 지금은 도고를 중보기도와 구분하지 않고 사용하는데, 이유는 성령님이나 예수님이 성도들을 위해 중보(中保)하시는 모습이나 주님의 마음을 품고 믿음의 형제자매들을 위해 그들의 입장이 되어 기도하는 도고의 모습이나 같기 때문이다.

본문은 기도의 종류로만 인식하기보다는 사도 바울이 디모데에게 왜 기도의 순서를 간구와 기도와 도고와 감사로 표현했는지를 살펴보아야 한다.

간구는 먼저 기도하는 사람의 마음가짐이다. 하나님 앞에 기도자로 설 때에는 먼저 간절한 마음으로 구하는 자가 되어야 한다. 그리고 기도의 원래의 의미는 하나님 앞에서 자신을 조율한다는 뜻을 내포하고 있다. 이런 의미로 볼 때 회개할 것이 있으면 회개하고 말씀을 거울삼아 자신을 비추어서 모난 부분을 찾아 바르게 조율하는 시간이 선행됐을 때 비로소 남을 위한 기도가 이루어져야 한다.

도고라고 말하는 중보기도는 마치 성령님이 우리를 대신하여 하나님께 기도하듯이 우리 또한 남을 위해 주님의 마음으로 그들을 품고 기도하는 것을 말한다.

마지막으로 감사 기도로서 이는 나의 모든 삶에 있어 하나님의 도우심에 대한 인정과 인식의 결과로 나타나는 고백으로 하나님께 모든 영광을 올려드리는 기도의 순서로 이해해 볼 수 있다.

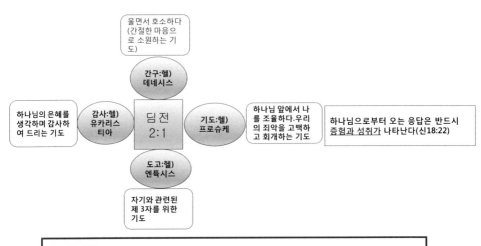

〈그림 8〉 기도의 종류

5. 꼭 기도를 해야만 하는 이유는 무엇인가?

성경에서는 민수기 14:28과 에스겔 36:37에서 기도의 필요성을 말씀하고 있다.

> (민 14:28) 그들에게 이르기를 여호와의 말씀에 내 삶을 두고 맹세하노라 **너희 말이 내 귀에 들린 대로 내가 너희에게 행하리니**

주님은 민수기 말씀을 통해 우리에게 이야기하시기를 "우리의 말이 하나님의 귀에 들리는 대로 행하시겠다."는 약속을 하신다.

또 에스겔 선지자를 통해서는 나라가 망하고 포로가 된 이스라엘 민족을 다시 회복시키실 것을 약속하는 내용이 나온다(겔 36:24~36). 그 약속은 "먼저 흩어진 백성들을 모을 것이며(24절), 맑은 물로 더럽혀진

예수님의 제자로 하나 되기

너희 몸을 정결하게 할 것이며(25절), 새 영과 새 마음과 굳은 마음을 제거하여 부드러운 마음으로(26절), 그리고 율례를 지키게 하고 조상에게 준 땅을 너희에게 주고 나는 너희 하나님이 되리라(28절). 내가 너희를 구원하고 나무의 열매와 풍성한 소산으로 다시는 기근이 없게 할 것이다."라는 약속을 하신다.

주님은 이러한 모든 것을 우리에게 줄 것을 약속하지만, 그래도 그것을 이루어 달라고 우리 입으로 구하여야 한다는 사실을 말씀하신다. 그것이 37절의 내용이다.

> (겔 36:37) 주 여호와께서 이같이 말씀하셨느니라 **그래도** 이스라엘 족속이 이같이 자기들에게 이루어 주기를 **내게 구하여야 할지라**

6. 그렇다면 기도를 어떻게 하는 것이 하나님이 기뻐하는 기도일까?

1) 토설기도를 해보라(시 109:1~19).

다윗은 하나님을 사랑하였고 또 하나님께도 "내 마음에 합한 사람이다(행 13:22)."라고 칭찬까지 받았던 인물이다. 그런 그가 자신을 죽이려고 혈안이 되어 있는 원수를 향하여 하나님 앞에서 저주를 퍼붓고 있다. 만약 이 원수가 사울 왕이라고 한다면 그는 지금 하나님 앞에서 자신의 솔직한 심정으로 탄원하고 있는 것이다. "나는 저를 사랑하나 저는 나를 죽이려 하나이다. 주여! 은혜를 원수로 갚는 저들을 용서하지 마시고 일찍 죽게 하시어 그의 아내는 과부가 되고 그의 자식들은 빌어먹게 하소서 …(후략)…"

이 시편 109편은 이런 저주의 기도로 쓰여 있다. 왜 다윗의 이 저주에 가까운 기도의 내용을 성령님께서는 기록하셨을까? 그것은 바로 하나님 앞에 기도하러 나온 자들이 다윗과 같이 자신의 숨겨진 마음과 감정을 토하여 냄으로써 전능하신 하나님을 인정하는 기도자의 모습을 원하고 있는 것이다.

우리가 말을 하지 않는다고 해서 하나님 앞에서 우리의 감정을 감출 수 있을까? 우리의 마음을 숨길 수 있을까? 결코 숨길 수 없다. 하나님은 모든 것을 미리 알고 계시는데 그분 앞에서 자신의 티끌 같은 악한 마음일지라도 자신의 입으로 직접 토하여 냄으로써 전능하신 하나님을 인정하며 나아가는 모습이 되어야 한다.

이와 비슷한 모습을 창세기 17:17과 창세기 18:12에서도 볼 수 있다. 창세기 17장에서는 아브라함에게 하나님께서 명년 이때 아들을 주시겠다는 약속을 주시자 그는 하나님 앞에서 웃음(비웃음)을 지었다. 그러나 주님은 왜 웃느냐고 야단치지 않는다. 그런데 창세기 18장에서 장막 뒤에 숨어 몰래 그 이야기를 듣고 웃는(비웃음) 사라를 보시고 주님은 사라에게 왜 웃느냐고 야단을 치신다. 우리 마음에 하나님을 인식하지 못하고 "하나님은 모르실 거야." 하고 생각한다면, 그것으로 인해 하나님으로부터 야단을 맞을 수 있음을 알아야 한다. 따라서 하나님 앞에 기도하러 나오는 자는 감정까지도 솔직하게 토해내는 기도가 필요하다.

이런 기도를 했던 다윗도 사람들 앞에서는 사울 왕을 죽이지 못하게 했다. 왜냐하면 그는 하나님으로부터 기름부음을 받은 자였기 때문이다.

이런 설명을 하니 어떤 사람들은 다윗을 '이중인격자'라고 생각한다. 물론 그렇게 생각할 수 있다. 그러나 이렇게 한번 생각해 보자. 당신에게 두 아들이 있다고 가정해 보자. 큰아이가 엄마 아빠가 집에 없을 때 작은 아이를 날마다 괴롭히고 때리고 했다고 가정하자. 이렇게 괴롭힘을 당하던 동생이 어느 날 형이 없을 때 아빠·엄마에게 와서 "형 죽었으면 좋겠어. 형 좀 야단쳐줘요." 하고 졸라댔다. 그러던 아이가 어느 날 학교에서 돌아오는 길에 형이 다른 사람들에게 괴롭힘을 당하자 달려

예수님의 제자로 하나 되기

가서 "우리 형 건들지 마!" 하고 덤벼든다면 당신은 이 둘째 아이를 보고 이중인격자라고 말할 수 있겠는가?

그렇다. 우리 모두는 하나님으로부터 만들어진 사람들이다. 그래서 하나님을 "모든 영의 아버지"라고 한다. 그렇기에 우린 그분을 믿는 믿음 안에서 한 형제이다.

2) 상황보고의 기도(민 27:1~5)

(민 27:1~5) 요셉의 아들 므낫세 종족들에게 므낫세의 현손 마길의 증손 길르앗의 손자 헤벨의 아들 슬로브핫의 딸들이 찾아왔으니 그의 딸들의 이름은 말라와 노아와 호글라와 밀가와 디르사라

2 그들이 회막 문에서 모세와 제사장 엘르아살과 지휘관들과 온 회중 앞에 서서 이르되

3 우리 아버지가 광야에서 죽었으나 여호와를 거슬러 모인 고라의 무리에 들지 아니하고 자기 죄로 죽었고 아들이 없나이다

4 어찌하여 아들이 없다고 우리 아버지의 이름이 그의 종족 중에서 삭제되리이까 우리 아버지의 형제 중에서 우리에게 기업을 주소서 하매

5 <u>모세가 그 사연을 여호와께 아뢰니라</u>

슬로브핫의 딸들이 처한 상황을 듣고 모세는 자신이 그들의 편이 되어 여호와께 아뢰는 것이 아니라 있는 그대로의 상황을 하나님께 보고한다. 물론 기도자가 미리 바라는 마음을 정하고 주님께 들어 달라고 하는 소원을 말하는 기도도 있겠지만, 때로는 상황만을 보고하고 그 결과를 주님께 맡긴다면 이 또한 가장 좋은 응답을 받을 수 있는 길이 될 것으로 확신한다.

이 기도의 대상은 사춘기에 있는 우리의 아이들이다. 아이들의 상황을 주님께 그대로 보고한다면, 주님은 그 아이들의 마음을 감찰하시고 기도자의 마음을 헤아려 가장 좋은 것으로 답하여 주실 것이라 믿는다.

요한복음 17장에서도 주님은 성부 하나님께 이 땅에 있었던 모든 사역의 상황을 보고하면서 제자들을 위해 중보기도 하시는 내용을 볼 수 있다.

3) 기도자는 온전한 부부관계가 형성되어 있어야 한다(벧전 3:7).

이 말씀은 부부관계만을 이야기하는 것이 아니다. 모든 사람과의 관계를 말하고 있다. 다툼은 기도를 막는 장애물이 되기 때문이다. 창세기 30:2에 보면 야곱이 라헬에게 화를 내는데, 이는 부부싸움이 등장하는 부분이다. 아무리 죽고 못 살 정도로 사랑하는 사이라도 작은 일로 싸우는 것이 부부이다. 사람의 사랑이 어떻게 온전할 수 있겠는가? 그러나 베드로전서 3:7과 연관 지어 보면 부부싸움을 극복할 수 있는 방법은 아내를 불쌍히 여기고 더 연약한 그릇으로 여기는 것이다. 화를 품고 싸우더라도 해(하루)를 넘겨서는 안 된다. 그날 일은 그날에 풀고 하나님이 주신 새로운 내일을 기다리고 맞이하는 것이 성령과 함께하는 사람의 모습이다.

> (벧전 3:7) 남편들아 이와 같이 지식을 따라 **너희 아내와 동거하고 그를 더 연약한 그릇이요 또 생명의 은혜를 함께 이어받을 자로 알아** 귀히 여기라 이는 **너희 기도가 막히지 아니하게 하려 함이라**

다시 말하지만 기도하는 사람들은 일단 관계에 대해서 문제가 없어야 한다. 가장 가까이 있는 아내와의 관계가 좋아야 기도가 막히지 않는다고 베드로 사도는 이야기하고 있다. 이 말을 확대 해석하면 나 이외의 어떤 사람이든 관계가 좋은 상태이어야 한다는 사실을 말씀하고 있다.

기도하는 자는 원망 받을 일을 해서는 안 된다. 그리고 남을 원망해서도 안 된다. 이웃과의 잘못된 관계를 개선해서 예배자로서의 행실과 마음이 바르게 되어 있어야 한다.

예수님의 제자로 하나 되기

7. 구하여도 얻지 못하는 이유(약 4:2~3)

> **(약 4:2~3)** 너희는 욕심을 내어도 얻지 못하여 살인하며 시기하여도 능히 취하지 못하므로 다투고 싸우는도다 **너희가 얻지 못함은 구하지 아니하기 때문이요**
> 3 구하여도 받지 못함은 **정욕으로 쓰려고 잘못 구하기 때문**이라

1) 정욕에 쓰려고 잘못 구할 때

2) 구하지 않기 때문에

3) 기도할 땐 모든 채널을 열어놓아야 함에도 닫고 있기 때문에(채널을 닫으면 응답이 늦어진다)

기도하는 사람이 갖추어야 할 행동은 가능한 한 모든 채널을 열어 놓아야 한다. 채널을 연다는 개념은 아래와 같다.

첫째, 말씀을 지속적이고 정기적으로 보고 읽고 들어야 한다.

둘째, 반드시 예배를 드려야 한다.

셋째, 응답될 때까지 기도해야 한다.

넷째, 기독교 방송 등 미디어 채널을 열고 보아야 한다.

다섯째, 기독교 서적 등 관련된 책을 자주 읽어보아야 한다.

여섯째, 무엇을 하든 마음의 귀를 열고 주님의 음성에 귀를 기울이는 습관을 가져야 한다. 이 모든 채널에서 하나님이 마음에 감동을 주실 때가 곧 응답의 메시지이다. 그 외 꿈과 환상으로 보일 때도 있다.

8. 성경에 나타난 기도의 능력을 살펴보자.

1) 모세의 기도로 대역죄인(출 32:35) 아론이 살아났다(신 9:20).

> **(출 32:35)** 여호와께서 백성을 치시니 이는 그들이 **아론이 만든 바 그 송아지를** 만들었음이더라
> **(신 9:20)** 여호와께서 또 **아론에게 진노하사 그를 멸하려 하셨으므로 내가 그 때에도 아론을 위하여 기도하고**

모세가 시내 산에서 40일을 금식하며 십계명을 받을 때 이스라엘 민족은 아론을 중심으로 황금 송아지를 만들어 우상을 숭배하였다. 이 죄로 말미암아 레위인의 칼에 3,000명가량이 희생되었다(출 32:28). 그러나 주범인 아론은 죽지 않고 살아난다. 그 이유는 바로 모세의 중보기도 때문이었다. 하나님은 아론을 죽이려 하였으나, 그 뜻을 돌이키신 이유가 바로 모세의 기도 때문이었다고 성경은 말씀하고 있다. 하나님은 당신의 자녀들의 기도를 결코 외면하지 아니하시고 자신의 뜻을 꺾어서라도 들어주신다.

2) 찬양으로 전쟁에서 이긴 여호사밧 왕(대하 20:21~22; 시편 전체가 여호와를 찬양)

> **(대하 20:21~22)** 백성과 더불어 의논하고 노래하는 자들을 택하여 **거룩한 예복을 입히고** 군대 앞에서 행진하며 **여호와를 찬송하여 이르기를** 여호와께 **감사하세** 그의 인자하심이 영원하도다 하게 하였더니
> 22 **그 노래와 찬송이 시작될 때에** 여호와께서 복병을 두어 유다를 치러 온 암몬 자손과 모압과 세일산 주민들을 치게 하시므로 그들이 패하였으니

모압 자손과 암몬 자손, 그리고 마온 사람들이 연합하여 유다 왕 여호사밧을 치려고 모인 상태에서 여호사밧이 두려워하여 금식을 선포하고 찬양대를 구성하여 그 찬양대를 자신의 군대 맨 앞에 세우며 전쟁에 임한다.

하나님이 일하심으로 그 결과 유다 왕 여호사밧은 승리하게 된다. 우

리들이 영적 전쟁의 상태에서 사탄을 이길 수 있는 방법 중의 하나가 찬양이다.

3) 모세의 중보기도로 여호수아가 아말렉과의 전쟁에서 승리한다(출 17:10~13).

모세는 여호수아에게 아말렉과 싸우라고 명령한다. 그리고 그는 산에 올라가 하나님께 기도한다. 여호수아는 명장 중의 명장이다. 그는 싸움에서 패한 적이 거의 없다. 그런데 본문을 보면 싸움의 승리는 명장인 여호수아에게 달려 있는 것이 아니라 모세의 손에 의해 좌우되고 있다. 모세의 손에는 하나님의 권능의 지팡이가 쥐어져 있었다. 무슨 말인가? 하나님의 권능이 내려오면(떠나면) 이스라엘이 싸움에서 패하고, 하나님의 권능이 올라가면(임하면) 승리하는 모습이다. 아론과 훌이 양쪽에서 모세의 양팔이 내려오지 못하게 붙들고 있었으므로 마침내 여호수아가 승리한다.

우리 모두는 영적인 전쟁을 하는 사람들이다. 최전선과 다름없는 선교지에서 일하시는 선교사들을 위해 모세처럼 후방에서 기도하는 것이 얼마나 중요한지 알려주고 있다.

> **(출 17:9~13)** 모세가 여호수아에게 이르되 우리를 위하여 사람들을 택하여 나가서 아말렉과 싸우라 **내일 내가 하나님의 지팡이를 손에 잡고 산 꼭대기에 서리라**
>
> 10 여호수아가 모세의 말대로 행하여 아말렉과 싸우고 **모세와 아론과 훌은 산 꼭대기에 올라가서**
>
> 11 **모세가 손을 들면 이스라엘이 이기고 손을 내리면 아말렉이 이기더니**
>
> 12 모세의 팔이 피곤하매 그들이 돌을 가져다가 모세의 아래에 놓아 그가 그 위에 앉게 하고 아론과 훌이 한 사람은 이쪽에서, 한 사람은 저쪽에서 모세의 손을 붙들어 올렸더니 그 손이 해가 지도록 내려오지 아니한지라
>
> 13 **여호수아가 칼날로 아말렉과 그 백성을 쳐서 무찌르니라**

4) 아버지의 간절한 마음으로 기도하여 딸을 살린 간구의 기도(눅 8:41~42)

> (눅 8:41~42) 이에 **회당장인 야이로라 하는 사람이** 와서 **예수의 발 아래에 엎드려** 자기 집에 오시기를 **간구하니**
> 42 이는 자기에게 **열두 살 된 외딸이 있어 죽어감이러라**

세상에서 부모의 기도보다 더 간절한 기도가 있을까? 회당장 야이로는 존경받는 인물이었다. 그런 그가 예수님 발아래 엎드려 죽어가는 자신의 딸을 살려달라고 간절한 마음으로 구하는 모습이다. 하나님 앞에 겸손히 나아가 모든 지위를 내려놓고 오로지 전능하신 주님만을 바라보며 그의 앞으로 나아가는 모습이 바로 간구의 기도이다.

5) 감사의 축복기도로 오병이어의 기적을 일으킨다(마 14:19; 눅 22:19).

> (마 14:19) 무리를 명하여 잔디 위에 앉히시고 떡 다섯 개와 물고기 두 마리를 가지사 하늘을 우러러 **축사**하시고 떡을 떼어 제자들에게 주시매 제자들이 무리에게 주니

> (눅 22:19) 또 떡을 가져 **감사 기도**하시고 떼어 그들에게 주시며 이르시되 이것은 너희를 위하여 주는 내 몸이라 너희가 이를 행하여 나를 기념하라 하시고

비록 수많은 무리를 먹이기에는 턱없이 부족한 식량이지만, 그것으로 하나님께 감사 기도를 드리자 기적은 시작되어 마침내 오천 명을 먹이고도 열두 바구니나 남는 기적을 체험하게 된다. 또 예수님은 떡을 가지사 감사 기도하고 자신의 몸이라 하시며 그 떡을 받아먹는 자에게 영생을 주시는 역사를 체험하게 한다.

감사의 기도는 모든 병을 물리치는 능력이 있다. 가장 힘들 때, 그리고 영적으로 방황할 때 감사를 찾으면 모든 것이 회복되고 되찾게 된다. 필자의 경우에도 그러했다. 너무 힘들어 모든 것을 자포자기하려 할 때 감사 리스트를 만들어 보라는 음성에 "내 인생에 있어 어떤 감사

가 있었을까?" 하고 적기 시작했다. 놀랍게도 70여 가지나 기록하고 있었다. 그리고 그 감사 리스트를 하나하나 살펴 가며 깊이 생각해 보니 예수님이 나를 인도하신 것이 보이기 시작했고 그때부터 회복의 물꼬가 터지기 시작했던 기억이 난다.

6) 기도로 귀신을 내쫓으심(막 9:28~29)

(막 9:28~29) 집에 들어가시매 제자들이 조용히 묻자오되 우리는 어찌하여 능히 그 귀신을 쫓아내지 못하였나이까
29 이르시되 **기도 외에** 다른 것으로는 이런 종류가 나갈 수 없느니라 하시니라

기도는 마귀를 쫓아내는 능력이 있다.

7) 기도는 순종을 위해 하나님 앞에서 자신을 조율하는 시간이기도 하다(마 26:39).

(마 26:39) 조금 나아가사 얼굴을 땅에 대시고 엎드려 **기도하여** 이르시되 내 아버지여 만일 할 만하시거든 이 잔을 내게서 지나가게 하옵소서 **그러나 나의 원대로 마시옵고 아버지의 원대로 하옵소서** 하시고

겟세마네 동산에서 마지막 기도를 하실 때의 예수님의 모습이다. 십자가의 중함이 너무도 무겁고, 아들로서 아버지에게 버림받아야 하는 그 징계를 감당하기에 너무도 버거우셨지만, 그조차도 아버지를 신뢰하기에 자신의 뜻을 내려놓고 마침내 아버지의 뜻에 따르기를 구하는 모습은, 내 소원만 들어주기를 바라는 우리에게 많은 가르침을 주신다.

8) 예수님의 중보기도 (눅 22:31~32)

(눅 22:31~32) 시몬아, 시몬아, 보라 **사탄이 너희를** 밀 까부르듯 하려고 **요구하였으나**
32 그러나 **내가 너를 위하여** 네 믿음이 떨어지지 않기를 **기도하였노니** 너는 돌이킨 후에 네 형제를 굳게 하라

사탄이 예수님의 제자들을 자신의 것으로 되돌리기 위해 밀 까부르듯 쉬지 않고 하나님께 참소하고 요구하고, 또 그들을 유혹하고 미혹하였지만 우리 주님이 그들을 위해 기도하심으로 지켜질 수 있었음을 말씀하신다.

9. 당신은 이럴 때 어떻게 하겠습니까?

"기도할 힘도, 찬양할 힘도, 말씀 읽을 힘도, 예배드릴 마음조차도 없다며 찾아온 사람에게 당신의 충고는 어떤 것입니까?

그래도 말씀을 봐야 하고 예배를 드려야 한다고 충고하지 마십시오. 그것이 안 돼서 온 사람에게 그것을 해보라고 권면하는 것은 올바른 처방이 아닙니다. 차라리 '밥이나 한 끼 먹자.'라고 하는 편이 더 나을 수 있습니다. 그러나 이것도 올바른 처방은 아닐 것입니다.

조금 리얼한 표현으로 '개기십시오.'라고 말해 주십시오. '죽을힘을 다해 참고 견디어 내십시오.'

하나님은 당신을 위해 오래 참지 아니하십니다. 당신을 위해 아들까지 내어주신 하나님이십니다. 그분이 당신을 다시 찾아오실 때까지 기다리셔야 합니다. 그동안 하나님 앞에서 당신은 얼마나 자유로웠습니까? 당신이 돌아오기를 주님은 인내하시고 참아오셨습니다. 이젠 당신이 그토록 그분에게 무관심하고 그분의 부르심을 배척했던 것을 회개하고 그분이 찾아올 때까지 인내하고 기다려야 할 때입니다.

사탄이 '같이 죽자.' 하고 유혹하더라도 그 유혹에 빠지지 않도록 그의 말에 '개기십시오.' 사탄이 이 환경에서 같이 도망치자 하더라도 '이젠 싫어.' 하고 개기십시오.

밥도 강제로 먹고 그러면 뒤로 나옵니다. 운동이든 막노동이든 육체를 힘들게 하십시오. 그리고 강제로 잠을 청하십시오. 눈만 감아도 자는 효과가 있습니다. 피곤 때문이라도 잠은 옵니다. 수면제는 금물입니다. 이렇게 끝까지 개기십시오."라고 충고해주자.

"자살하면 지옥 갑니다. 자살은 올바른 방법이 아닙니다. 자살은 주님 앞에서 행위로 주님을 부인하는 것이기에 성경은 이런 자들을 향하여 가증한 자요 복종하지 않는 자라라고 합니다(딛 1:16). 주님은 우리를 살리기 위해 이 땅에 오셨고 십자가에서 대신 죽으셨다는 사실을 잊지 마시기 바랍니다."

10. 무엇이든지 원하는 대로 구하면 이루어지는 신앙은 어떤 신앙을 두고 하는 말인가(요 15:7)?

> **(요 15:7)** 너희가 내 안에 거하고 내 말이 너희 안에 거하면 무엇이든지 원하는 대로 구하라 그리하면 이루리라

본문에서 그 원리를 찾아보자.

첫째 조건은 먼저 기도자가 예수님 안에 거하는 것이 우선되어야 한다. 이 조건을 이루기 위해서 반드시 해야 할 일은 무엇인가? 그것은 바로 요한일서 4:15의 말씀을 이루는 것이다.

> **(요일 4:12~13)** 어느 때나 하나님을 본 사람이 없으되 만일 **우리가 서로 사랑하면 하나님이 우리 안에 거하시고** 그의 사랑이 우리 안에 온전히 이루어지느니라
> 13 **그의 성령을 우리에게 주시므로 우리가 그 안에 거하고** 그가 우리 안에 거하시는 줄을 아느니라

> **(요일 4:15)** **누구든지 예수를 하나님의 아들이라 시인하면** 하나님이 그의 안에 거하시고 그도 하나님 안에 거하느니라

예수님을 하나님의 아들로 시인하는 자에게 성령이 임재(God's presence, 臨在)하고, 그도 하나님 안에 거하게 된다. 이 신앙고백으로 하나님과 나 사이에 위대한 교환이 일어난다. 성령이 그의 안에 거하는 사람은 하나님의 사랑이 어떤 사랑인지 알게 되고, 그 깨달음으로 말미암

아 이웃을 사랑하고 섬기게 된다.

이것이 이루어지는 것이 먼저이다.

둘째 조건은 "내 말이 너희 안에 거하면"이라는 말씀이 이루어져야 한다. 이것은 구약에서부터 내려온 계명으로 예수님은 마태복음 22:37~40에서 단 두 가지의 계명으로 함축시키셨으며, 그 계명을 이루는 자가 진심으로 하나님을 사랑하는 자로 인정하겠다고 말씀하신다(요 15:10).

주님의 말씀은 진리이다. "진리가 거한다."라는 말의 뜻은 말씀의 실천을 이야기하고 계시는 것이다.

> **(요 15:10)** 내가 아버지의 계명을 지켜 그의 사랑 안에 거하는 것 같이 **너희도 내 계명을 지키면 내 사랑 안에 거하리라**
>
> **(마 22:37~40)** 예수께서 이르시되 **네 마음을** 다하고 **목숨을** 다하고 **뜻을 다하여** 주 **너의 하나님을 사랑하라** 하셨으니
> 38 이것이 크고 첫째 되는 계명이요
> 39 둘째도 그와 같으니 네 이웃을 네 자신 같이 사랑하라 하셨으니
> 40 이 두 계명이 온 율법과 선지자의 강령이니라

11. 기도자의 마음가짐

기도하는 사람은 어떤 내용이든 십자가 앞에 나와 먼저 자신을 돌아보고, 회개할 것은 회개하고 감사할 것은 감사로 나아가는 마음이 중요하다. 기도하면 하나님께서 어떻게, 또 어떤 식으로 응답하실지 기대하고 반드시 그때까지 기다려야 한다.

예수님의 제자로 하나 되기

(요 15:7) 너희가 내 안에 거하고 내 말이 너희 안에 거하면 무엇이든지 원하는 대로 구하라 그리하면 이루리라

(빌 4:6~7) 아무 것도 염려하지 말고 다만 모든 일에 기도와 간구로, 너희 구할 것을 감사함으로 하나님께 아뢰라

7 그리하면 모든 지각에 뛰어난 하나님의 평강이 그리스도 예수 안에서 너희 마음과 생각을 지키시리라

주여! 잠시 동안 만이라도

주여! 잠시 동안만이라도 나를 기억하옵소서

주여! 잠시 동안만이라도 나의 죄를 기억 마옵소서

주여! 잠시 동안만이라도 나에게 자비를 베푸소서

주여! 잠시 동안만이라도 나에게 긍휼을 베푸소서

주여! 잠시 동안 당신의 품에 안긴 나를

당신의 그 사랑으로 다시 일어나게 하옵소서

주여! 나는 당신의 영원한 자녀 되기를 간절히 원하옵나이다

아홉 번째 만남

예배(교제)의 삶

지난 주일 설교에 대한 말씀을 나눈다

a) 설교말씀 본문과 주제와 내용을 서로 나눈다.

b) 가장 큰 은혜나 감동을 받은 내용은 무엇인가?

c) 이 말씀에 비추어 볼 때 현재 나의 모습은 어떠한가?

d) 이 말씀으로 내가 버려야 할 것과 바꾸어야 할 생활 습관(사고)이 있다면 무엇인가?

　(주일 말씀에 대한 세부 실천 계획을 세워보고 실천해 보았는가?)

e) 말씀 속에서 결단한 내용과 그 결단한 것이 지켜지고 있는가?

예수님의 제자로 하나 되기

○

들어가기

 교제는 만남 속에서 사귀는 것을 의미한다. 그리스도인의 교제는 예수 그리스도의 십자가에서부터 시작되고 그 안에서 모든 것이 이루어진다(엡 2:13~14).

그리스도인의 교제는 크게 두 가지로 나뉜다.

첫째는 하나님과의 교제이다.

둘째는 성도(이웃) 간의 교제이다.

첫 번째의 하나님과의 교제를 예배라고 하는데 예배의 정의와 그 의를 정확히 알 필요가 있다.

1. 교회(敎會)의 의미

예배(禮拜)는 교회(敎會)에서 행해지는 의식(儀式)을 말한다. 그렇다면 교회(敎會)란 무엇인가?

교회(敎會)에 대한 한자어(漢字語)의 의미로서의 정의는 "가르치는 사람들의 모임"이라는 뜻이다. 무엇을 가르치는가? 그것은 "예수가 그리스도라는 것을 가르치는 사람들의 모임"이라는 의미로 찾을 수 있다. 교회의 원어적 의미는 히브리어로 '카할'이며 그 의미는 '여호와의 회중', 그리고 헬라어로는 '에클레시아'로서 '믿는 이들의 모임'이라는 뜻이다.

안디옥 교회에서 최초로 '그리스도인'이라는 말이 사용되었다. 이는

'예수를 그리스도라고 가르치는 사람들'이라는 의미로 이들이 모인 무리가 교회(敎會)인 것이다. 다시 말해 "예수 그리스도를 주님으로 믿고 의지하는 사람들의 모임"이다.

교회(敎會)라는 한자의 엄격한 뜻은 "가르침을 받기 위해 모인 무리"라는 의미이고, 교회(敎會)의 한자 표현은 하나님의 말씀을 가르치는 일부분만 표현하고 있기 때문에 올바른 표현법(表現法)은 아니다. 오히려 예배당(禮拜堂)으로 표현하는 것이 더 맞는 표현일 수 있다. 그러나 교회(敎會)가 예배당(禮拜堂)의 의미를 포함하여 더 보편적(普遍的)으로 사용되고 있기에, 교회(敎會)의 원어적 의미를 포함하여 "하나님께 예배(禮拜)하는 사람들의 모임"으로 이해하는 것이 좋을 듯하다.

2. 예배(禮拜)의 의미

예배(禮拜)의 뜻은 "신이나 초월적인 존재에게 경배하는 의식"이라고 말할 수 있다. 영어로는 'Service' 또는 'Worship'이라고 표현한다.

구약시대에서 예배와 관련된 의미를 찾는다는 것은 쉬운 일은 아니지만, 역사적인 상황과 사건을 통하여 그때그때 알맞은 어휘를 사용하고 있음을 알 수 있다. 대표적인 히브리어 어휘 둘을 든다면 첫째는 '아바드'(עָבַד)이고 둘째는 '샤하아'(שָׁחָה)이다.

'아바드'(עָבַד)의 뜻은 '봉사' 또는 '섬김'이고 영어에서 예배를 'Service'라고 표현하는 이유를 '아바드'에서 찾아볼 수 있다. '아바드'(עָבַד)는 70인역(70人譯)에서 '라트레이아'(λατρεία)로 번역하였는데, 이 단어는 '일하다'라는 의미로 레위인이 회막에서 봉사한다는 뜻으로 사용되기도 하고 여호와를 섬기는 일에 있어서 제물을 바칠 때 사용되기도 한다.

'샤하아'(שָׁחָה)는 '엎드리다', '굴복하다'라는 의미로 헬라어로는 '프로스퀴네오'(προσκυνέω)라고 한다. 예배자들이 숭배 대상에게 최대한으로 존경하는 태도를 보이는 것을 의미한다. 욥기 1:20에 보면 "욥이 일

예수님의 제자로 하나 되기

어나 겉옷을 찢고 머리털을 밀고 땅에 엎드려 경배하며"라는 말씀이 나온다.

'엎드리다'라는 것은 인간은 하나님 앞에 완전히 복종해야 하는 존재임을 의미하는 것으로, 사람들로 하여금 하나님의 거룩하심과 자신이 죄인임을 깊이 깨달아 알게 하는 것이다. 이스라엘 사람들은 이것이 거룩한 하나님 앞에 나아가는 합당한 자세라고 생각하여 강조한다.

헬라어로 기록된 신약성경에서는 오늘 우리가 사용하는 예배라는 단어에 해당하는 어휘를 쉽게 찾아볼 수 있다.

그 첫 번째는 예수님이 광야에서 사탄의 유혹을 받을 때 사용하셨던 말씀으로 사탄이 예수님께 자신 앞에 엎드려 경배하라고 하자 "주 너희 하나님께 경배하고 다만 그를 섬기라(마 4:10)."라고 대답하신 말씀 속에 나타난 '프로스퀴네오'($\pi\rho\sigma\kappa\upsilon\nu\acute{\epsilon}\omega$)라는 단어이다. 이 말은 존경의 표시로 '절하다' 또는 '꿇어 엎드리다', '입 맞추다'라는 뜻으로 지상의 통치자들에게 신체적으로 굴복 또는 순종한다는 의미를 지닌 말이었다.

다음은 '라트레이아'($\lambda\alpha\tau\rho\epsilon\acute{\iota}\alpha$)라는 단어인데 이는 유혹하는 사탄에게 예수께서 "다만 그분만을 섬기라."라고 최종적으로 선언할 때 사용한 말이다. 이것이 내포하고 있는 의미는 종으로서 자신의 상전만을 섬겨야 할 신분을 확인시키는 것인데, 이 말은 예배와 동일한 의미를 지니고 있다.

위에서 살펴본 예배의 어원을 토대로 성경에서 말씀하는 예배의 본질은 무엇인지 살펴보자.

이미 설명한 것처럼 영어권에서는 예배를 숭배(worship)로 표현하는데, 이는 가치(worth)와 신분(ship)이란 말의 합성어이다. 이를 해석하면 최상의 가치를 하나님께 드리는, 즉 존귀와 영광을 하나님께 돌려드리는 경배를 전제한 행위로 표현하였다고 설명할 수 있다.

그러나 이 표현도 '섬김'이라는 한쪽으로 기울어 있는 표현이라 올바르지 않다. 왜냐하면 기독교의 '예배'는 근본적으로 하나님이 섬겨주신 구원의 행위에 대한 인간의 반응으로, 감사와 찬양과 영광을 돌리는 것으로 이해되어야 하기 때문이다. 그러므로 예배는 이러한 하나님의 섬김과 인간의 섬김 두 축의 만남(요 13:31~32), 즉 하나님의 행위와 인간의 행위가 만나 서로 대면하고 확인하는 장(場)이다. 이러한 것을 예배의 현장(現場)이라고 할 수 있다.

> **(요 13:31~32)** 그가 나간 후에 예수께서 이르시되 **지금 인자가 영광을 받았고** 하나님도 **인자로 말미암아 영광을 받으셨도다**
> 32 만일 **하나님이 그로 말미암아 영광을 받으셨으면** 하나님도 자기로 말미암아 **그에게 영광을 주시리니** 곧 주시리라

그러므로 기독교 예배는 하나님이 독생자를 통하여 골고다에서 이루신 구원의 은혜인 십자가의 사건을 전제한 것이며, 그 사건은 역사적으로는 일회성 사건이지만, 예배에 성령으로 함께 하시는 하나님이 회중에게 여전히 그가 행하신 은혜가 무엇인지를 경험하도록 일하고 계시는 임재의 현장이다. 그리고 예배 가운데서 하나님이 우리를 섬겨주신 그 은혜에 근거하여 인간이 반응하는 일로 이해되어야 한다. '프로스퀴네오'와 '라트레이아'의 원어적 개념을 하나로 인식하여 해석해야 하며, 그 뜻은 "하나님의 은혜를 받은 성도들이 그 은혜에 힘입어 예의 바른 태도로, 그리고 그분의 가르침대로 삶 속에서 섬기며 행하는 것"까지가 예배임을 인식해야 한다.

예배와 관련하여 요한복음 4:24과 로마서 12:1 두 말씀을 가지고 성경에서 예수님이 원하시는 예배에 대하여 알아보자.

> **(요 4:24)** **하나님은 영이시니** 예배하는 자가 **영과 진리로 예배할지니라**
> **(롬 12:1)** 그러므로 형제들아 내가 하나님의 모든 자비하심으로 너희를 권하노니 너희 몸을 **하나님이 기뻐하시는 거룩한 산 제물로** 드리라 이는 너희가 드릴 영적 예배니라

예수님의 제자로 하나 되기

요한복음 4:24의 "하나님은 영이시니 예배하는 자는 신령과 진리로 예배할지니" 예수님의 이 말씀은 사마리아 여인이 예배의 장소에 대해 말을 하자 주님이 장소가 중요한 것이 아니라 예배의 대상이 누구이며 경배의 대상을 바르게 알고 예배를 드리느냐, 알지 못하고 예배를 드리느냐 하는 문제가 더 중요하다는 것을 알려주고 있다. 수가 성 사람들은 경배의 대상이 누구인지를 분명히 알고 드리기보다는 유전과 전통과 관습을 중히 여기며, 또 예배의 장소를 더 중요하게 여겼던 것 같다.

예수님의 이 말씀은 '영'이신 하나님과 '진리'되신 그리스도가 이제 우리가 알고 섬겨야 할 경배의 대상이시며 그분은 바로 삼위일체 되신 하나님임을 말씀하고 계신다. 그래서 요한복음 4:23에서 벌써 하나님께서 이렇게 예배하는 자를 찾으신다고 했던 것이다. 따라서 "예배하는 자가 신령과 진리로 예배할지니라."라고 한 말씀은 "예배하는 자의 영과 진리로 예배하라."라는 말씀으로 볼 것이 아니라, 영과 진리이신 예수 그리스도를 의지하는 믿음으로 하나님께 나아가 예배하라는 말씀으로 인식해야 한다.

또 "너희 몸을 하나님이 기뻐하시고 거룩한 산 제물로 드리라 이것이 영적(마땅한) 예배이니라."라는 로마서 12:1의 말씀도 유대교에서처럼 죽은 제물로 제사하기보다는 살아 있는 몸으로, 즉 이웃을 섬기는 일이야말로 하나님을 섬기는 일임을 깨우쳐 주는 말씀이다.

그러므로 기독교에서 예배의 본질적 의미는 예수 그리스도를 주로 삼은 자들이 최상의 가치로 최고의 신분을 가진 하나님을 그분의 가르침대로 마음과 힘을 다하여 섬기고 사랑하며 경배하는 것이며, 또한 구원의 은혜와 동행하심에 대한 감사가 항상 자신의 삶을 통해 하나님께 영광을 올려드리는 것으로 정의할 수 있다.

우리가 드리는 주일 예배를 살펴보자.

공동체 주일 예배 시간에 어떤 교제가 일어나고 있는가? 먼저 찬양과 기도로 하나님 앞에 나아간다. 물론 예수 그리스도의 십자가에 의지해서 한 주간의 삶을 돌아보고, 지난 주일 주신 말씀으로 7일간 살아온 시간을 돌아보며 순종했던 것에 대해 도와주심에 감사함으로, 도와주심에도 불구하고 불순종했던 부분은 회개함으로써 나아가는 시간이 먼저 이루어져야 한다. 주님은 우리의 이 기도를 받으시고 당신이 세우신 종을 통해 우리에게 하나님의 말씀을 선포하시는데, 이때 1차 교제가 일어난다. 말씀을 받은 우리가 다시 하나님께 감사와 찬양을 올려드리면 주님은 종을 통해 축복기도를 하면서 2차 교제가 일어난다. 이때 축복기도는 예배의 종료를 의미하는 것이 아니라 이 말씀을 가지고 또 7일간을 말씀 안에서 살아내고 승리하라는 삶의 현장으로의 파송 기도로 보아야 한다. 따라서 주일 예배는 7일 동안 말씀대로 살아가기 위한 출발점이며, 주일 예배가 중요한 이유가 여기에 있다.

양육을 하다 보면 이런 질문을 받게 된다. 묵상도 예배이고 가정예배도 예배이고, 삶이 예배라고 하는데, 그렇다면 굳이 주일 예배를 드릴 필요가 있느냐고. 모두 맞는 말이다. 그러나 내 삶 전체를 예배로 드린다고 하더라도 하나님 앞에서 온전한 예배를 드리고 있는 사람은 없다. 그리고 주일의 개념을 분명히 안다면 그런 말을 할 수가 없다. 예를 들어 부모의 생일을 기념하는 이유가 무엇인가? 매일이 생일인 것처럼 부모를 섬기는 사람도 그날만큼은 특별히 관심을 가지고 더욱 마음을 쓰는 이유가 무엇인가? 그것은 부모를 통해 나의 정체성을 바라보기 때문이다. 나는 부모가 계시기에 이 땅에 존재할 수 있고, 그분의 공로 없이는 지금의 내가 존재할 수 없기 때문이다.

마찬가지로 주일은 주님의 날이다. 사탄의 종노릇을 하고 있던 우리의 신분을 되찾아 자신을 통하여 하나님의 자녀로 다시 태어나게 하신

예수님의 제자로 하나 되기

날이다. 성경의 모든 예언을 예수 그리스도의 몸으로 모두 이루신 위대한 날이다. 그리고 그날에는 하나님께서 당신이 사랑하는 자녀들에게 영의 양식을 공급하여 주시는 특별한 날이다. 이 양식은 내가 직접 찾아 먹는 그런 양식이 아니라 아버지께서 직접 만들어 차려주신 양식을 먹을 수 있는 매우 뜻깊은 날이다. 이런 날을 어떻게 소홀히 할 수 있단 말인가?

3. 우리가 만들어진 이유(목적)가 무엇일까?

첫째는 예배자로 세우셨다. 성경은 이렇게 말하고 있다(사 43:21; 시 150:6).

> **(사 43:21)** 이 백성은 <u>내가 나를 위하여 지었나니 나를 찬송하게 하려 함이니라</u>
> **(시 150:6)** <u>호흡이 있는 자마다 여호와를 찬양할지어다</u> 할렐루야

본문의 말씀처럼 하나님께서 우리를 만드신 이유가 당신을 위하여 만드셨고, 또 당신을 찬양(예배)하게 하기 위하여 만들었다는 것이다.

여기서 우리는 우리의 정체성을 찾아볼 수 있다. 우리는 하나님을 예배하기 위해 창조된 피조물이다. 시편 기자도 숨을 쉬고 있는 모든 피조물, 즉 호흡이 있는 자마다 여호와 하나님을 찬양(예배)하라고 노래하고 있다.

그렇다면 어떻게 찬양(예배)해야 하나님께서 기쁘게 받으실까? 같은 말씀인 이사야 43:21을 개역 한글 버전으로 보면 "나의 찬송을 부르게 하려 함이다."라고 기록하고 있다.

> **(사 43:21)** 이 백성은 내가 나를 위하여 지었나니 <u>나의 찬송을 부르게 하려 함이니라</u>(개역한글)

'아무거나 갖고 찬송(예배)하라는 것이 아니다'라는 말씀이다. 하나님이 먼저 우리에게 보여주신 영광으로 하나님을 위한 찬양을 해야 한다는 뜻이다. 이것은 곧 거룩하고 구별된 찬양이어야 한다는 의미이며, 그것은 하나님이 우리에게 베푸신 은혜(구원)의 영광을 노래하게 함이라는 의미이기도 하다. 여기에 예배의 이유가 있다. "나의 찬송"이란 말씀은 하나님께서 먼저 우리를 사랑하신 일이다. 그것은 하나님의 말씀에 불순종하여 사망의 종이 된 우리를 버리지 아니하시고 당신의 가장 귀한 아들을 내놓으시면서까지 우리를 구하시는 그 사랑을 우리가 찬양하는 것이다. 우리 또한 가지고 있는 모든 것을 "하나님의 나라와 의"인 복음을 위해 기쁜 마음으로 주님께 드려야 하며, 이러한 반응이 바로 참 예배자의 마음이고 모습이다.

창세기 2:15에 보면, 하나님은 인간을 에덴동산에서 살게 하실 때에도 경작하고 지키라는 말씀을 하셨다. 여기에 사용된 단어 '경작하다'가 바로 예배의 용어인 '아바드'이다. 이것은 위로는 하나님을, 아래 땅에서는 이웃과 모든 것을 사랑으로 섬기라는 것을 의미한다. 하나님은 당신이 만드신 인간이 다른 피조물을 사랑으로 섬기는 모습을 보고 싶어 하셨다.

> **(창 2:15)** 여호와 하나님이 그 사람을 이끌어 에덴동산에 두어 그것을 **경작하며 지키게 하시고**

둘째는 청지기의 사명을 감당하게 하시기 위해 만드셨다(창 1:26).

> **(창 1:26)** 하나님이 이르시되 우리의 형상을 따라 우리의 모양대로 우리가 사람을 만들고 그들로 바다의 물고기와 하늘의 새와 가축과 온 땅과 땅에 기는 **모든 것을 다스리게 하자 하시고**

하나님은 인간으로 하여금 하나님이 만들어놓으신 피조물을 다스리게 하시고 그 모습을 보고 싶어 하셨다.

예수님의 제자로 하나 되기

4. 받아들여지는 예배와 버려지는 예배가 있다.

창세기 3장에서 인간이 타락하고 이어서 창세기 4장에 제일 먼저 나오는 것이 예배에 대한 말씀이다.

창세기 4장에서는 예배로 성공한 아벨과 예배로 실패한 가인의 이야기가 나온다. '하나님께서 왜 가인의 제사를 받으시지 않았을까? 그리고 왜 아벨의 제사는 받았을까?' 하는 의문이 든다. 창세기 4장에 나와 있는 말씀으로만 추정해 보면 이렇다.

먼저 가인이 드린 제물은 땅의 소산이었고, 아벨의 제물은 양의 첫새끼와 그의 기름을 드렸다고 되어 있다(창 4:3~4). 여기서 제물의 차이가 있다. 물론 가인이 아벨보다도 먼저 하나님께 제사를 드렸다. 그러나 누가 먼저 드리고 나중에 드리느냐가 중요한 것이 아니라, 드리는 자의 마음가짐과 태도가 더욱 중요하다는 사실을 말씀하고 있다. 가인은 소위 땅의 소산 중 구별됨이 없이 아무거나 가지고 제사를 드린 것이고, 아벨은 자신이 양을 치는 자로서 하나님께 드리는 제물을 구별하여 첫 새끼와 그 기름을 드린 점이 다르다. 이 일 이후 하나님은 모세에게 제사 제도를 말씀하실 때 땅의 소산으로 드릴 때에는 제일 좋은 첫 이삭으로 드리라고 말씀하신다(레 2:13; 민 18:12).

> (레 2:14~15) 너는 **첫 이삭의 소제를 여호와께 드리거든 첫 이삭을 볶아** 찧은 것으로 네 소제를 삼되
> 15 그 위에 기름을 붓고 그 위에 유향을 더할지니 이는 소제니라
> (민 18:12) 그들이 여호와께 드리는 **첫 소산** 곧 **제일 좋은** 기름과 제일 좋은 포도주와 곡식을 네게 주었은즉

그리고 또 중요한 것은 예배자의 마음이다. 예배에 드려지는 예물을 보면 예물을 가지고 온 자의 정성과 마음가짐을 볼 수 있다. 가인은 아벨보다도 예배자로서의 마음가짐이나 태도가 불순하였음을 알 수 있다. 이 제물로만 봐도 가인은 하나님을 향한 경외함이 없었음을 알 수 있다.

창세기 4:5에서 가인은 자신의 예물이 받아들여지지 않자 하나님을 향하여 화를 냈다. 그런 가인에게 하나님은 창세기 4:7에서 "네가 선을 행하면 어찌 낯을 들지 못하겠느냐."라고 말씀하시면서 가인의 삐뚤어져 있는 마음을 지적하신다. 그의 삐뚤어진 마음은 끝내 동생을 들로 유인하여 죽이는 일까지 벌이게 한다. 가인의 질투와 시기심이 자신을 세상에서 최초의 살인자로 만들고 만다. 하나님은 이 일이 생기기 전에 미리 경고하신다. "선을 행하지 아니하면 죄가 문에 엎드려 있느니라. 죄가 너를 원하나 너는 죄를 다스릴 지니라."(창 4:7).

이 말씀에 의하면 예배자인 우리가 선을 행하면 죄는 멀리 도망간다는 말씀이기도 하다. 그러나 선을 행하지 아니하면 죄가 항상 우리가 다니는 문에 엎드려 우리의 발을 걸고 넘어지게 해서 죄를 저지르게 한다. 허나 위 말씀을 통해 우리에게는 죄를 다스릴 권세가 있다는 사실을 알 수 있다. 여기서 선이란 무엇인가? 성경에서 선은 오직 유일하신 하나님을 두고 하시는 말씀이다(눅 18:19).

> **(눅 18:19)** 예수께서 이르시되 네가 어찌하여 나를 선하다 일컫느냐 **하나님 한 분 외에는 선한 이가 없느니라**
>
> **(마 4:4)** 예수께서 대답하여 이르시되 기록되었으되 사람이 떡으로만 살 것이 아니요 **하나님의 입으로부터 나오는 모든 말씀으로 살 것이라** 하였느니라

즉, 선을 행하는 자(者)라는 것은 하나님의 입으로부터 나오는 말씀을 행하는 자(者)를 의미한다.

5. 하나님의 임재를 사모하라

　구약에서, 특히 광야 교회에서 주신 언약궤(법궤)는 하나님의 영광의 임재를 상징하는 하나의 도구였다.

　낮에는 구름기둥으로 밤에는 불기둥으로 언제 어디서나 하나님의 임재를 볼 수 있었다. 그런데 지금은 이 언약궤가 없어졌다. 그렇다면 현 시대에 하나님의 임재를 상징하는 것은 무엇일까? 그것은 바로 마태복음 18:20의 예수님께서 하신 약속의 말씀에 있다.

(마 18:20) 두세 사람이 내 이름으로 모인 곳에는 나도 그들 중에 있느니라

　예수 그리스도의 이름으로 두세 사람이 모인 곳에는 주님도 그곳에 임재하시겠다는 약속이다. 두세 사람이 항상 주님의 이름으로 모일 수 있는 곳이 어디인가? 바로 가정이다. 따라서 모든 예배는 가정 예배에서 출발해야 한다고 해도 과장된 표현이 아니다.

　내 가정에 하나님의 영광의 임재가 늘 거할 수 있다면 얼마나 좋을까? 하나님의 은혜를 생각하고 감사하며 또 하나님의 은총을 사모하는 가정이라면 아마도 모든 일이 주 안에서 형통할 것이다. 주님은 이런 모습을 원하신다. 예수를 믿는 우리가 어느 곳에 있든지 당신의 이름에 의지하여 예배자로 모이기를 원하신다.

6. 다음으로 성도 간의 교제를 통한 예배를 생각해 보자.

　예수를 믿고 구원받은 자들이 서로 모여 하나님의 영광을 위해 서로 교제하고 나누는 것도 예배의 한 형태이다. 왜냐하면 그들이 예수 그리스도의 이름으로 교제(나눔)하기 위해 모였기 때문이다.

　〈그림 9〉에서 보는 바와 같이 크리스천들은 모든 영역에 있어 예배

자로 서 있어야 하고 활동해야 함을 말해주고 있다. 예배적 삶을 통해 믿지 않는 자들에게 선한 영향을 끼침으로써 마침내 자신을 통해 하나님을 영화롭게 하는 모습이 저들에게 비춰질 때 비로소 예배적 삶이라고 할 수 있다.

예배의 주목적은 하나님을 영화롭게 하며 모든 영광을 돌리는 행위 자체라고 말할 수 있다.

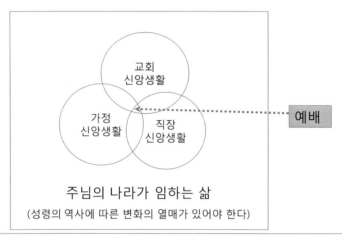

제사장으로 12지파 중 레위인을 세웠다. 레위란 이름의 뜻은 친함, 연합이라는 의미가 있다. 주님은 우리와 연합하시기 위해 그들을 세우셨다. 따라서 예배는 하나님과 내가 연합하는 행위이다.

〈그림 9〉 예배 중심의 삶

성도들의 교제는 공동체 교회를 중심으로 이루어져야 한다. 왜냐하면 교회는 주님의 몸이고 교회의 머리이신 예수님께서 가르치시고 지시하신 모든 일을 수행해야 할 지체가 바로 성도들이기 때문이다.

그래서 사도 바울이 이야기한 것처럼 지체의식이 있어야 한다. 나 하나쯤이야 하는 사고는 교회 안에서는 용납될 수 없는 말이다. 이는 마치 우리 지체 중 세포 하나가 바이러스에 감염되면 온몸이 병들어 몸

예수님의 제자로 하나 되기

살을 앓게 되는 이치와 같기 때문이다. 지체인 내가 건강해야 교회가 건강해진다는 사실을 명심해야 한다(롬 12:5; 고전 12:27).

건강한 지체가 되기 위해서는

1) 주안에서 하나가 되도록 노력해야 한다(롬 8:28; 요 17:21).

우리는 예수 안에서 합력하여 선을 이루어가야 하고 또 예수님과 하나가 되어야 한다. 이것이 진정한 지체이다.

2) 각 사람의 은사를 이해하고 인정해야 한다.

성령은 하나이지만 은사는 다양하기 때문에 성령이 서로에게 부어주신 은사를 인정하고 그들과 힘을 합하여 교회를 바르게 세워나가야 한다.

3) 믿음의 정도가 각각 다르다는 사실도 인정해야 한다.

내 믿음으로 남을 판단하거나 비방해서도 안 된다. 이제 막 태어난 새 신자처럼 젖을 먹는 어린아이와 같은 신앙이 있고, 밥을 먹는 어른과 같은 신앙이 있고, 사춘기 청소년처럼 반항하고 있는 신앙도 있기에 우리는 이런 상황을 이해하고 함께 극복하고 성장할 수 있도록 이끌어 주어야 한다.

4) 인간적인 배경이 서로 다르다.

사람마다 살아온 배경이 다르고, 또 각 가정마다 지역마다 문화도 다르기에 나와 다른 색깔이라고 배척해서는 안 되며 그들과 함께 말씀 안에서 서로 동화되어 가는 모습을 보여야 한다.

5) 예수 그리스도 안에서 그들과 서로 사랑해야 한다.

사랑은 허다한 허물도 덮는다고 했다. 예수님의 사랑이 우리의 모든 허물을 덮었듯이 우리 또한 예수님의 사랑을 본받고 그를 따라가야 한다.

6) 마지막으로 믿음 위에 덕을 세워야 한다.

성도 간의 교제에서 사랑만큼이나 중요한 것이 바로 덕이다.

덕을 베풂으로 사랑이 생기고 덕을 베풂으로 틀어졌던 관계도 회복되기 때문이다.

> **(벧후 1:5~7)** 그러므로 너희가 더욱 힘써 너희 **믿음에 덕을**, 덕에 지식을,
> 6 지식에 절제를, 절제에 인내를, 인내에 경건을,
> 7 경건에 형제 우애를, 형제 우애에 **사랑을 더하라**

7. 예배자가 인지하고 있어야 할 것은?

한 분의 하나님이시면서 삼위의 하나님의 사랑을 인지하고 이 사랑에 감사하며 나아가는 것이 예배자가 갖춰야 할 마음의 시작이다.

첫째는 삼위일체이신 성부 하나님의 은혜와 사랑을 먼저 아는 것이다. 앞서 말했듯이 성부 하나님은 인간이 타락하기도 전에 이미 그들을 불쌍히 여기시고 구원을 계획하셨다. 타락한 인간은 그 안에서 죄의 속성이 생겨나 하나님과 더 이상 교제할 수 없는 존재가 되어버렸고, 약속대로 하나님의 공의는 그들을 죽여야만 했다. 그들을 가까이할 수 없어 버려야만 했고, 버려져야만 했던 존재를 하나님은 자신의 사랑으로 이 공의를 품에 안고 이루시는 큰 사랑을 보게 하신다. 마침내 이를 이루시기 위해 당신과 한 몸이신 성자 하나님과 성령 하나님을 보내셔서 죄의 멍에를 지고 갈 길을 알지 못하고 헤매고 있는 인생들에게 구약에서는 제사 제도를 통해 죄에 대한 하나님의 마음과 죄로 변한 우리들의 정체성을 알게 하셨다. 또 죄를 없애기 위해서는 생명의 근원인 피가 있

어야 하는데, 때마다 우리를 위해 일하고 계신 성부 하나님은 먼저 구약에서 레위인을 제사장으로 세워 짐승을 잡아 올리는 제사 제도와 절기 제사를 통해 제물로 사용된 죽은 짐승의 피로 일시적으로 깨끗함을 받도록 하였다. 그러나 짐승으로 드리는 제사로는 영구히 인간의 죄를 씻지는 못하였다.

구약의 이러한 제사 제도는 마침내 레위인으로 세운 제사장을 파하시고 평강의 왕인 멜기세덱의 반차로 대제사장을 세우셨는데 그분이 곧 예수 그리스도이시다. 또한 성자 하나님을 통해 죄의 멍에를 대신 지게 하시므로 그의 피로 생명(영생)을 공급하신 이 모든 일을 예비하셨고 이루신 것을 알 수 있다. 또 성자 하나님을 통해 우리에게 성령을 보내셔서 하나님 아버지를 찾아오게 하는 인생을 여셨다. 이런 하나님의 사랑을 먼저 깨닫고, 그의 말씀을 사모하고, 하나님 아버지를 알아가기에 힘쓰는 태도가 선행되는 자가 예수님이 원하시는 예배자의 모습이다.

둘째는 하나님의 구원 사역을 위해 보내심을 받은 성자 하나님께서 우리를 위해 이루신 은혜와 사랑을 깨달아야 한다는 것이다. 이 사랑은 자신을 버려 우리의 죗값을 감당하시고 사망권세에 눌려 그것들의 노예처럼 종살이하고 있는 우리를 해방시키기 위해 십자가에서 죽음으로 죗값을 치루시고 삼일 만에 부활하신 예수 그리스도의 사랑과 은혜를 주일에 기념하고, 죄인이 되었던 나의 모습을 회상하고 성자 하나님의 공로와 순종하심과 우리를 향하신 사랑을 다시 한번 기억하는 것이다. 성부 하나님의 말씀을 받드는 주일 예배는 성도에게 있어 가장 기쁜 축제의 날이고 은혜의 날이다. 또 이 날의 예배를 통해 나를 조명하고 성부와 성자와 성령 하나님의 은혜를 다시금 발견하고 깨달아 세상에서의 삶을, 말씀을 이루는 삶의 현장으로 바꾸는 결단의 날이기도해서 매우 중요한 날이다. 또 성찬을 통해 우리는 예수 그리스도의 몸인 교회 안에서 하나가 됨을 깨닫고 그분의 은혜 안에서 날마다 새로워짐을 경험해야 한다.

마지막으로 성령과 함께하는 삶이다. 마태복음 25장 1절부터 13절까지의 말씀은 신학자에 따라 해석이 분분하다. 어떤 신학자는 '등'을 믿음으로, '기름'을 행위로 해석하고, 또 어떤 신학자는 반대로 이해하는 경우가 있지만, 필자는 '등'을 예의(예전)적 예배라고 한다면 '기름'은 예배적 삶을 의미한다고 생각하고 싶다. 즉 1주일이 시작되는 날, 부활하여 새 생명체가 되어 새로운 피조물이 된 날, 이 날을 기념하여 삼위일체 하나님을 찬양하고 경배하며 말씀을 듣고 이제 그 말씀의 가르침대로 살아가라는 예배적 삶의 축복의 메시지를 받고 힘차게 결단하는 주일. 그래서 삶의 현장에서 성령과 함께하고 그분의 인도하심에 따라 매 시간을 이러한 공동체 안에서 주일처럼 살아내는 삶이 주님이 원하시는 예배라고 생각한다.

어떤 사람은 이런 질문을 한다. 주일 예배 때 예배당에 커피를 가지고 들어와 마시는 것은 괜찮지 않느냐고. 말씀을 들을 때 조는 것보다 낫지 않느냐고 하면서 자신의 생각과 행동을 합리화시키려고 한다. 또 예배당에 편한 복장(반바지 차림 등)으로 들어오면 어떠냐고, 하나님 아버지 앞에 오는데 뭐 그리 정장을 하고 오느냐고 하면서 핑계를 댄다. 참으로 옳지 못한 말이다.

우상을 숭배하는 세상 사람들을 보라. 저들이 제사 지낼 때 커피를 마시면서 드리던가? 아무 옷이나 입고 와서 드리던가? 전능하신 하나님께서 그 우상보다 못한 대우를 받는 것이 과연 합당한 일인가? 하고 싶은 것 다 하면서 어떻게 예배자가 된다는 말인가? 예배는 절제된 마

예수님의 제자로 하나 되기

음에서부터 시작한다는 사실을 알아야 한다. 평소에 커피를 마시지 않고 설교를 들으면 졸려서 못 견딘다면, 그 시간만큼은 불편해도 이를 악물고 참아내며 견디어 나의 못난 습관을 하나하나 죽여가는 것이 곧 겸손이고 예배자가 가져야 할 자세이다. 그래서 예배자는 성령의 열매 중 하나인 사랑과 절제를 들고 충성된 마음으로 임해야 하는 것이다.

정리하기

다음 〈그림 10〉을 살펴보면 하나님과 나 사이를 가로막고 있는 것이 있다. 그것은 바로 죄와 같은 불의한 것들의 먹구름대가 벽처럼 가로막고 있기 때문이다. 이것을 해결하지 않으면 결코 하나님과 소통할 수 없다. 이 벽을 허물 수 있는 유일한 방법은 예수 그리스도를 통한 예배이다.

온전한 예배란 예수 그리스도를 통해 받으시는 하나님의 말씀을 삶 속에서 온전히 이루어가는 삶 자체를 말한다. 성경은 이와 같은 상대를 '말씀 안에 거한다', '주님 안에 거하는 자', '말씀을 마음에 새긴 자'등으로 표현하고 있다.

베드로 사도의 말씀처럼 하나님과 예배자가 소통하기 위해서는 예배자가 거룩해야만 가능하다고 말씀한다. 그러기 위해서는 "예수 그리스도를 마음으로 주로 삼아야만 가능하다(벧전 3:15)."고 하신다. 하나님께서도 당신을 향한 예배자들에게 "내가 거룩하니 너희도 거룩하라(레 11:44)."라고 말씀하셨다.

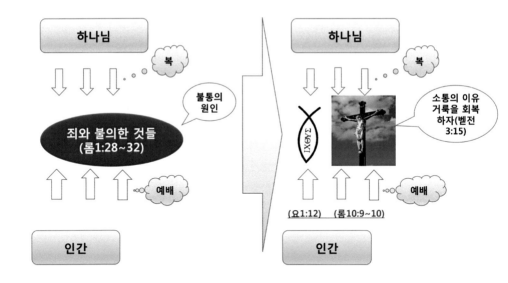

〈그림 10〉 하나님과의 불통과 소통의 원리

/ 암송하기 /

(롬 12:4~5) 우리가 한 몸에 많은 지체를 가졌으나 모든 지체가 같은 기능을 가진 것이 아니니 5 이와 같이 우리 많은 사람이 그리스도 안에서 한 몸이 되어 서로 지체가 되었느니라

(요 13:34~35) 새 계명을 너희에게 주노니 서로 사랑하라 내가 너희를 사랑한 것 같이 너희도 서로 사랑하라

35 너희가 서로 사랑하면 이로써 모든 사람이 너희가 내 제자인 줄 알리라

예수님의 제자로 하나 되기

이런 질문에는 이렇게 답해보세요!

믿음이 있어 구원받으면 되었지 왜 교회에 가서 예배드려야 하냐고, 또 내 삶이 예배고 내 안에 성령이 계시는데 왜 교회에 가야만 하느냐고 물으면?

답: 일단 교회에 나가야만 하는 이유를 생각해 보자.

첫째 성경은 교회를 예수님의 몸으로, 우리는 그의 몸의 지체로 비유한다. 또 예수님을 포도나무로, 우리를 가지로 비유한다. 무슨 말인가? 가지가 나무의 줄기에 붙어 있지 않으면 영양공급을 받지 못해 쉽게 말라서 죽는다. 이와 같이 그리스도의 몸인 공동체 교회에 소속되어 있지 않으면 우리는 영양공급을 받지 못해 쉽게 썩어버린다는 것이다.

둘째 웨스턴민스트 신앙 고백서에 "교회란 하나님의 은혜의 보급소"라고 정의를 내리고 있다. 성도로서 은혜의 보급소인 그리스도의 몸인 교회 밖에서 꾸준하게 은혜를 공급받기란 쉽지 않다.

셋째 마태복음 7:21에 "나더러 주여 주여 하는 자마다 다 천국에 들어갈 것이 아니요 다만 하늘에 계신 내 아버지의 뜻대로 행하는 자라야 들어가리라." 그리고 고린도전서 11:23~26에 성만찬을 기념하고 행하여 지키라고 하셨다.

본문에서 보더라도 주님은 두 가지를 요구하신다. 믿음으로 주여 주여 하더라도 행함이 없는 것은 안 된다는 것이다. 즉 영혼과 몸으로 드리는 예배가 되어야 한다는 것이다. 하나님의 말씀을 실천하는 자가 진짜 믿음을 가진 자라는 것이다. 예배란 삶 속에서 하나님을 섬기고 이웃을 섬기는 이 모든 행위가 예배적 삶이다. 이런 삶을 위해서 공동체 교회에서 주님이 공급하시는 힘과 지혜를 받아 그 능력으로 다시 1주일을 살아가는 것이다.

또 성만찬을 기념하여 행하라는 것은 그 진리 안에 성육신의 참 의미와 대속의 참 의미, 그리고 그것을 통한 나에게 향하신 하나님의 사랑이 그 진리 안에 고스란히 담겨 있기 때문이다.

성육신은 "말씀이 육신이 되어 우리 가운데 거하시매 우리가 그 영광을 보니 아버지의 독생자의 영광이요 은혜와 진리가 충만하더라(요 1:14),"라고 기록된 이 말씀이 곧 예배적 삶의 기준이다. 다시 말해 은혜와 진리가 충만한 삶이 되기 위해서는 하나님의 말씀이 성육신이 되어 우리에게 나타난 것처럼 하나님의 말씀이 내게 들어와 그것이 나의 육체(행동)를 통해 선한 삶으로 나타나야 한다. 그때 비로소 하나님을 영화롭게 하는 예배의 삶을 이루게 된다. 그래서 말씀을 배우고 깨닫기를 간구해야 하는 것이다.

성경은 의인과 악인을 분별하되 그 기준은 하나님을 섬기는 자와 섬기지 않는 자들로 구별한다고 말씀하고 있다(말 3:18). 그래서 하나님 앞에서의 인생은 두 종류가 있는데, 하나는 하나님과 함께하는 인생이고, 다른 하나는 하나님을 떠난 인생이다. 구약에서 열왕기와 역대기서에서는 4종류의 왕의 모습을 통해 설명하고 있다.

먼저 하나님과 함께하는 인생의 부류로 첫째, 처음부터 끝까지 하나님께 순종하는 인생으로 다윗의 길로 가는 인생이다. 여기에는 다윗 왕과 요시야 왕과 히스기야 왕 등이 있다.

둘째, 처음에는 하나님을 떠난 인생으로 살다가 회개하고 돌이켜 다시 하나님의 말씀에 순종한 인생이다. 여기에는 대표적으로 므낫세 왕이 있다.

다음으로 하나님을 떠난 인생의 부류로 첫째는 처음부터 끝까지 하나님께 불순종하는 인생으로 아합 왕과 여로보암 왕의 인생이 대표적이다. 둘째는 처음에는 하나님과 함께하다가 나중에 하나님을 떠난 인생으로 그 대표적인 왕이 사울 왕이다.

이들의 인생의 종말을 살펴보면 첫 번째 부류는 축복과 용서로, 두 번째 부류는 재난과 징계로 하나님의 공의가 나타난다. 선택과 더불어 결과도 함께 그의 소유가 된다는 사실을 말해주고 있다.

이제 어느 길로 갈 것인가를 네 스스로 택하라는 말씀을 하신다.

복음전도의 삶

지난 주일 설교에 대한 말씀을 나눈다

a) 설교말씀 본문과 주제와 내용을 서로 나눈다.

b) 가장 큰 은혜나 감동을 받은 내용은 무엇인가?

c) 이 말씀에 비추어 볼 때 현재 나의 모습은 어떠한가?

d) 이 말씀으로 내가 버려야 할 것과 바꾸어야 할 생활 습관(사고)이 있다면 무엇인가?

   (주일 말씀에 대한 세부 실천 계획을 세워보고 실천해 보았는가?)

e) 말씀 속에서 결단한 내용과 그 결단한 것이 지켜지고 있는가?

예수님의 제자로 하나 되기

들어가기

복음전도는 교회가 해야 할 가장 중요한 일 중에 하나이다. 교회는 베드로의 신앙고백 위에 세워졌다(마 16:16~20). "주는 그리스도시요 살아계신 하나님의 아들이시니이다."라는 반석과 같은 이 고백 위에 주님은 교회를 세우셨고, 교회에게 4가지 권세를 주셨는데 첫째는 천국 열쇠요, 둘째는 음부의 권세를 이기는 권세요, 셋째는 땅에서 매면 하늘에서도 매는 권세, 넷째는 땅에서 풀면 하늘에서도 풀리는 권세이다.

이러한 힘을 가진 교회가 해야 할 일은 먼저 이러한 권세와 은혜를 주신 하나님 아버지를 예배하는 것과 선교하는 일로 구분할 수 있다. 엄밀히 말해 선교의 주된 업무는 복음전도로 흑암의 세력에 아직도 눌려 깨어나지 못하는 주님의 백성을 찾아 그들을 다시 살리는 위대한 일이 선교이다.

복음전도를 위해 알아야 할 것은 "복음이 무엇이고 또 복음을 통해 세워질 하나님 나라란 무엇인가? 그리고 그 나라를 넓히는 일꾼으로서 해야 할 일은 무엇인가?"이다.

선교는 넓은 의미에서 타 문화권을 대상으로 구제를 포함한 복음전도의 개념이다. 선교의 목적은 그 어떤 것보다도 복음전도가 우선되어야 한다. 많은 사람이 구제가 먼저인지 전도가 먼저인지를 묻는다. 그러나 구제가 먼저 행해진다 하더라도 궁극적으로 그 목적은 복음전도가 되어야 한다는 사실을 잊지 말아야 한다. 즉 하나님을 영화롭게 하는 행위가 되어야 한다는 것이다. 주님이 이 땅에 오신 목적은 바로 복음을 선포하고 전하기 위한 것이다. 선교와 전도의 개념적 차이를 살펴보면, 선교는 다른 민족을 향해 복음을 전하는 일이고 복음전도는 같은 나라 같은 문화권에 있는 사람에게 복음을 전하는 것이다. 그러나 굳이 구분할 필요는 없다고 본다. 선교든 복음전도든 그 핵심은 복음을 전하는 일이기에 복음전도로 통일해서 말해도 무관할 것이다.

"최초의 선교사는 누구일까요?"라는 질문을 한다면 바로 하나님이시라고 답할 수 있다. 하나님께서 인간인 아브라함을 찾아오심으로써 선교는 시작되었다.

물론 최초의 복음 선포는 창세기 3:15에 기록되어 있는, 우리가 흔히 이야기하는 원시복음(또는 원복음)이다. 따라서 최초의 복음 선포도 최초의 선교사도 모두 하나님이시다.

> **(창 3:15)** 내가 너로 여자와 **원수가 되게 하고** 네 후손도 여자의 후손과 원수가 되게 하리니 **여자의 후손은 네 머리를 상하게 할 것이요 너는 그의 발꿈치를 상하게 할 것이니라** 하시고

이 말씀의 뜻을 살펴보면 여인의 후손은 장차 오실 예수 그리스도를 가리키는 말씀이다. "네 머리를 상하게 할 것이요"라는 말씀은 여인의 후손으로 오실 예수 그리스도께서 사탄의 권세와 생명을 빼앗을 것을 예언하고 있다.

그리고 사탄이 여인의 후손의 발꿈치를 상하게 한다는 말씀은 십자가의 형벌을 가리킨다. 그러나 발꿈치를 상하게 하는 정도로 생명에는 전혀 지장이 없이 그 상처가 미미하다는 이야기를 하신다. 이것은 육체의 죽음을 이기고 영원한 생명의 부활로 다시 일어나심을 예언하고 계시는 것이다.

이후 하나님은 노아의 홍수로 인류를 심판하였으나, 여전히 죄를 떠

나지 않고 죄의 종노릇을 하며 사는 인생을 불쌍히 여기사 아브라함을 찾아오신다. 그리고 그와 언약을 체결하신다. 주님은 언약을 체결하시기 전에 먼저 아브라함에게 순종을 요구하신다. "너의 고향과 친척과 아버지 집을 떠나 내가 네게 보여줄 땅으로 가라." 하고 명령하신다.

장차 하나님께서 보여주실 땅을 향해 소망을 가지고 믿음으로 순종하는 아브라함으로 인해 그의 믿음을 본받는 자는 아브라함의 가족(Family)으로 그 약속을 이어받게 된다. 그 약속은 땅과 후손과 복에 대한 약속이다.

주님이 아브라함을 통해 우리에게 주신 믿음의 대가는 아래와 같은 복이다.

첫째는 구원의 복, 즉 영생의 복이다. 이 "영생은 유일하신 참 하나님과 그가 보내신 예수 그리스도를 아는 것"으로부터 온다(요 17:3).

둘째는 형통의 복이다. 하나님을 경외하는 사람에게 주시는 하나님의 보상이다(잠 22:4; 시 128:1~6).

셋째는 나 자신이 복이 된다는 사실이다. 모든 사람에게 평안의 복을, 기쁨의 복을, 의의 복을 나누어 줄 만한 복덩어리 그 자체가 된다는 사실이다(창 12:3~4).

> (창 12:1~3) 여호와께서 아브람에게 이르시되 너는 **너의 고향과 친척과 아버지의 집을 떠나 내가 네게 보여 줄 땅으로 가라**
> 2 내가 **너로 큰 민족을** 이루고 **네게 복을 주어 네 이름을 창대하게 하리니 너는 복이 될지라**
> 3 너를 축복하는 자에게는 내가 **복을 내리고** 너를 저주하는 자에게는 내가 **저주하리니 땅의 모든 족속이 너로 말미암아 복을 얻을 것**이라 하신지라

1.복음이란 무엇인가요(골 1:13~14)?

> (골 1:13~14) 그가 우리를 **흑암의 권세에서 건져내사 그의 사랑의 아들의 나라로 옮기셨으니**
> 14 **그 아들 안에서** 우리가 속량 곧 **죄 사함을 얻었도다**

복음을 몰랐던 우리들은 창세기 1:2에 있는 말씀처럼 혼돈과 공허와 흑암이 깊음 위에 있는 우리의 영적인 상태에서 "빛이 있으라" 하신 그 하나님이 믿지 않던 영혼들에게 그 빛을 보내주셨다. 이제 빛으로 오신 그의 아들로 말미암아 흑암의 권세에 눌려 종노릇 했던 당신의 백성을 구원해내서서 하나님 나라로 옮기시고, 예수 그리스도 안에서 우리의 모든 죄를 속량하시고, 마침내 하나님을 아버지로 부르게 하여 자녀의 신분으로 회복시키신 그 사건이 복음이다.

주님은 요한복음 11:11에서 죽은 나사로를 향하여 "우리 친구 나사로가 잠들었도다. 그러나 내가 깨우러 가노라."라고 말씀하신다. 복음을 전해 받지 못한 하나님의 백성은 나사로처럼 잠들어 있는 상태이다. 누군가가 깨워주지 아니하면(신랑이 오는 것도 모른 채 잠을 자고 있다면) 그는 죽은 것과 같이 되어버린다. 사탄이 잠들게 한 주님의 백성들을 찾아 부지런히 잠을 깨우러 다녀야 하는 것이 우리가 해야 할 일이다. 주님이 이 땅에 오신 이유가 잠자는 성도들을 깨우러 오신 것이다.

2011년 7월 23일은 내게 있어 결코 잊을 수 없는 날이었다. 이 날은 내가 다시 온전한 신앙인으로 태어난 날이다. 7년이 넘게 지옥을 보여달라는 내 기도와 함께 다른 기도의 제목도 이루어져 가기 시작한 날이다. 영안이 잠시 뜨여 참으로 괴롭고 힘든 일들을 경험하면서 오직 내가 할 수 있었던 것은 성경을 붙들고 읽는 것과 시간을 정하여 기도하는 것, 그리고 가정 예배를 드리는 일에 몰두하는 것이었다.

그러던 어느 날 복음이 무엇을 의미하는지 알려달라고 주님께 기도했다. 그러자 내게 이런 말씀이 들려왔다.

"복음이란, 예수 그리스도 안에서 나의 정체성을 발견하고 잃어버린 하나님을 찾아가는 길(문)이 열렸다는 뜻이다."

나는 이 대답을 듣고 기뻤다. 그리고 이야기 하나를 들려주셨다. 그것은 이런 내용이었다.

「어느 마을에 아버지와 아들이 있었다. 이들 둘은 어느 날 장터에 구경을 갔다. 아버지는 4~5살밖에 안 된 아들을 데리고 장터를 이리저리 구경을 하고 있었다. 그런데 갑자기 말을 탄 강도 떼가 들이닥쳤고, 그때 아버지의 팔을 놓친 아들은 순간 아버지와 헤어졌다. 아버지는 아들을 찾으려고 장터 곳곳을 다 뒤졌지만 찾을 수가 없었다. 너무나 갑작스러운 일이 이들 부자에게 생긴 것이다.

그 후 20년이 흘렀다. 어느 날 대통령 저격 사건이 보도되고 범인을 놓쳤다는 기사가 방송되었다. 대통령은 자신을 저격한 저격수에 대한 조사를 지시했고 사방에 깔려 있는 CCTV를 분석한 결과 범인의 얼굴이 공개되고 그의 신상명세서가 대통령에게 보고되었다. 저격수인 이 사람은 20년 전 강도 떼에게 납치를 당했고 그동안 저격수 집단에서 훈련을 받아 마침내 대통령을 저격하게 되었다는 내용, 또 이 암흑집단은 명령을 이행하지 못하면 자신의 생명을 대신 내놓아야 하는 아주 잔인한 집단이라는 것이다. 만약에 저격에 성공한다면 어마어마한 상금과 더불어 자유의 몸이 될 수 있으며, 점조직으로 구성되어 있어 찾기가 쉽지 않은 것과 지금 대통령을 저격하려던 저격수는 암흑집단에 잡혀 저격에 실패한 대가로 죽을 날만 기다리고 있다는 것이었다.

그런데 대통령은 그의 사진과 보고 내용을 듣고 그가 20년 전에 잃어버린 아들이었음을 알게 되었다. 그의 아버지인 대통령은 백방으로 아들을 살릴 길을 찾아보았으나 막막하기만 했다. 아들을 살리는 길은 그들 조직의 규칙상 저격 대상이 죽어야 한다는 사실을 알게 된 아버지. 아들이 죽을 시간이 점점 다가오자 마침내 아버지는 아들을 위해 자신이 대신 죽기로 결심한다. 아버지는 죽기 전날 점조직원을 통해 그들의 감옥에 갇혀 있는 아들에게 편지 한 통을 전해주기를 부탁하고, 아들을 위해 대신 죽는다. 다음 날 대통령이 죽었다는 소식에 아들은 암흑조직으로부터 풀려나고 그에게 편지 한 통이 전해졌다. 편지 내용은 이러했다.

"사랑하는 내 아들아 20년 전 너를 잃어버리고 아빠 너를 찾기 위해 모든 방법을 동원해 보았지만 너를 찾을 수가 없었구나. 미안하다 내 아들아! 이제라도 너의 소식을 전해 듣고 마냥 기뻤으나 네가 저격수가 되어 지금 나 때문에 감옥에 갇혀 있다는 소식을 듣게 되었구나. 나로서는 너를 구할 방법이 없고, 너를 구할 방법은 유일하게 저격 대상이 죽어야 살 수 있다고 하기에, 너 대신 내가 죽기로 결심했다. 이제 너는 아버지 몫까지 행복하게 살다가 내게로 오렴(후략).”

아들은 이 편지를 읽고 하염없이 눈물을 흘렸다. 대통령을 죽이고 조직으로부터 상금을 타서 잃어버린 아버지를 찾아 행복하게 사는 것이 꿈이었는데, 정작 내가 총을 겨누어 쏜 대상이 아버지였다니. 못난 자신을 위해 대신 죽어 자신을 살리신 아버지, 그는 아버지의 편지를 읽고 오열하며 통곡했다.」

주님이 물으셨다.

“자, 이 이야기에서 네가 그 아들이라면 어떤 심정이겠느냐? 아버지가 그리울 때마다 아버지가 남긴 편지를 날마다 보지 않겠느냐. 아버지 제사 때면 어떤 마음으로 제사에 임하겠느냐. 너도 가서 이와 같이 내가 네게 준 복음의 말씀인 성경을 날마다 읽어라. 그리고 그 아들이 아버지의 제사에 임하는 마음과 태도로 내게 예배하라.”

이렇게 주님의 음성이 들려왔다. 복음에 대해 이 예화로 나는 하나님 아버지의 마음과 예수님의 마음을 충분히 이해할 수 있었다.

복음은 예수 그리스도를 통하여 영생을 얻는 이것이니 예수 그리스도 안에서 모든 만물이 새롭게 창조되고 나 또한 마귀의 자녀의 신분에서 하나님의 자녀의 신분으로 완전히 새롭게 거듭나는 것이다. 이것은 곧 사망에서 생명으로 바뀐 놀랍고도 기이한 일이 아닐 수 없다. 예수가 없는 모든 영혼은 그들이 알지 못한 채 지옥 불에 타고 있는 막대기와 같은 신세이다. 타고 있는 이들을 건져내야 한다. 불에 타고 있는 그들은 세상 임금이 준 세상의 쾌락에 마취되어 자신의 영혼이 지옥 불에 타고 있는지 알지 못하고 있기에 우리는 그들을 향하여 끊임없이 복음의 영생수를 부어 그 불에서 나오도록 해야 한다. 이것이 복음을 전해야 하는 이유이다.

2. 복음에는 어떤 능력이 있는가(롬 1:16~17)?

> **(롬 1:16~17)** 내가 복음을 부끄러워하지 아니하노니 이 복음은 모든 믿는 자에게 **구원을 주시는 하나님의 능력이 됨**이라 먼저는 유대인에게요 그리고 헬라인에게로다
>
> 17 복음에는 **하나님의 의가 나타나서 믿음으로 믿음에 이르게 하나니** 기록된 바 **오직 의인은 믿음으로 말미암아 살리라** 함과 같으니라

1) 구원을 주시는 하나님의 능력이 있다.

복음을 가진 자는 하나님의 구원의 능력을 소유한 자들이다. 하나님의 능력이 내 안에 거하고 있으니 이 얼마나 큰 복인가!

구원받은 당신이 복음을 전해야 하는 이유를 예수님의 동생인 유다 선지자는 "그들을 불에서 끌어내어 구원하라."라고 말씀하신다(유 1:23). 이 말씀은 예수 그리스도를 믿지 않아 예수 그리스도의 영이 그들 안에 거하지 않는 자들을 두고 하는 말이다. 그들은 영적으로 이미 영원히 꺼지지 않는 지옥 불에서 타고 있던 것이다. 만약 당신 자식이나 부모가 불타는 집에 갇혀 있다면 어떻게 하겠는가? 이런 상황을 영적으로 볼 수 있는 눈과 그들을 향한 애타는 마음이 있어야 복음을 전할 수 있다. 이것이 복음으로 인한 긍휼의 마음이다.

존 웨슬리가 자신을 타다만 나무막대기라고 비유한 것도 지옥 불에 타고 있는 자신을 그곳에서 꺼낸 상태를 두고 하는 말이다. 복음은 곧 예수 그리스도이다. 따라서 복음에는 하나님의 구원의 능력이 그 안에서 용솟음치고 있다.

> **(유 1:23)** 또 어떤 자를 **불에서 끌어내어 구원하라** 또 어떤 자를 그 육체로 더럽힌 옷까지도 미워하되 두려움으로 긍휼히 여기라

복음이 없는 자들과 긍휼한 마음이 없는 복음주의자들을 향하여 야고보 선지자는 "그들이 긍휼 없는 심판을 받을 것"을 말씀한다. 물론 긍휼은 불쌍히 여기는 마음이다. 가장 큰 긍휼은 형제의 구원에 있다

는 사실을 염두에 두어야 한다.

> **(약 2:13) 긍휼을 행하지 아니하는 자에게는 긍휼 없는 심판이** 있으리라 긍휼은 심판을 이기고 자랑하느니라

아모스 4:11에서 "내가 너희 중의 성을 무너뜨리기를 하나님인 내가 소돔과 고모라를 무너뜨림같이 하였음으로 내가 불붙은 가운데서 빼낸 나무 조각같이 되었으나 너희가 내게로 돌아오지 아니하였느니라 여호와의 말씀이니라."라고 하시는데, 이 말씀처럼 하나님께서 이스라엘 백성들이 애굽에서 종살이하며 학대받는 상태를 마치 지옥 불에서 타고 있는 나무 조각으로 비유하시면서 그런 그들을 구원하시기 위해 10가지의 재앙을 애굽에 내림으로써 유일하신 신(神)이심을 증명하시고, 마침내 홍해를 가름으로써 당신께서 참 신(神)임을 입증하셨다. 그러나 그렇게 구원을 맛보고도 그들은 딴 길로 갔다.

다음으로 소돔과 고모라의 멸망을 보자. 그들은 모두 하늘에서 내리는 유황불로 전멸하였다. 그러나 롯의 아내는 그곳에서 구원을 받았다. 구원을 받고도 세상을 향한 미련을 버리지 못하여 "뒤를 돌아보지 말라."라는 주님의 말씀에 불순종하여 소금기둥이 되고 마는 일이 생긴다. 이와 같이 구원의 능력은 하나님으로부터 온다. 그러나 그것을 지켜나가는 것은 내 의지에 달려 있다. 주님의 말씀에 순종할 때 비로소 온전한 구원이 이루어진다는 사실을 상기하자. 복음의 구원은 바로 이런 능력이 있는 구원임을 알자.

2) 복음에는 하나님의 의가 나타난다.

이 의는 예수 그리스도로 옷 입은 우리에게 '의롭다' 칭하시는 하나님의 은혜를 보여준다. 모든 허물을 십자가의 보혈로 가려주시고 씻어주신 하나님의 의가 나타나 하나님의 자녀답게 만드시는 능력이다(롬 3:26).

3) 복음! 믿음을 믿음으로 자라나게 하는 능력이 있다.

믿음은 최초에 하나님의 말씀을 들음으로 생긴 결과물이다(롬 10:17).

하나님의 말씀은 어떤 검(劍)보다도 예리한 좌우(左右)의 날 선 검이기에 역사하는 힘이 크다(히 4:12). 따라서 말씀을 자주 들을수록 믿음은 그만큼 성장하게 되어 있다.

구원을 방해하는 죄(罪)는 타협의 대상이 아니라 피 흘리기까지 싸워야 할 대상인 것을 잊지 말자. 싸울 때 필요한 것이 바로 검(劍)이다. 말씀의 검으로 싸워 이겨야 한다.

4) 복음전도자는 믿음으로 산다(마 10:10).

선교사가 굶어 죽었다는 소리를 들어본 적이 있던가(고전 9:14)?

복음을 전하는 자들은 복음으로 말미암아 산다는 이 말씀은 하나님께서 그들을 먹이고 입히신다는 말씀이다.

복음을 전하고자 하는 자는 고난을 두려워하지 말아야 한다. 그 고난 속에서도 주님이 함께 계심을 잊어서도 안 된다. 또한 병사로 복무하는 자와 같이 자기 생활에 얽매이지 말아야 한다. 복음전도자에게는 예수님이 끝까지 동행하시겠다고 약속하셨다(마 28:20).

3. 하나님 나라란 어떤 나라를 두고 하는 말인가?

'천국' 하면 죽어서만 가는 나라로 인식하기 쉽다. 왜냐하면 문화적인 특성상 천국은 장소적인 개념을 강조하기 때문이다. 그러나 성경에서의 천국은 장소적 개념보다는 시간적 개념으로 봐야 한다. 예수님을 영접한 그 시간에 이미 하나님 나라는 내 안에 거하게 되기 때문이다. 천국은 이미 내 안에 거하고 예수 그리스도를 믿는 회중 사이에 거하는 나라이다(눅 17:21). 왜냐하면 하나님 나라는 예수 그리스도, 즉 복음을 통해서만 임재하는 나라이기 때문이다.

하나님 나라는 성령이 인도하는 나라이다. 하나님 나라는 내가 하나님의 백성이 되어 하나님의 다스림, 즉 하나님과의 동행이 내게 임하는 나라이다.

하나님 나라는 영원한 의와 평강과 희락(롬 14:17), 즉 참 행복이 있는 나라이다.

> (눅 17:21) 또 여기 있다 저기 있다고도 못하리니 **하나님의 나라는 너희 안에 있느니라**

> (롬 14:17) **하나님의 나라는** 먹는 것과 마시는 것이 아니요 오직 **성령 안에 있는 의와 평강과 희락이라**

그렇다면 하나님 나라는 언제 세워지는 것인가?

요한복음 1:12의 "영접하는 자 곧 그의 이름을 믿는 자는 하나님의 자녀가 되는 권세를 주셨으니"라고 하신 말씀에 의지하여, 먼저 요한

일서 4:15에 "누구든지 예수를 하나님의 아들이라고 시인하는 자는 하나님이 그의 안에 거하시고 그도 하나님 안에 거하시느니라."라고 말씀하셨으니 "예수님을 하나님의 아들"로 시인하는 그에게 성령이 내주(內住)하게 된다. 그리고 이 성령님이 내 안에서 내 영과 더불어 로마서 10:9~10의 말씀(예수를 주라 시인하고 마음으로 하나님께서 그를 죽은 자 가운데서 살리신 것을 믿는 믿음을 입으로 시인하는 고백)을 이루게 하심으로 우리는 구원을 받게 되고 하나님 나라의 백성이 되어 하나님 나라가 내 안에 존재하고 내 삶으로 나타나는 것이다. 하나님 나라는 이렇게 해서 세워지는 것이다. 그리하면 하나님의 평강이 예수 그리스도 안에서 우리에게 임하는 놀라운 체험을 하며 살게 될 것이다.

> **(롬 10:9~10)** 네가 만일 **네 입으로 예수를 주로 시인하며** 또 **하나님께서 그를 죽은 자 가운데서 살리신 것을 네 마음에 믿으면 구원을 받으리라**
> 10 사람이 **마음으로 믿어 의에 이르고 입으로 시인하여 구원에 이르느니라**

복음전도자가 고난을 받는 이유는 하나님 나라를 소유한 백성은 세상 나라와 부딪치기 때문이다. 하나님 나라는 예수님과 함께 의와 평강과 희락이 있고 하나님의 공의와 정의를 세워가는 나라이다. 그러나 세상 나라는 쾌락과 유희와 불의가 있고 개인의 이익을 위해 희생과 사랑을 거부하는 나라이다. 이것들과 타협할 수 없고 대항하고 대적해야 하기 때문에 이 전쟁에서 항상 고난을 받게 되어 있다. 그러나 이 싸움은 주님이 도우시기에 반드시 이겨놓고 싸우는 싸움이 된다. 그러므로 그 싸움에서 동반되는 고난도 쉽게 극복이 된다.

4. 복음을 전해야만 하는 이유

1) 예수님이 오신 이유가 복음전도이기에 우리 또한 그리해야 한다.

하나님을 모르는 자들에게 하나님을 알게 하고 예배가 없는 곳에 예배를 세우고 교회가 없는 곳에 교회를 세우는 것이 하나님의 일이다. 예수님도 복음을 전하기 위해서 이 땅에 오셨다(막 1:38).

> **(막 1:38)** 이르시되 우리가 다른 가까운 마을들로 **가자 거기서도 전도하리니 내가 이를 위하여 왔노라** 하시고

2) 예수님의 지상명령이기에 - 대위임령(마 28:18~20)

이 명령은 예수님이 우리에게 위임하신 일이기에 이 위임령 뒤에는 예수님이 항상 함께하신다는 약속이 있다. 선교가 쉬운 것은 나 혼자 하는 것이 아니고 주님이 함께하시기에 쉬운 것이다. 내가 하려고 하니 어렵게 느껴지는 것이다. 주님께 맡기며 나는 단지 그분의 도구(대리자)로만 사용되기로 마음먹을 때 비로소 역사가 일어난다. 내가 하면 나의 의로 드러나지만, 실제로는 주님이 하시기에 주님께 그 의를 돌려야 하는 것이다. 알아야 할 것은, 우리가 그리할 때 주님은 당신이 했음에도 불구하고 우리에게 그 상급을 돌리신다는 사실이다.

> **(마 28:18~20)** 예수께서 나아와 말씀하여 이르시되 하늘과 땅의 모든 권세를 내게 주셨으니
>
> 19 그러므로 **너희는 가서 모든 민족을 제자로 삼아 아버지와 아들과 성령의 이름으로 세례를 베풀고**
>
> 20 내가 **너희에게 분부한 모든 것을 가르쳐 지키게 하라** 볼지어다 내가 세상 끝날까지 **너희와 항상 함께 있으리라** 하시니라

3) 선교의 마지막 때는 바로 땅끝까지 복음이 전해질 때이다.

> **(마 24:14)** 이 **천국 복음이 모든 민족에게 증언되기 위하여 온 세상에 전파되리니** 그제야 끝이 오리라

4) 복음전도는 하나님이 가장 좋아하시는 인생의 발걸음이다(사 52:7). 하나님이 가장 아름답게 보시고 인정하는 발걸음이 바로 복음전도자의 걸음이다.

> **(사 52:7)** **좋은 소식을 전하며** 평화를 공포하며 **복된 좋은 소식을 가져오며** 구원을 공포하며 시온을 향하여 이르기를 **네 하나님이 통치하신다** 하는 자의 **산을 넘는 발이 어찌 그리 아름다운가**

5) 파종하는 자에게만 종자가 있듯이 복음도 전하는 자로 인해 하나님의 뜻이 이루어지기에 복음을 전해야 한다(사 55:10~11).

> **(사 55:10~11)** 이는 비와 눈이 하늘로부터 내려서 그리로 되돌아가지 아니하고 땅을 적셔서 소출이 나게 하며 싹이 나게 하여 **파종하는 자에게는 종자를 주며** 먹는 자에게는 양식을 줌과 같이
> 11 내 입에서 나가는 말도 이와 같이 헛되이 내게로 되돌아오지 아니하고 **나의 기뻐하는 뜻을 이루며 내가 보낸 일에 형통 함**이니라

땅에 씨를 뿌리는 자(者)만이 종자를 얻을 수 있다. 진짜 일꾼은 파종하는 농부처럼 하나님 나라의 일꾼들을 심어 자꾸자꾸 확장해 나가도록 일하는 사람이 충성된 일꾼으로 인정받는다. 사도 바울처럼 말이다.

6) 마땅히 전해야 할 사명이기에(고전 9:16~17)

> **(고전 9:16~17)** 내가 복음을 전할지라도 자랑할 것이 없음은 **내가 부득불 할 일임이라** 만일 복음을 전하지 아니하면 내게 화가 있을 것이로다
> 17 내가 내 자의로 이것을 행하면 상을 얻으려니와 내가 자의로 아니한다 할지라도 **나는 사명을 받았노라**

7) 구원의 유일한 길은 오직 예수 그리스도이기 때문에 (요 14:6; 행 4:12).

> (요 14:6) 예수께서 이르시되 <u>내가 곧 길이요 진리요 생명이니 나로 말미암지 않고는 아버지께로 올 자가 없느니라</u>
>
> (행 4:12) <u>다른 이로써는 구원을 받을 수 없나니</u> 천하 사람 중에 <u>구원을 받을 만한 다른 이름을 우리에게 주신 일이 없음이라</u> 하였더라

앞서 언급했듯이 지옥 불에 타고 있는 그들을 생각하자. 그들은 사탄에게 세상의 쾌락과 유희로 마취를 당하여 자신의 몸에 꺼지지 않는 하나님의 진노의 불이 붙어 있음을 알지 못하고 있다. 그 불길을 꺼뜨리는 유일한 물은 영원한 생명수로 오신 오직 예수 그리스도이다. 그러기에 복음을 전해야만 한다.

5. 전도 방법 소개

전도를 하기 전에 확인할 것이 있다. 바로 타인과의 관계 형성이 좋아야 한다는 것이다. 관계가 틀어지면 복음을 전할 수 없게 된다. 사도 바울이 영적 아들 디모데에게 권면했던 말씀은 "주의 종은 마땅히 다투지 말고 모든 사람에게 온유해야 하고 가르치기를 잘하고 참으라(딤후 2:24~25)."라고 부탁하고 있다. 이 말씀이 관계회복을 위해 성도들이 가져야 할 기본 성품이다.

> (딤후 2:24~25) 주의 종은 마땅히 <u>다투지 아니하고</u> 모든 사람에 대하여 <u>온유하며 가르치기를 잘하며 참으며</u>
>
> 25 거역하는 자를 <u>온유함으로 훈계할지니</u> 혹 하나님이 그들에게 회개함을 주사 진리를 알게 하실까 하며

1) 관계가 좋으면 복음이 쉽게 전파된다.

베드로의 동생 안드레가 예수를 만나고 제일 먼저 한 행동은 예수를 자신의 친형인 베드로에게 소개하는 것이었다(요 1:40~ 42). 왜 안드레는

예수를 만나고 그분이 메시아임을 인식하고 친형인 베드로에게 소개하려는 마음을 가졌을까? 추측하건대 베드로와 안드레의 관계(형제 우애)가 매우 좋았던 것으로 보인다. 왜냐하면 관계가 서로 틀어진 사이였다면 아무리 좋은 것이 있어도 나누지 않으려 하는 것이 사람의 마음이기 때문이다. 이것은 전도도 평상시에 관계가 좋아야 더 쉽게 전달될 수 있다는 사실을 말해주고 있다.

> (요 1:40~42) 요한의 말을 듣고 예수를 따르는 두 사람 중의 하나는 **시몬 베드로의 형제 안드레라**
> 41 그가 **먼저 자기의 형제 시몬을 찾아 말하되** 우리가 **메시아를 만났다** 하고 (메시아는 번역하면 그리스도라)
> 42 **데리고 예수께로 오니** 예수께서 보시고 이르시되 네가 요한의 아들 시몬이니 장차 게바라 하리라 하시니라 (게바는 번역하면 베드로라)

2) 복음을 어떻게 전해야 하는가?

아주 쉽다. 하나님이 내게 주신 신앙 간증으로 하면 된다. 내가 예수님으로부터 받은 사랑과 은혜를 나누어 줄 때, 듣는 이에게 성령이 역사하면 전도는 일어나는 것이다. 사도 바울은 자신이 보고(직접 체험한 사실) 들은 것(성경의 가르침)을 그들에게 전하였다(행 22:15).

> (행 22:15) 네가 그를 위하여 모든 사람 앞에서 **네가 보고 들은 것에 증인**이 되리라

3) 복음이 잘 전파되지 못하는 이유 (고후 4:4)

> (고후 4:4) 그 중에 이 **세상의 신이 믿지 아니하는 자들의 마음을 혼미하게 하여 그리스도의 영광의 복음의 광채가 비치지 못하게 함이니** 그리스도는 하나님의 형상이니라

복음이 전파되지 못하는 것은 세상 임금, 즉 사탄이 믿지 않는 자들의 마음을 혼미하게(헷갈리게) 하여 진리를 보지 못하게 마음과 눈을 가리기 때문이다. 이것이 어떻게 가능한가? 사람은 기본적으로 육체의 소

욕과 함께 하고 있다. 이 육체의 소욕에 불을 지르는 자가 바로 사탄이다. 이 육체의 소욕이 복음의 광채가 비출 수 없게 우산이 되어 가리는 것이다. 진리를 보기 위해서는 내 것을 비우고(내가 가진 세상 지식, 경험 등을 모두 비우고) 하나님의 말씀을 그대로 인정해야 한다. 그때 비로소 진리가 보이는 것이다.

4) 백지 전도법 소개

선생님 잠시만 시간을 내어 주시겠습니까?

제가 재미있는 그림을 하나 그려보겠습니다. 먼저 이 종이로 절반을 접겠습니다. 또 절반을 접겠습니다. 이제 선을 긋겠습니다. 잘 보세요. (다음 〈그림 11〉을 보고 설명한다)

하나님께서 세상에 인간을 창조하실 때 아주 행복하게 살도록 창조하셨습니다. 그런데 인간이 하나님과 같이 되려고 하는 교만한 죄 때문에 하나님을 떠나 버렸습니다. 그때부터 사람들에게 불행이 찾아왔습니다.

그 불행은 죽음입니다. 사람들은 죽음을 두려워합니다.

왜냐하면 죽음 이후에 심판을 받기 때문입니다. 그런데 하나님을 떠난 사람들은 심판 이후에 형벌을 받습니다. 그 형벌은 바로 지옥입니다.

이 불행은 물질(기업 회장들), 권력(대통령), 명예(연예인들), 종교(수행, 샤머니즘·미신) 등으로는 극복할 수 없습니다.

"우리는 다 양 같아서 그릇 행하며 각기 제 길로 갔거늘 여호와께서는 우리 모두의 죄악을 그에게 담당시키셨도다(사 53:6)."

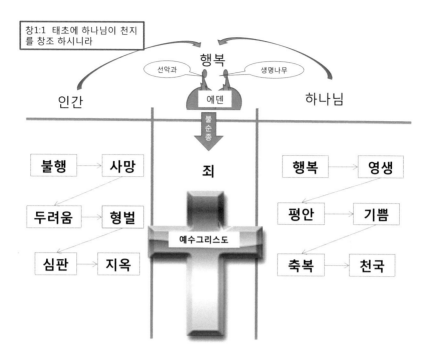

<그림 11> 당신은 어느 쪽의 인생을 원하십니까?

하나님께서는 인간을 사랑하셔서 예수 그리스도를 보내주셨습니다. 누구든지 예수님을 듣고 믿고 영접하는 자에게는 놀라운 축복을 주신다고 약속하셨습니다.

"내가 진실로 진실로 너희에게 이르노니 내 말을 듣고 또 나 보내신 이를 믿는 자는 영생을 얻었고 심판에 이르지 아니하나니 사망에서 생명으로 옮겼느니라(요 5:24)."

그 약속은 불행 대신에 행복을, 죽음 대신에 영생을, 두려움 대신에 평안을, 심판 대신에 기쁨을, 형벌 대신에 축복을, 지옥 대신에 천국을 주신다고 하신 약속입니다.

만일 이것이 사실이라면 당신은 오른쪽과 왼쪽 중에 어느 쪽을 선택하고 싶으십니까? (대답 : "오른쪽이요")

아주 탁월한 선택을 하셨습니다. 지금 예수님을 구원의 주인으로 마음에 모시고 영생을 얻으실 수 있도록 제가 기도로 도와드리겠습니다. 저를 따라서 몇 마디만 해주세요.

(1) 영접기도

"사랑의 하나님 아버지, 저는 죄인입니다. 죄만 짓고 살다가 지옥에 갈 수밖에 없었는데 오늘 이 시간 예수님을 믿고 죄 사함 받아 하나님의 자녀가 되기를 원합니다. 지금 내 마음의 주인으로 오시옵소서. 나의 이름을 천국 생명책에 기록해 주시고 천국 갈 때까지 나를 인도해 주실 줄 믿습니다. 예수님의 이름으로 기도하옵나이다. 아멘."

(2) 하나님의 자녀로서 구원의 보증으로 당신에게 성령이 임하시고 함께 동행하게 되었습니다.

구원을 우리에게 이루게 하시고 보증으로 성령을 우리에게 주신 이는 하나님이시니라(고후 5:5).

(고후 4:4) 그 중에 이 <u>세상의 신이 믿지 아니하는 자들의 마음을 혼미하게 하여 그리스도의 영광의 복음의 광채가 비치지 못하게 함이니</u> 그리스도는 하나님의 형상이니라

예수님의 제자로 하나 되기

5) 사도 바울 전도법(중매 전도) - 예수를 당신에게 중매하노라.

(고후 11:2) 내가 하나님의 열심으로 너희를 위하여 열심을 내노니 내가 너희를 정결한 처녀로 한 남편인 그리스도께 드리려고 **중매함이로다**

사도 바울은 중매쟁이로 나섰다. 예수 그리스도를 이 땅에서 소개받아 하나님 나라의 백성으로 준비하자는 것이다. 그를 통하여 이 땅에서뿐만 아니라 장차 올 세상을 준비해야만 한다고 전도한다.

우리가 누구를 중매하고자 할 때, 중매(소개)받을 대상도 잘 알아야 하지만 중매(소개)할 대상에 대해서도 세밀하게 알아야 한다. 사도 바울은 예수님을 잘 모를 때는 그를 핍박한 사람이었다. 그랬던 그가 예수님을 다메섹 도상에서 직접 만나보니 자신이 알고 있는 사람이 아니었던 것이다. 그분에 대한 왜곡된 지식과 생각으로 잘못된 행동을 해왔다. 그는 예수님을 알기 위해 아라비아 광야에서 3년간 예수님의 제자들을 찾아다니면서 예수님에 대해 자세히 배웠고(갈 1:17), 이후 예루살렘에서 15일간 게바를 만나 예수님에 대해 더욱 자세히 알게 되었다(갈 1:18).

그런 그가 모든 일을 청산하고 길리기아 다소인 자기 고향으로 돌아가 11년간 공부를 하며 고향 사람들에게 예수님을 전하고 있었다. 그러던 중 바나바의 초청으로 안디옥 교회에서 사역을 시작한 바울이다(행 11:25). 그는 자신이 경험한 예수와 자신이 알고 있는 예수를 소개하기 시작했고, 오늘 본문의 말씀처럼 우리에게 그분을 중매하고자 나섰다.

중매가 단순히 소개와 다른 것은 결혼을 전제로 소개받는 것이기 때문이다. 결혼은 서로가 합법적으로 하나가 되는 관계의 회복을 의미한다. 바울은 교회인(혹은 교회의 지체로서) 우리가 신부의 입장으로 세상에서 가장 멋진 신랑감인 예수님을 중매하고자 했다. 그가 우리에게 예수를 중매하고자 한 목적은 이 땅에서부터 그분과 함께하며 구원받은 인생으로서 영생의 삶으로 인도하게 하려 함이었다.

요한일서 5:13에서 사도 요한도 성경을 쓰는 이유를 영생이 있음을 알게 하려고 쓴다고 고백한다. 이 땅이 끝이 아니라 또 이어진다는 사실이다. 복음은 유한한 세상에서 예수 그리스도를 통해 무한한 세계로 들어가는 유일한 길이고 문이며, 바로 그분이 예수님임을 깨닫게 한다.

사도 바울의 중매 전도법은 사도 바울처럼 예수님에 대한 분명한 체험과 지식이 함께한다면 가장 좋은 전도법 중 하나가 될 수 있다.

6) 나의 생활을 통한 전도법

사실 이 전도법이 가장 바람직한 방법이다. 전도의 대상자에게 나의 삶을 보고 예수를 영접하고 싶다는 충동과 예수님을 믿게 하는 동기를 유발시켜 전도하는 것만큼 좋은 방법은 없기 때문이다. 선교사들이 다른 문화권에 가서 그들과 동화되며 그들의 문화 속에서 그들을 사랑하는 마음으로 예수님을 대리하여 그 가르침을 실천한다면 전도는 자연스럽게 일어날 것이다.

그렇다면 어떤 삶을 실천해야 그들에게 관심을 끌 수 있을까?

구약에 보면 창세기 18:19에서 "여호와의 도를 지켜 의와 공도를 행하게 하려고 그를 택하였다(개역한 글)."라고 기록하고 있다. 우리가 하나님께서 가르쳐주신 마땅히 행할 길을 간다면 하나님 나라는 저절로 확장될 것이다. 예수님께서도 산상수훈(마태복음 5장~7장)을 통해 그리스도인이 지켜야 할 마음과 도(道)에 대하여 말씀하시고 있다. 또 우리가 흔히 황금률이라고 하는 누가복음 6:31에 "남에게 대접을 받고자 하는 대로 너희도 남을 대접하라."라는 말씀을 지킨다면 그리스도의 영광이 우리의 삶을 통해 퍼져 나가게 될 것이다.

이 모든 것을 함축하여 한마디로 말한다면 먼저는 나의 마음과 뜻과 힘과 생명을 다해 하나님을 사랑하고, 둘째도 이와 같이 이웃을 내 몸과 같이 사랑하는 것을(마 22:37~40) 행할 때 비로소 복음은 나의 생활을 통하여 전달된다. 십계명을 지키되 형식적으로나 가식적으로 행하는 것이 아니라 하나님을 사랑하는 마음으로 지키라는 것이다. 나를 사랑하여 주시고 또 내가 사랑하는 하나님의 말씀이기에 죽을힘을 다해 지키는 그 사람이 바로 복의 사람이다.

필자는 예수 그리스도의 은혜로 구원받은 하나님의 백성은 자신에게든 이웃에게든 따뜻한 사람이 되어주어야 한다고 생각한다. 마음이 따뜻한 사람은 아무도 배척하거나 싫어하지 않는다. 성경에서 이 따뜻한 성품을 가진 매력적인 사람을 찾는다면 다윗과 야곱을 들 수 있다.

다윗의 인생 속에서 그의 마음을 단적으로 가장 잘 보여준 것이 사무엘상 30장에 나오는 시글락 사건이다. 다윗은 사울 왕을 피하여 블레셋 가드 왕 아기스에게 몸을 의탁하고 있었다. 그는 그곳에 몸을 의탁하고 있을 동안 아기스 왕에게 충성을 다했고 신임도 얻게 되었다. 사울 왕과 블레셋이 전쟁을 하게 되었을 때 다윗도 아기스 왕과 함께 전쟁에 나가 싸우려고 시글락을 떠나 아기스 왕에게 갔다. 그런데 아기스 왕에게 도착하여 왕을 도우려 하였으나 방백들이 허락하지 않아 다시 시글락으로 되돌아가야만 했다. 그래도 다행히도 동족상잔(同族相殘)의 비극은 피할 수 있었다.

그들이 시글락에 도착했을 때, 이미 아말렉에게 습격을 당해 모든 재산을 약탈당한 상태였다. 이때 다윗과 함께한 부하들이 화가 나서 다윗을 돌로 쳐 죽이려고 덤벼들었다. 그들을 진정시키고 다윗은 하나님께 여쭈어보고 아말렉을 추격한다. 추격하다가 지친 부하 200명을 쉬게 하고 나머지 400명을 데리고 아말렉을 뒤쫓는다. 마침내 그들로부터 모든 재산을 다시 찾고 그들이 약탈한 모든 물건들을 다시 빼앗아 돌아온다. 이때 전쟁에 참여하지 못한 200명에 대한 전리품을 나누어 주지 말자는 반대파들이 나왔다. 그러나 다윗은 이렇게 말한다. "전쟁에서 이긴 것은 우리의 힘이 아니라 하나님이 저들을 우리 손에 붙이셨기 때문에 가능했다."라고. 모든 공을 하나님께 돌리는 다윗의 마음을 보게 된다. 그러기에 누구나 공평하게 나누어 가질 수 있음을 다른 부하들에게 인지시키고 그들에게도 분깃을 나누어주게 된다. 모든 부하를 챙기는 다윗의 이 따뜻한 마음은 "하나님이 하셨다."라는 마음에서부터 시작함을 보게 해주는 장면이다.

또 다른 사람 야곱의 인생을 통해서 하나님께 매력을 느낀다. 그의 인생을 통해 끝까지 따뜻하게 품으시는 하나님을 만날 수 있다.

형 에서로부터 도망친 도망자 신세가 된 야곱은 벧엘에서 하나님을 만난다. 거기서 야곱은 4가지(네가 누워 있는 땅, 티끌같이 많은 자손, 네 자손으로 인해 모든 족속이 복을 받고, 이 땅으로 다시 돌아오게 할 것이며 이것을 다 이루기까지 너를 떠나지 아니하리라는) 약속을 하나님으로부터 받는다(창 28:12~22). 그 후 야곱은 매우 얕은 꾀로 자신의 지혜를 믿고 라반에게 도전하지만, 매번 라반에게 당하기만 하는 신세가 된다. 그는 아내를 위해 14년을, 자신의 재산 증식을 위해 6년의 세월을 보내는 동안 하나님을 잘 찾지 않았다. 생명의 위협을 느낄 때만 하나님을 찾았다. 그런데도 하나님은 그를 떠나지 않으시고 벧엘에서 그에게 하신 약속을 끝까지 이루어 가시며 그를 품으심으로 마침내 믿음의 거장이 되게 하신다.

야곱은 인생 말년에 잃어버렸던 아들 요셉을 되찾고 그로 인해 애굽왕 바로 앞에 서게 되는 영광을 가지지만, 야곱은 세상 임금과 같은 바로 왕 앞에서 당당하게 여호와 하나님의 이름으로 그를 축복한다. 그리고 12명의 자식을 일일이 불러 축복할 때 자신의 축복이 자신의 선조보다 나은 축복임을 자부하며 믿음으로 고백하는 장면이 창세기 49장 26절에 기록되어 있다.

이 고백을 통해 야곱이 하나님을 얼마나 신뢰하게 되었는지를 알 수 있다. 야곱은 이렇게 자신의 인생 속에서 참으로 자신을 따뜻하게 품으시는 하나님을 만난 것이다. 그의 고백처럼 자신의 욕심과 고집과 꾀로 인해 험난한 인생을 살아온 세월 속에서 마침내 야곱을 이스라엘로 바꾸신 하나님의 따뜻한 마음을 우리는 알 수 있다.

나도 이런 따뜻한 마음을 가질 수 있기를 바란다. 다윗처럼 하나님을 품고 야곱과 같은 인생 속에서도 함께하신 하나님을 기대하며 삶을 산다면 그것이 빛이 되어 복음은 흘러갈 것이다.

6. 복음을 전하는 자의 태도와 마음가짐

요즈음은 말씀이 풍년인 시대이다. 마음만 먹으면 어디에서나 하나님의 말씀을 접할 수 있다. 또 세계 인구의 60% 이상이 예수를 믿고 있다고 고백을 한다. 통계에 의하면 16,900여 종족 중에 60% 이상이 예수를 영접했다고 나와 있다. 그런데도 세상은 점점 악해져만 간다. 왜일까? 이는 예수를 전하는 사람은 많아도 예수로 살고 있는 사람은 그리 많지 않기 때문이다.

복음을 전하는 전도자의 삶은 매우 중요하다. 복음전도 방법 중 가장 좋은 방법은 자신의 생활을 통한 전도이다. 전도자의 삶은 먼저 예수 그리스도를 온전한 주인으로 섬기는 생활방식이 되어야 한다. 예수님의 가르침대로 사는 삶이 우선시 될 때 사람들은 그에게 집중하기 시작한다. 그리고 거룩한 삶을 유지해야 한다. 경건을 잃어버리면 교회나 교회의 지체로서의 기능을 상실하게 되고, 마침내 세상 사람들과 구별 없는 삶이 되기 때문에 반드시 지켜내야 한다. 이러한 삶을 위해 우리는 우리 안에 있는 육체의 소욕과 관련된 죄와 싸워야 한다. 싸우되 피 흘리기까지 죽을힘을 다해서 싸워야 한다(히 12:4).

마태복음 5:16에서 세상 사람들은 성도들의 착한 행실을 보고 그리스도인의 빛의 삶을 발견하게 된다고 말씀하시고 있다. 다시 말해 그리스도인들은 빛과 소금처럼 삶을 살아야 한다. 촛불을 보면, 초는 주변을 밝혀주기 위해 자신의 몸을 녹여서 그 일을 감당한다. 소금도 물과 화학반응을 일으켜 자신의 몸을 녹여서 짠물로 바꾸어 준다. 이 모두가 자신을 희생하여 주변을 변화시켜 주는 것이다. 이것이 그리스도인의 빛과 소금의 삶이다.

물은 다투지 아니하고 항상 높은 곳에서 낮은 곳으로 흐른다. 이와 같이 자신을 낮춘 자는 절대로 남들과 다투지 않는다. 아직도 내가 아닌 다른 이와 다툰다는 것은, 여전히 내가 온전히 낮아지지 않았다는 증거이다.

나를 낮춘 자가 선교를 할 수 있다. 희생의 십자가를 생각하며 주님은 우리에게 마중물이 되라고 하신다. 복음을 들고 가서 저 땅에 생명수가 솟아나게 할 마중물이 내가 되기를 바라고 계신다. 주님은 또 이렇게 말씀하신다. "네가 마중물이 되어줘야 그곳에 내가 영생수를 그들에게 먹일 수 있다."라고.

그렇다, 생명이 없는 그 땅에 복음을 가진 자의 생명의 피가 예수님의 피가 되어 흘려줘야만 한다. 그런 헌신의 각오로 일하는 것이 복음전도이다. 양화진에 가면 이런 글이 적혀 있다. "하나님이 조선을 이처럼 사랑하사" 그들은 모두 이 조선에 복음의 생명수로 예수님의 생명의 피가 되어 조선을 살린 사랑의 마중물이다.

1) 복음전도는 반드시 해야 할 일이기 때문에 (고전 9:16) - 당연성(필연성)

(고전 9:16) 내가 복음을 전할지라도 자랑할 것이 없음은 **내가 부득불 할 일임이라** 만일 복음을 전하지 아니하면 내게 화가 있을 것이로다

예수님의 제자로 하나 되기

2) 복음전도는 생명조차도 아끼지 않는 마음으로 임해야 한다(행 20:24) - 적극성

(행 20:24) 내가 달려갈 길과 주 **예수께 받은 사명** 곧 하나님의 은혜의 **복음을 증언하는 일을** 마치려 함에는 **나의 생명조차 조금도 귀한 것으로 여기지 아니하노라**

3) 그리스도의 남은 고난을 내 육체에 채우는 사명감으로 해야 한다(골 1:24) - 사명감

(골 1:24) 나는 이제 너희를 위하여 받는 괴로움을 기뻐하고 **그리스도의 남은 고난을 그의 몸된 교회를 위하여 내 육체에 채우노라**

4) 때를 얻든지 못 얻든지 항상 힘써야 한다(딤후 4:2) - 연속성

그 이유는 그의 생명(영생)이 달려 있기 때문이다.

(딤후 4:2) **너는 말씀을 전파하라 때를 얻든지 못 얻든지 항상 힘쓰라** 범사에 오래 참음과 가르침으로 경책하며 경계하며 권하라

삶 속에서의 선교란 이런 것이 아닌가 생각해 본다.

요즈음 택배기사들이 참으로 많이 방문한다. 그리고 음식을 배달시킬 때 배달원들도 많이 방문한다.

우리에겐 그들도 복음전도의 대상자이다. 하지만 우리는 그저 물건에만 관심이 있고 물건만 받으면 끝이다. 그러나 하나님은 우리에게 말씀하신다. 난 저들에게 관심이 더 있다고. 저들도 내 백성이라고. 우리가 알아야 할 것은 생활 속에서 복음을 전하는 메신저(Messenger)가 되어야 한다는 것이다.

메시지(Message)는 완벽하고 완전하게 준비되어 있다. 하지만 그것을 들고 사용하는 자는 그리 많지 않다. 그들에게 작은 음료수 한 병이라도 준비해서 "수고하십니다." 하고 따뜻한 말 한마디 건네는 그 사람이, 예수님의 사랑을 전하는 그가 바로 하나님이 원하시는 메신저(Messenger)이고 이웃을 향한 그리스도의 삶의 출발점이 아닐까 생각한다.

5) 긴박한 마음과 간절한 마음으로 전해야 한다.

초대교회 때 12명의 사도로 시작했던 전도의 결과는 마가의 다락방에 모인 120명의 성령을 받은 사도였다. 10배나 늘어난 것이다. 그리고 그들은 박차를 가해 전 세계로 복음을 급속히 전하였다. 그 이유 중 가장 큰 것은 곧 다가올 예수님의 재림과 임박한 심판에 대한 인식 때문이었다. 그러하기에 제자들은 쉴 틈이 없었다. 단 한 명의 사람이라도 구원해야 할 의무가 있었기 때문에.

그들 모두는 사람을 낚는 어부로서의 그 직분을 망각하지 않았다. 배가 물속으로 침몰하는 과정에서 단 한 명이라도 더 구하기 위해 전심전력을 다하는 촌각을 다투는 일로 인식하였다. 이 마음조차 성령께서 그들을 인도하신 것이다. 잘못된 인식이 아니다. 하나님 안에서는 시간의 개념이 그리 중요한 것이 아니기 때문이다. 천년(千年)이 하루 같고, 하루를 천년(千年) 같이 시간을 사용하시는 분으로, 예수님의 재림과 심판이 임박함에 따른 긴장감을 주심으로 인해 복음은 급속도(急速度)로 땅끝을 향하고 있다. 전도자는 이렇게 임박한 종말에 대한 인식이 있어야 하고, 긴박감과 긴장감 속에서 진실하고 성실한 마음으로 부지런히 전해야 한다.

6) 선교는 혼자 하는 것이 아니라 함께하는 것이다.

우리는 흔히 마태복음 28장 18~20절을 대위임령이라고 한다. 이 말씀에서 주님은 우리와 함께하시겠다고 분명히 약속하신다. 선교는 하나님과 내가 함께 이루어내는 하나님 나라를 위한 일이다. 선교는 하나님과 함께한다는 믿음의 인식이 어느 곳으로 가든 외롭지 않게 할 것이고, 담대하게 될 것이고 마침내 이겨놓고 싸우는 싸움이 되기에 자랑하게 될 것이다.

7. 복음을 전할 때 반드시 명심해야 할 사항

1) 그 땅의 풍속과 규례를 행하지 말라(레 18:3).

(레 18:3) 너희는 **너희가 거주하던 애굽 땅의 풍속을 따르지 말며** 내가 너희를 **인도할 가나안 땅의 풍속과 규례도 행하지 말고**

이유는 각 나라의 풍속과 규례를 인정하여 복음과 혼합시키면 복음의 순수성을 잃어버리는 원인이 되어 마침내 예수님이 없는 가짜 복음을 만들어내는 위험을 가져오기 때문이다. 이것들이 마침내 이단이 되는 것이다.

2) 너희의 전통과 관습도 전하지 말라(행 15:10).

(행 15:10) 그런데 지금 너희가 어찌하여 하나님을 시험하여 **우리 조상과 우리도 능히 메지 못하던 멍에를 제자들의 목에 두려느냐**

초대교회 때 흔히 유대인들 중에 예수를 믿는 그리스도인들이 이방인들에게 전도할 때 자신의 전통과 관습의 하나인 할례를 같이 전하면서 할례도 함께 받아야 구원을 받는다고 전했던 사실이 있다. 이것은 예루살렘 공의회(사도행전 15장)에서 유대의 전통과 관습을 전하는 것을 금지시킴으로써 복음의 순수성을 유지하고 복음의 자유화를 표방하였다.

3) 오직 주의 법도와 규례만을 지켜 행하라(레 18:4~5; 마 22:37~40).

(레 18:4~5) 너희는 내 법도를 따르며 내 규례를 지켜 그대로 행하라 나는 너희의 하나님 여호와이니라

5 **너희는 내 규례와 법도를 지키라** 사람이 이를 행하면 그로 말미암아 살리라 나는 여호와이니라

복음의 주체는 오직 예수 그리스도이다. 오로지 그분의 가르침만을 전하는 것이 되어야 한다. 복음전도자는 반드시 성경에 대해 풍부한 지식과 경험이 있어야 한다. 하나님의 마음과 생각 그리고 사랑과 긍휼의 대리인으로서 그 본분을 청지기의 사명감으로 완수해야 하는 것이다.

/ 암송하기 /

(롬 1:16~17) 내가 복음을 부끄러워하지 아니하노니 이 복음은 모든 믿는 자에게 구원을 주시는 하나님의 능력이 됨이라 먼저는 유대인에게요 그리고 헬라인에게로다

17 복음에는 하나님의 의가 나타나서 믿음으로 믿음에 이르게 하나니 기록된 바 오직 의인은 믿음으로 말미암아 살리라 함과 같으니라

(벧전 3:15) 너희 마음에 그리스도를 주로 삼아 거룩하게 하고 너희 속에 있는 소망에 관한 이유를 묻는 자에게는 대답할 것을 항상 준비하되 온유와 두려움으로 하고

예수님의 제자로 하나 되기

아브라함과 이삭은 자신의 아내가 너무 아름다워 누군가가 그녀를 취하기 위해 이방 땅에서 자신들을 죽일까 염려하여 누이라고 속인다(창 12:13; 창 26:7). 이러한 내용을 그대로 성경에 기록하신 성령님의 의도는 무엇인가?

믿음의 조상인 아브라함도 그런 나약한 믿음으로 시작했다는 것이다. 그런 그가 아들 이삭을 바치라는 하나님의 말씀에 순종하는 믿음까지 성장했음을 보여준다. 또 이들의 실수(아내를 누이로 속인 일로 인한 문제)를 하나님께서 직접 개입하셔서 아브라함과 이삭에게 한 약속을 지키고 이어가신다. 즉 언약 백성으로서 복음의 순수성을 위해서 그들의 실수를 하나님께서 막고 다시 되돌려 놓으신다는 의미이다.

하나님께서 바로와 아비멜렉에게 나타나 그들의 아내들(사라와 리브가)을 취하지 못하도록 막은 것은 복음을 지키고 전도하시는 분은 사람이 아니라 바로 하나님 자신이심을 말해주시기 위해서이다.

부모님에게 가장 큰 효도는 무엇일까? 친구에게 가장 좋은 선물은 무엇일까? 그것은 예수님을 소개하여 하나님을 알게 하는 것으로 구원을 받게 하는 것이다. 그리고 그들에게 예수 그리스도의 사랑을 전하는 것이다.

성령 충만한 삶

지난 주일 설교에 대한 말씀을 나눈다

a) 설교말씀 본문과 주제와 내용을 서로 나눈다.

b) 가장 큰 은혜나 감동을 받은 내용은 무엇인가?

c) 이 말씀에 비추어 볼 때 현재 나의 모습은 어떠한가?

d) 이 말씀으로 내가 버려야 할 것과 바꾸어야 할 생활 습관(사고)이 있다면 무엇인가?

　(주일 말씀에 대한 세부 실천 계획을 세워보고 실천해 보았는가?)

e) 말씀 속에서 결단한 내용과 그 결단한 것이 지켜지고 있는가?

들어가기

앞서 우리는 성령님을 '보혜사', '진리', '진리의 영', '그리스도의 영' 등으로 부른다고 배웠다. 상기해 보면 그 의미는 이렇다. 보혜사(保惠師)란 하나님을 믿는 백성들을 지키시고(保), 기도의 응답을 통해 또는 하나님의 말씀을 통해 그리고 나의 연약함을 통해 은혜를 주시고(惠), 예수님의 말씀을 생각나게 하시고 가르쳐(師) 하나님의 백성답게 살아가도록 전인격적(全人格的)으로 도우시는 분이다.

성령 하나님의 말씀대로 생각하고 행동하는 사람을 성령 충만한 사람이라고 말한다. 성령 충만한 사람은 결코 죄를 지을 수 없다.

"성령 충만함을 받다."에서 충만이라는 말의 의미는 "지배를 받다."라는 뜻이다. 여기서 그리스도인으로서 가장 중요한 인식은 "나는 성령 하나님이 내 안에 계시는 성전임"을 한시라도 잊어서는 안 된다는 사실이다.

고린도후서 13:5에 사도 바울은 우리의 정체성을 망각하면 세상 사람들과 같이 죄악의 문을 열어놓고 사는 자처럼 세상과 구별되지 못한 삶을 사는 자와 같다는 말씀을 한다.

> (고후 13:5) 너희는 믿음 안에 있는가 너희 자신을 시험하고 너희 자신을 확증하라 예수 그리스도께서 너희 안에 계신 줄을 너희가 스스로 알지 못하느냐 그렇지 않으면 너희는 버림 받은 자니라

예수를 믿는다고 하면서도 하나님을 욕되게 하는 삶이 될 수 있다는 사실을 기억해야 한다. 그래서 잠언 14:12에 "어떤 길은 사람이 보기에

바르나 필경은 사망의 길이니라."라고 하신 말씀을 기억해야 한다.

우리는 각 나라의 문화적인 특성을 이해해야 한다는 명목으로 죽은 자에게 절을 하고 경배하는 풍습을 이해하려고 한다. 특히 죽은 부모에 대한 공경으로 그리스도인 중에서도 제사를 지내려 하고 절을 하려고 한다. 물론 사람의 생각으로는 옳을 수 있다. 그러나 조금 더 생각을 해보자. 나는 지금 혼자가 아니다. 내 안에 전능하신 하나님, 우리를 만드신 "모든 영의 아버지"이신 하나님을 모시고 사는 성전이다. 성령 하나님과 함께하는 내가 죽은 자에게 절을 하고 경배한다면 내 안에 계시는 하나님이 함께 절을 하고 경배하는 아주 우스운 모양이 된다. 물론 성경은 살아있는 자들에게는 서로를 섬기라고 가르친다. 그러나 "죽은 자들에게는 죽은 자들로 하여금 섬기게 하라. 그리고 나를 따르라."라고 가르치고 계신다(마 8:22). 그렇다. 부모는 살아계실 때 성령의 가르침대로 사랑으로 섬기고 공경하는 것이 진정한 효도이다. 물론 돌아가셔서 함께할 수 없는 경우라면 하나님 앞에서 나를 낳아주시고 길러주시고 하나님의 백성으로 살아가게 하신 그 모든 것을 예배로 승화시키는 것이 마땅한 모습이다. 우리가 경배해야 할 대상은 오직 한 분의 하나님이라는 사실을 잊지 말아야 한다. 그래서 '충만'이란 "하나님의 말씀대로 사는 삶"과 같은 의미이다.

성경의 가르침대로 사는 삶은 성령의 인도하심이 반드시 함께해야 가능하기에 '성령 충만'을 다른 말로 '말씀 충만'으로 이해하고 같은 의미로 사용하는 것이다.

성령의 처소는 우주 만물 어디에든 계시고, 예수를 그리스도로 영접한 우리 안에도 계셔서 성도를 그리스도인답게 살아가도록 견인하고 계신다.

예수님의 제자로 하나 되기

1. 성령을 받은 자에게 나타나는 성령의 능력(성령이 하시는 일)은?

1) 귀신을 쫓아내는 능력이 있게 된다(마 12:28).

> **(마 12:28)** 그러나 내가 하나님의 **성령을 힘입어 귀신을 쫓아내는 것**이면 하나님의 나라가 이미 너희에게 임하였느니라

2) 하나님의 백성(자녀)으로서 인치심의 보증이시다(고후 1: 22; 롬 8:16).

> **(고후 1:22)** 그가 또한 우리에게 인치시고 **보증으로 우리 마음에 성령을 주셨느니라**
>
> **(롬 8:16)** 성령이 친히 **우리의 영과 더불어** 우리가 하나님의 자녀인 것을 증언하시나니

3) 구원의 날까지 우리를 인도하신다(엡 4:30).

온전한 구원이 이루어질 때까지 성도의 삶을 견인하신다(〈그림 13〉 참조).

> **(엡 4:30)** 하나님의 **성령을 근심하게 하지 말라** 그 안에서 너희가 **구원의 날까지** 인치심을 받았느니라

4) 예수님이 가르치고 분부한 것을 생각나게 하신다(요 14: 26).

> **(요 14:26) 보혜사** 곧 아버지께서 내 이름으로 보내실 **성령 그가** 너희에게 모든 것을 **가르치고** 내가 너희에게 말한 **모든 것을 생각나게 하리라**

5) 의와 평강과 희락이 삶 속에서 나타난다(롬 14:17).

> **(롬 14:17) 하나님의 나라는** 먹는 것과 마시는 것이 아니요 **오직 성령 안에 있는 의와 평강과 희락이라**

6) 성령 안에서 죄 사함과 죄 씻음으로 인해 거룩함으로 의롭다 인정받게 하신다(고전 6:11).

> **(고전 6:11)** 너희 중에 이와 같은 자들이 있더니 주 예수 그리스도의 이름과 우리 하나님의 **성령 안에서 씻음과 거룩함과 의롭다 하심을 받았느니라**

7) 하나님께 나아감을 얻게 하신다(엡 2:18).

> **(엡 2:18)** 이는 **그로 말미암아** 우리 둘이 **한 성령 안에서 아버지께 나아감을 얻게** 하려 하심이라

8) 복음의 증인으로 살게 하신다(행 1:8).

> **(행 1:8)** 오직 성령이 너희에게 임하시면 너희가 **권능을 받고** 예루살렘과 온 유대와 사마리아와 땅 끝까지 이르러 **내 증인이 되리라** 하시니라

9) 성령의 열매가 나타난다(갈 5:22~23).

> **(갈 5:22~23)** 오직 성령의 **열매는 사랑과 희락과 화평과 오래 참음과 자비와 양선과 충성과**
> 23 **온유와 절제**니 이같은 것을 금지할 법이 없느니라

10) 성령의 은사가 주어진다(고전 12:8~11; 행 19:6).

> **(고전 12:8~11)** 어떤 사람에게는 **성령으로 말미암아 지혜의 말씀을**, 어떤 사람에게는 같은 성령을 따라 지식의 말씀을,
> 9 **다른 사람에게는 같은 성령으로 믿음을**, 어떤 사람에게는 한 성령으로 병 고치는 은사를,
> 10 **어떤 사람에게는 능력 행함을**, 어떤 사람에게는 예언함을, 어떤 사람에게는 영들 분별함을, 다른 사람에게는 각종 방언 말함을, 어떤 사람에게는 방언들 통역함을 주시나니
> 11 이 모든 일은 같은 한 성령이 행하사 그의 뜻대로 각 사람에게 나누어 주시는 것이니라

> **(행 19:6)** 바울이 그들에게 안수하매 **성령이 그들에게 임하시므로 방언도 하고 예언도** 하니

11) 성도와 하나님이 성령 안에서 하나가 되는 통로의 역할을 하신다(요일 4:13). <그림 13> 참조.

> (요일 4:13) 그의 **성령을 우리에게 주시므로 우리가 그 안에 거하고 그가 우리 안에 거하시는 줄을** 아느니라

12) 말할 수 없는 탄식으로 성도를 위해 기도하신다(롬 8: 26).

> (롬 8:26) 이와 같이 성령도 우리의 연약함을 도우시나니 우리는 마땅히 기도할 바를 알지 못하나 **오직 성령이 말할 수 없는 탄식으로 우리를 위하여 친히 간구하시느니라**

13) 성도가 죽으면 그와 함께했던 성령께서 그의 영을 하나님 나라로 인도하신다(엡 2:18). 따라서 성령이 없는 자는 구원을 받을 수 없다는 말씀이 성립되는 것이다.

> (롬 8:1~2) 그러므로 **이제 그리스도 예수 안에 있는 자에게는** 결코 정죄함이 없나니
> 2 이는 그리스도 예수 안에 있는 **생명의 성령의 법이 죄와 사망의 법에서 너를 해방**하였음이라

> (엡 2:18) 이는 **그로 말미암아 우리 둘이 한 성령 안에서 아버지께 나아감을 얻게 하려 하심**이라

> (고후 13:5) 너희는 믿음 안에 있는가 너희 자신을 시험하고 너희 자신을 확증하라 **예수 그리스도께서 너희 안에 계신 줄을 너희가 스스로 알지 못하느냐 그렇지 않으면 너희는 버림 받은 자니라**

2. 용서받을 수 없는 죄는?

1) 성령을 모독하는 죄이다(마 12:31~32; 막 3:29).

모독의 의미는 하나님의 말씀을 가벼이 여기고 저버리는 자들을 포함한다. 그리고 성령을 부인하는 죄도 포함한다.

> (마 12:31~32) 그러므로 내가 너희에게 이르노니 **사람에 대한** 모든 죄와 모독은 **사하심을 얻되 성령을 모독하는 것은 사하심을 얻지 못하겠고**
> 32 또 누구든지 **말로 인자를 거역하면 사하심을 얻되 누구든지 말로 성령을 거역하면 이 세상과 오는 세상에서도 사하심을 얻지 못하리라**

2) 예수를 부인하고 성령을 욕되게 하는 자(히 10:29)

> (히 10:29) 하물며 하나님의 아들을 짓밟고 **자기를 거룩하게 한 언약의 피를 부정한 것으로 여기고 은혜의 성령을 욕되게 하는 자가 담연히 받을 형벌은** 얼마나 더 무겁겠느냐 너희는 생각하라

3) 하늘의 신령한 은사를 맛보고도 다시 타락한 사람들(히 6:4~6)

> (히 6:4~6) **한 번 빛을 받고 하늘의 은사를 맛보고 성령에 참여한 바 되고**
> 5 **하나님의 선한 말씀과 내세의 능력을 맛보고도**
> 6 **타락한 자들은 다시 새롭게 하여 회개하게 할 수 없나니** 이는 그들이 하나님의 아들을 다시 십자가에 못 박아 드러내 놓고 욕되게 함이라

3. 성령을 받은 자의 생활은?

성령의 열매를 하나로 표현한다면 '사랑'이라고 총칭해서 말할 수 있다. 성령을 받은 사람은 성령의 열매인 '온전한 사랑'을 이루어야만 한다. 여기 창세기 35:22에서 야곱의 장자 르우벤이 아버지의 첩 빌하와 동침하는 사건이 발생한다.

빌하는 라헬의 여종이었다. 그리고 이 강간 사건은 딸 디나가 강간을 당하고 벧엘에서 헤브론으로 향하던 중 라헬이 산고 끝에 죽고 난 뒤에 발생한 사건이다.

르우벤은 왜 이런 행동을 했을까? 그는 자기 어머니 레아가 라헬로 인해 남편의 사랑을 받지 못하여 속상해하고 마음 아파하는 것을 수없이 많이 보고 자랐을 것이다. 더욱이 어머니를 위로하기 위해 합환채를 만들어 바쳤지만, 그것마저도 빼앗기는 어머니의 모습, 마치 아버지

의 사랑을 구걸하는 듯한 모습을 보았을 것이고 그로 인해 장자로서 라헬을 더욱 증오하며 이를 갈았을 것이다. 그는 라헬이 죽자 외로워하는 아버지에게 더욱 칼을 겨누어 그가 사랑했던 라헬을 그리워한 나머지 그의 여종을 자신의 어머니보다 더 사랑할 것을 우려한 르우벤은 그녀의 여종을 건드려 아버지가 그에게 가지 못하게 함으로써 아버지의 마음을 자기 어머니 레아에게 돌리려 한 것 같다. 이렇게 두 자매의 질투가 마침내 천륜을 배반하게 만드는 악의 도구가 되었다. 르우벤은 이 일로 장자권을 박탈당하지만, 야곱의 편협한 사랑으로 인하여 죄가 그들의 문 앞에서 떠나지 않는다는 것을 알게 된다.

주님은 편협한 사랑을 하지 않으셨다. 열두 제자를 공히 같은 사랑으로 섬기셨다. 중요한 사건에 세 제자만을 입회시킨 것은 그들을 다른 제자보다 더 사랑해서가 아니라 그들의 성향(性向)을 사용하셨던 것이다. 그들은 보고 들은 대로 말하는 그런 성향으로, 증인으로 세우기에 안성맞춤인 성향(性向)을 가지고 있었기 때문에 그들을 데리고 다니셨던 것뿐이다. 성령과 함께하는 사람은 야곱처럼 편협한 사랑을 해서는 안 된다. 온전한 사랑을 위해서는 절제도 필요하고 온유도 필요하고 화평도 필요한 것처럼 성령의 나머지 여덟 가지가 공히 같이 있어야 한다는 것을 명심해야 한다.

온전한 사랑을 위해 지켜야 할 것들을 살펴보자.

1) 성령을 따라 행하여야 한다(갈 5:16). 그리고 육체의 소욕을 성령의 열매로 바꾸어 삶 속에 그 열매가 드러나도록 힘써 싸워 이겨내야 한다.

(갈 5:16) 내가 이르노니 **너희는 성령을 따라 행하라** 그리하면 육체의 욕심을 이루지 아니하리라

2) 위의 것을 생각하고 바라보는 자로서의 생활방식이 되어야 한다(골 3:2).

(골 3:1~2) 그러므로 너희가 그리스도와 함께 <u>**다시 살리심을 받았으면**</u> 위의 것을 <u>**찾으라**</u> 거기는 그리스도께서 하나님 우편에 앉아 계시느니라
<u>**2 위의 것을 생각하고 땅의 것을 생각하지 말라**</u>

위의 것이란 무엇인가? 바로 하나님 나라에 대한 소망이다. 주님께서 이 땅에서 당신의 사역을 마무리하시고 부활하셔서 하나님 보좌 우편에 앉으신 것처럼 우리 또한 이 땅에서 금방 썩어 없어질 육체의 일을 도모하지 말고 영원한 하나님 나라를 위해 이 땅을 무대로 삼으라는 사도 바울의 권면이다.

3) 날마다 자기의 못난 자아를 죽이고 사는 삶이 되어야 한다(고전 15:31).

(고전 15:31) 형제들아 내가 그리스도 예수 우리 주 안에서 가진 바 너희에 대한 나의 자랑을 두고 단언하노니 나는 <u>**날마다 죽노라**</u>

갈라디아서 5:19~21에서 보면 육체의 일은 음행과 더러운 것과 호색과 우상숭배와 술수와 원수 맺는 것과 분쟁과 시기와 분냄과 당 짓는 것과 분열함과 이단과 투기와 술 취함과 방탕함이라고 하였다. 이런 것들을 내 몸에서 죽여야 한다. 사도 요한은 요한일서 2:16에서 육체의 정욕과 안목의 정욕, 그리고 이생의 자랑은 다 세상으로부터 온 것이라 하여 모두 버려야 한다고 가르치고 있다.

4) 날마다 자기를 부인하고 자기 십자가를 지고 가는 삶이 되어야 한다. 즉 자기를 비우는 삶이다(눅 9:23).

(눅 9:23) 또 무리에게 이르시되 아무든지 나를 따라오려거든 <u>**자기를 부인하고**</u> <u>**날마다 제 십자가를 지고 나를 따를 것이니라**</u>

양육을 하다 보면 이 말씀에서 "자기를 부인한다."라는 말씀과 "자기 십자가"가 무슨 뜻인지 잘 모르는 경우가 많다.

여기서 자기를 부인하라는 것은 날마다 자기의 못난 자아를 죽이라는 것과 같은 뜻으로, 자기 스스로 가지고 있는 육체의 소욕을 부인하라는 것이다. 즉 이러한 육체의 욕심(사도 요한은 이를 요한일서 2:16에서 "육체의 정욕과 안목의 정욕, 그리고 이생의 자랑"으로 보았다)이 생기면 내가 행동으로 옮기지 못하도록 처음부터 거절하고 거부하라는 것이다. 견물생심(見物生心)이라고, 탐스러운 물건을 보면 가지고 싶어 하는 생각은 자연스럽게 우리 몸에서 일어날 수 있다. 그러나 그것을 취하기 위하여 죄를 지으면 안 된다는 말씀이다. 곧 절제가 있어야 한다는 것이다. 즉 이 절제로 자기 안에 있는 육체의 소욕들은 세상 임금인 사탄이 준 것들이기에 이것을 거절하고 거부해야 한다는 의미이다.

자기 십자가란 주님이 각 성도들에게 맡기신 복음적 사명을 말씀한다. 이 십자가는 내려놓을 수 있는 것이 아니다. 성도로서 복음적 삶을 유지하기 위해서는 세상 임금이 준 육체의 소욕으로부터 오는 자기와의 싸움에서 받는 고통을 지고 가야 하며, 이는 성도의 거룩한 삶을 위한 십자가이다. 또 하나는 복음을 전하는 사명을 수행함에서 오는 세상 전통과 관습과 부딪치는 싸움에서 받는 고난의 십자가를 지는 것이다. 이것은 날마다 싸워 이겨내야 할 것들이다. 이러한 삶을 향해 가려고 할 때 성령님은 이길 수 있도록 도우신다. 그러므로 나의 십자가는 바로 나 자신이다. 나 자신과의 싸움에서 반드시 이겨내어 복음의 사람으로 바르게 세워지는 그 과정이 내가 지고 있는 십자가이다.

어떤 이들은 자신의 속을 상하게 한다고 하여 남편이 혹은 아내가, 또는 자식이 더 나아가서는 (시)부모가 자신의 십자가라고 표현한다. 그런 생각은 잘못된 것이다. 그들은 지고 가야 할 십자가의 대상이 아니라 사랑으로 섬겨야 할 대상일 뿐이다.

5) 어디에 있든 예배와 복음전도자로 살아가야 한다(딤후 4:2).

> **(딤후 4:2)** 너는 말씀을 전파하라 **때를 얻든지 못 얻든지 항상 힘쓰라** 범사에 오래 참음과 가르침으로 경책하며 경계하며 **권하라**

예배자의 삶은 먼저 자신을 돌아보아 모든 것에 인내하고 자신을 가르치고, 자신을 하나님의 말씀으로 경책하며, 또 하나님의 말씀에 비추어 진리가 아닌 것은 경계하고 항상 예수를 믿으라고 권하는 자가 되어야 한다.

4. 성령을 대적하는 이는 누구일까? 마귀 아니면 누구?

답은 나의 육체의 소욕이다(갈 5:17~21).

세상 임금이 우리 육체에 뿌려놓은 육체의 정욕과 안목의 정욕과 이생의 자랑이라는 씨앗들이 자라서 나를 스스로 타락하게 한다.

> **(요일 2:16)** 이는 **세상에 있는 모든 것이 육신의 정욕**과 **안목의 정욕**과 **이생의 자랑**이니다 아버지께로부터 온 것이 아니요 세상으로부터 온 것이라

> **(갈 5:17~21)** 육체의 소욕은 성령을 거스르고 성령은 육체를 거스르나니 이 둘이 서로 대적함으로 너희가 원하는 것을 하지 못하게 하려 함이니라
> 18 너희가 만일 성령의 인도하시는 바가 되면 율법 아래에 있지 아니하리라
> 19 육체의 일은 분명하니 곧 음행과 더러운 것과 호색과
> 20 우상 숭배와 주술과 원수 맺는 것과 분쟁과 시기와 분냄과 당 짓는 것과 분열함과 이단과
> 21 투기와 술 취함과 방탕함과 또 그와 같은 것들이라 전에 너희에게 경계한 것 같이 경계하노니 이런 일을 하는 자들은 하나님의 나라를 유업으로 받지 못할 것이요

하나님을 대적하는 것이 누구인가 하고 물었을 때 대부분은 사탄이라고 대답한다. 넓은 의미에서는 맞는 대답일 수 있다. 그러나 좁은 의미에서 엄격히 따져보면 틀린 대답이다. 성경을 보면 타락한 천사도 하나님의 피조물이다. 피조물인 그들은 하나님의 아들인 예수 그리스도 앞에서 힘없이 벌벌 떨며 "하나님의 아들이시여 당신은 우리를 멸하러

오셨나이까?" 하고 떠는 존재들이다. 이런 그들이 어찌 하나님을 대적할 수 있단 말인가? 성경은 성령을 거스르고 대적하는 존재가 바로 '나'라는 사실을 말해주고 있다. 사탄이 인간 안에 뿌려 놓은 육체의 소욕(육체의 정욕과 안목의 정욕과 이생의 자랑으로부터 오는 모든 욕심을 총칭하는 말)을 이용하여 내 스스로 내 안에 모셔놓은 성령을 거슬러 대적하게 하는 전략을 구사한다. 여기에 하나님이 주신 자유의지로 선한 것을 분별하지 못하고 육체의 욕망을 채우려는 것을 선택한다면, 우리는 성령님께 순종하는 것이 아니라 엉뚱하게 성령을 거슬러 사탄을 돕는 죄를 또 짓게 될 수 있다는 사실을 알아야 한다.

인간은 처음 만들어졌을 때엔 순결하고 선하였다. 말 그대로 하나님의 형상을 닮았기 때문에 아무 흠이 없는 존재였다. 그랬던 인간이 타락한 천사의 꾐에 빠져 하나님처럼 되고 싶은 욕망에 마침내 먹지 말라는 선악과를 먹음으로써 하나님께 반역하게 되고, 이에 따른 결과로 인간은 두 가지의 변화를 맞이하게 된다.

하나는 하나님의 말씀에 불순종한 대가로 하나님으로부터 받은 순결을 잃어버리게 되었다는 것으로, 하나님으로부터 저주를 받아 고통과 사망의 아래에서 헛된 인생을 살아가는 존재로 타락하고 말았다.

또 다른 하나는 영적인 존재에서 육적인 존재로 완전히 변화되었다는 것으로, 오로지 자신의 안위만을 생각하는 존재로서 변질되었다. 사탄이 육체에 세 가지 욕망을 뿌려놓아 인간이 육체를 가지고 사는 한 그 세 가지의 욕망에 사로잡혀 살 수밖에 없게끔 정욕을 뿌려놓았다. 그 세 가지를 요한 사도는 "육체의 정욕과 안목의 정욕, 그리고 이생의 자랑"으로 구분하였다. 사탄은 이것을 사용하여 인간 스스로가 하나님을 대적하고 그의 뜻을 거슬러 행동하게끔 만들어 놓은 것이다.

육신의 정욕은 말 그대로 육체로부터 나는 모든 정욕, 탐욕, 색욕 등을 말한다. 안목의 정욕은 눈으로 봄으로 인해 생기는 탐심, 탐식, 음란 등이 해당된다. 이생의 자랑은 이 땅에서 받은 명예욕, 그리고 자신의 이름을 위한 탐욕이 해당된다.

다음의 〈그림 12〉를 이해해 보자. 지금 당신은 무엇을 위해 어떤 것을 선택하고 어느 방향으로 가고 있는가?

성령과 함께하는 영의 사람인가? 아니면 여전히 마귀와 함께하는 육의 사람인가?

〈그림 12〉에서 사람의 행동에 따라 하나님의 공의가 함께함을 알 수 있다. 영의 사람은 사랑과 하나님을 경외하는 모습이 삶의 행동에서 나타나고 그에 따른 하나님의 공의는 상급으로 주어진다. 그러나 마귀에게 순종하여 여전히 육체의 욕심을 따라 교만과 고집으로 행동한다면, 하나님의 공의는 징계와 징벌이 그의 삶 속에서 함께할 것이라는 것을 보여주고 있다.

영의 사람(롬8:1~10) vs 육의 사람(갈5:16~21)

(사28:17 정의를=>측량 줄로, 공의를=>저울 추로 삼으심)

| 예수를 영접함으로부터 시작 | 태어남으로부터 시작 |

사랑과 경외
영의 사람
(영의 생각*기쁨*평안+성령)
행동
육의 사람
(육의 생각*고집*욕심+사탄)
교만과 고집

성령충만한 삶: 기쁨, 사랑, 긍휼,용서, 평안,충성,온유,절제,인내,자비,양선, 감사, 회개,

죄의 삶: 호색 ,음란 ,살인, 간음, 미움, 분쟁, 분냄, 시기, 당 짓는 것, 분열함, 이단, 투기, 술 취하는 것, 방탕, 주술, 우상숭배, 원수 맺는 일, 거짓증언, 탐심

사랑과 경외는 같이 가야 한다

*경외의 예: -(눅6~10)백부장의 마음
*사랑의 예: -(요3:16)   =>이 모두를 이루신 분 예수님
*긍휼의 예: -선한 사마리아 -긍휼한 자(약2:13)
*고집:(롬2:5)

우리는 그 사람의 행동으로 그 사람을 판단합니다.
인품과 도덕성과 사회적 위치와 재력과 좋은 사람인지 나쁜 사람인지를 말입니다.
이렇게 행동은
그 사람의 가치를 나타내고 그 가치관은 그 사람의 신념에서 나오고
그 사람의 신념은 세계관에서 나옵니다.
우리를 지배하고 있는 나 자신도 잘 모르는 이 세계관을 찾아 바로 고쳐야 한다는 사실을 알아야 합니다.
이 세계관을 발견하는 방법은 극단적인 상황에 처할 때 비로서 나타난다는 사실을 말입니다.
지나온 세월 내가 어려움에 처했을 때 나의 행동을 떠올라 보면 쉽게 찾을 수 있습니다.

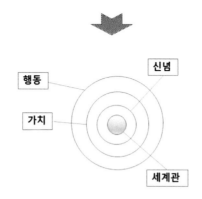

〈그림 12〉 영의 사람과 육의 사람의 방향

3) 성령이 하시는 일

1. 하나님의 나라를 세워가시는 일을 하신다.
2. 하나님의 나라의 백성을 찾고 그들을 백성답게 살게 하기 위해 가르치시고 인도하신다.
3. 예수님의 은혜를 알게 하고 깨닫게 하신다.
4. 하나님의 사랑을 알게 하고 소통하게 하신다.

이 사실을 모르면 버림받은 자이다 (고후13:5).

죄(불순종)로 고장난 우리의 모습

다시 순종으로 훈련시켜 하나님의 자녀로 살도록 말씀으로 견인하는 성령님의 모습

성령충만의 의미

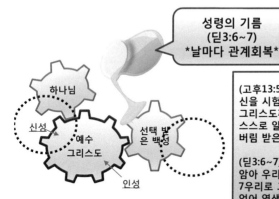

성령의 기름
(딛3:6~7)
날마다 관계회복

하나님

신성

예수 그리스도

선택 받은 백성

인성

(고후13:5) 너희는 믿음 안에 있는가 너희 자신을 시험하고 너희 자신을 확증하라 예수 그리스도께서 너희 안에 계신 줄을 너희가 스스로 알지 못하느냐 그렇지 않으면 너희는 버림 받은 자니라

(딛3:6~7) 우리 구주 예수 그리스도로 말미암아 우리에게 그 성령을 풍성히 부어 주사 7우리로 그의 은혜를 힘입어 의롭다 하심을 얻어 영생의 소망을 따라 상속자가 되게 하려 하심이라

〈그림 13〉 성령이 하시는 일

예수님의 제자로 하나 되기

/ 암송하기 /

(엡 5:18) 술 취하지 말라 이는 방탕한 것이니 오직 성령으로 충만함을 받으라
(갈 5:22~23) 오직 성령의 열매는 사랑과 희락과 화평과 오래 참음과 자비와 양선과 충성과
23 온유와 절제니 이같은 것을 금지할 법이 없느니라

무너져라 나의 여리고야

무너져라 내 고집아
무너져라 내 생각아
무너져라 내 마음아
무너져라 나의 여리고야
어리석고 못된 것들아 다 무너져라

내 마음아 괴로워할지어다
내 영혼아 애통해할지어다
혹 그분이 너를 긍휼히 여기실 줄 아느냐
혹 그분이 너를 위로하실 줄 아느냐

성령을 모시련다
성령을 모시련다
내 속에 있는 것들아 다 사라질지어다

이제 다시 새롭게 쌓으련다
이제 다시 새롭게 시작하련다
우리 주님이 원하시는 아름다운 성으로

열두 번째 만남

시험을 이기는 삶

지난 주일 설교에 대한 말씀을 나눈다

a) 설교말씀 본문과 주제와 내용을 서로 나눈다.

b) 가장 큰 은혜나 감동을 받은 내용은 무엇인가?

c) 이 말씀에 비추어 볼 때 현재 나의 모습은 어떠한가?

d) 이 말씀으로 내가 버려야 할 것과 바꾸어야 할 생활 습관(사고)이 있다면 무엇인가?

   (주일 말씀에 대한 세부 실천 계획을 세워보고 실천해 보았는가?)

e) 말씀 속에서 결단한 내용과 그 결단한 것이 지켜지고 있는가?

예수님의 제자로 하나 되기

⊙
들어가기

 우리는 많은 시험 속에서 살고 있다. 우리가 받는 시험을 따져보면 세 가지 형태로 구분할 수 있다.

첫째는 하나님이 주시는 시험이다. 이 시험에는 두 종류가 있다. 시험(Test)과 시련(Trial)으로 구별된다. 이 두 가지 시험은 믿음과 관계가 있다. 하나님께서 인간을 단련시키기 위해 행하시는 시험이다. 여기에는 성경에 대표적인 두 인물이 나타난다. 아브라함과 욥이다.

아브라함은 그의 믿음을 시험(Test)받았다. 창세기 22장에 보면 하나님은 아브라함으로 하여금 약속의 자녀(이삭으로 하여금 큰 민족을 이루시리라는 약속)인 이삭을 제물로 바치라는 명령을 하신다. 아브라함은 이 모순된 명령에도 새벽같이 일어나 모리아산으로 발길을 재촉하며 길을 나선다. 3일 만에 모리아산으로 걸어간 아브라함은 두 명의 종을 산 아래에 두고 이삭으로 하여금 제단에 불을 놓을 땔감을 손수 지게에 지도록 하고 산을 오른다. 자신을 태울 땔감을 스스로 지고 가는 이삭은 마치 예수님께서 자신이 달려 죽을 십자가를 지고 가는 모습과 같은 모습이다. 산을 오르던 중에 이삭이 아버지 아브라함에게 묻는다.

"아버지, 번제를 태울 땔감은 있는데 번제물은 어디에 있습니까?"

아버지 아브라함이 대답한다.

"그가 자기를 위해 친히 준비하실 것이다."

이 말씀 속에 아버지로서 얼마나 가슴이 아팠겠는가? "그래, 그 번제물은 바로 너란다." 하고 속으로 얼마나 비통해했을까?

그러나 아브라함은 조금도 흔들리지 않는다. 히브리서 기자는 오히려 이런 아브라함의 믿음이 "자기가 믿는 하나님은 전능하신 하나님이기에 죽은 자 가운데서도 다시 살리실 줄을 믿었기에" 그것을 바라볼 수 있었기에 순종할 수 있었다고 기록하고 있다(히11:19).

시련(Trial)의 대명사는 욥을 예로 들 수 있다. 그는 하나님으로부터 인간으로서는 도저히 참고 인내할 수 없을 만큼 힘든 고난을 당한다. 첫 번째 고난으로 재물과 자녀 모두를 잃어버리는 재앙을 받는다. 그리고 두 번째 고난으로 생명의 위협을 받을 만큼 힘든 병이란 재앙을 받는다.

욥은 두 재앙이 자신을 엄습했을 때 하나님을 원망하기보다는 이렇게 반응했다. 첫 번째 재앙을 통해 모든 것을 거두어 가신 것에 대해서는 "주신 이도 여호와시요, 거두신 이도 여호와시오니 여호와의 이름이 찬송을 받으실지니이다(욥 1:21)." 하고 신앙고백을 한다. 두 번째 재앙을 통해 "우리가 하나님께 복을 받았은즉 화도 받지 아니하겠느냐(욥 2:10)." 하고 욥이 입술로 범죄하지 않았다고 성경은 기록하고 있다.

세 친구가 와서 욥의 그 처참한 모습을 보고 너의 죄를 찾아서 빨리 공의의 하나님께 회개하라고 다그친다. 그러나 욥은 끝까지 자신의 의를 주장한다. 마침내 하나님께서 이들 사이에 나타나 욥을 정죄한 세 친구의 잘못은 욥이 그들을 향해 중보기도 함으로써 그들은 용서를 받고 욥은 회복하여 더 큰 축복을 받는다는 내용이다.

모든 사람이 "욥과 같은 의인이 왜 고난을 당하도록 하나님은 허락하셨을까?" 하는 의문을 갖는다. 욥기 32:2~3을 중심으로 보면 욥은 죄를 떠난 자신의 삶을 생각하며 하나님만큼이나 의롭다고 스스로 인정하고 또 주장하는 모습을 보여주며 자신의 정당성을 세 친구를 통해 주장하였다. 또 세 친구 역시 욥을 정죄하는 모습을 보이며 죄에서 자유롭지 못함을 보여준다. 이런 것을 볼 때 욥은 자신의 의를 자랑거리로 삼았다. 또 욥기가 우리에게 주는 교훈은, 비방과 판단에 대한 행동이 하나님 앞에서는 큰 죄라는 사실이다. 욥은 자신의 삶을 원망하고 비판하고 정죄하였고, 세 친구는 욥을 긍휼히 여기기보다 비방하고 정죄하였다. 어찌 보면 이러한 2% 부족한 욥의 의가 자칫 하나님 앞에서 교만이 될 수 있음을 성경은 말하고 있다.

필자는 이 질문의 답을 네 가지로 생각해 보았다.

하나는 욥의 원죄로 말미암아 일어난 일이다. 즉 원죄 하나만 가지고도 사탄은 우릴 참소할 수 있고, 그로 인해 하나님은 우릴 징계할 수 있으시다는 것을 알게 한다.

다른 하나는 하나님께서 욥을 신뢰했다는 사실이다. 이것은 창조주가 피조물을 신뢰한 최초의 사건이다.

또 다른 하나는 타락한 사탄에게 하나님께서 기회를 주신 사건이기도 하다. 두 번씩이나 욥을 유혹했던 사탄은 욥의 하나님을 향한 마음과 순종을 보았고, 하나님을 원망하지 아니하고 오히려 자신의 태어남을 원망했던 그를 보게 된다. 하나님은 타락한 천사로 하여금 자신의 죄악을 깨닫게 하시기 위해 의도적으로 시련을 부여했는지도 모르겠다는 생각이 든다.

마지막으로 하나님의 주권에 대한 것이다. 하나님의 주권은 누구도 반박할 수 없다. 이것은 사도 바울의 고백처럼 토기장이가 그릇을 만드는데 하나는 귀하게 쓸 것과 다른 하나는 천하게 쓸 그릇을 임의로 만들 권한과 또 그것을 깨뜨려 버릴 권한도 모두 토기장이의 고유 권한인 것을 알게 하신다.

또 욥기에는 사람이 가지고 있는 전통 신앙을 하나님의 온전한 뜻으로 오해하지 말라는 교훈도 담겨 있다. 그러나 욥기의 전반적인 메시지는 우주 만물의 주관자이신 하나님의 정체성과 인간이 아무리 의롭다 한들 주권자 앞에서는 살아남기 힘들 만큼 여전히 큰 죄인이라는 정체성을 말해주고 있다.

둘째는 사탄이 주는 시험(Temptation)이다. 이것을 우리는 유혹이라고 한다. 사탄은 우리를 유혹하는데 육체의 정욕으로, 재물의 탐심으로, 이생의 자랑거리로 유혹한다.

사탄이 모든 육체에 뿌려놓은 정욕을 사용하다 보니 우리는 늘 당하기 쉽다.

이것을 이기려면 정욕을 피하는 것이 상책이다. 그리고 하나님의 말씀대로 거룩하고 경건한 삶, 즉 코람데오(하나님 앞에서) 정신으로 살아가야만 이길 수 있다.

사탄이 주는 유혹의 예는 성경 여러 곳에서 볼 수 있다. 하나는 요셉이 보디발의 아내에게 유혹을 당하는 장면이고(창세기 39장), 다른 하나는 다윗이 유혹에 빠진 이야기이다(사무엘하 11장). 또 다른 하나는 에서의 팥죽 사건이다(창 25:27~34).

우리가 알다시피 요셉은 편재(무소부재)의 하나님을 인식함으로써 사탄의 유혹에서 이길 수 있었다. 한 나라의 유명한 장군의 아내 정도 되면 얼마나 예쁘고 아름다웠겠는가? 아마도 미스 애굽 진(眞) 정도는 되었을 것이다. 이런 여인이 날마다 요셉에게 동침하기를 유혹했다고 성경에 쓰여 있다. 요셉은 젊은 나이였고 혈기 왕성한 청년이었다. 당신이 이와 같은 상황에 놓여 있다면 어찌하겠는가? 하지만 요셉은 그녀의 유혹에 빠지지 않았다. 자신의 욕정을 이루기보다는 하나님을 먼저 생각했다. 그리고 그는 하나님께서 두 눈 부릅뜨고 자신을 지켜보고 계시다는 것을 깨닫고 마치 '코람데오'라는 말처럼 하나님을 인지하고 그분 앞에서 죄를 저지를 수 없다고 생각하여 그 자리를 피한다.

그런데 그는 정의를 실현하고도 보디발의 아내가 씌운 누명으로 끝내 사형수들이 갇히는 감옥에 보내지고 만다. 세상 사람들은 이런 상황을 보고 이렇게 말할 수 있다.

"적당히 타협하고 살지 어리석게 그게 뭐야? 아무리 정의를 실현한다고 해도 그렇지, 아무도 알아주지 않는데… 그 결과가 감옥이 아니냐? 그녀에게 잘 보여 출세하지 어리석기는…"

그러나 우리 하나님은 그들의 비웃음을 들으신 것처럼 요셉을 보디발 장군보다도 더 큰 벼슬인 애굽의 제2인자 자리에 앉히신다. 이것이 하나님을 인정하고 경외하는 자가 받는 축복이다.

다윗은 그가 기도해야 할 자리에서 세상을 세상 임금의 눈으로 바라본다. 그때 목욕하는 여인이 눈에 들어와 정욕에 잠시 눈이 어두워져 범죄를 저지르고 만다. 이 일로 다윗은 엄청난 대가(우리야의 아내가 임신한 자신의 아들이 죽고, 또 암논이 압살롬의 동생 다말을 강간하여 마침내 압살롬에게 살해당하고, 아들 압살롬의 반역으로 백주에 자신의 첩들이 압살롬에게 강간을 당하는 일 등 성(性)적인 문제가 끊이지 않고 일어난다)를 지불한다.

에서는 야곱이 팥죽 한 그릇으로 배고픈 그를 유혹했을 때 육체의 약점을 채우기 위해 하나님이 주신 장자권과 축복권을 버리고 어리석게도 팥죽 한 그릇을 택한다. 우리는 이 에서와 같은 선택을 하루에 얼마나 반복적으로 행하고 있는지 생각해 보아야 한다. 하나님의 말씀과 가르침을 육체의 욕심을 채우기 위한 팥죽 한 그릇보다도 더 하찮게 취급하는 경우가 얼마나 많은가? 주님은 아마도 사탄에게 시험을 받을 때 이 일을 염두에 두시고 "사람이 떡으로만 사는 것이 아니라 하나님의 입으로부터 나오는 말씀으로 말미암는다."라고 말씀하신 것 같다. 이처럼 깨어 있지 아니하면 사탄의 유혹에 넘어가고 만다. 우리의 상황을 잘 아는 사탄이 그 상황을 이용하여 언제든지 우리를 넘어뜨리려고 한다는 사실을 잊어서는 안 된다.

그리고 성경의 가르침대로 살지 않고 내 지식과 경험대로 고집하며 살아온 결과 어려움을 당하는 경우가 있다. 죄악은 반드시 그 대가(책임)를 요구한다는 사실을 결코 잊어서는 안 된다. 이것을 이겨내는 방법은 하나님을 영화롭게 하고(롬 1:21) 내 고집과 회개하지 아니하는 마음(롬 2:5)을 버리는 것이다. 그래야 바른 시야(visual field, 視野)와 바른 생각을 가질 수 있다.

다음 〈그림 14〉에서 보듯이 뿌리는 약하고 키가 큰 첫 번째 나무는 사람들이 보기에는 아름답게 보이나 실상은 거센 바람에 쉽게 뽑혀 죽고 만다. 이런 모습의 신앙은 시험이나 고난이 닥치면 쉽게 무너지는 신앙이다.

둘째 나무도 첫 번째 나무보다 뿌리도 좀 더 깊고 겸손도 갖춘 듯하나, 이 나무 또한 태풍에는 견딜 수가 없다.

마지막 나무는 사람들이 보기에는 보잘것없어 보이나 실상은 뿌리가 깊어서 어떤 상황에도 살아남는 나무가 된다.

사도 바울도 신앙이 깊어짐에 따라 처음엔 고린도후서 12:11에서는 "지극히 크다는 사도들보다 조금도 부족함이 없는 사도"라고 자랑했지만, 고린도전서 15:9에서는 "사도 중에 가장 작은 자라, 사도라 칭함받기를 감당하지 못할 자니라."라고 자신을 소개한다. 그리고 디모데전서 1:15에서는 "죄인 중에 내가 괴수니라." 하며 하나님 앞에서 자신을 점점 낮추는 모습을 보게 된다.

사도 바울은 하나님 앞에서 자신이 얼마나 큰 죄인인지를 인식함으로써 비로소 참 사도의 모습을 보여준다.

(고후 12:11) 내가 어리석은 자가 되었으나 너희가 억지로 시킨 것이니 나는 너희에게 칭찬을 받아야 마땅하도다 내가 아무 것도 아니나 **지극히 크다는 사도들보다 조금도 부족하지 아니하니라**

(고전 15:9) 나는 **사도 중에 가장 작은 자라** 나는 하나님의 교회를 박해 하였으므로 **사도라 칭함받기를 감당하지 못할 자**니라

(딤전 1:15) 미쁘다 모든 사람이 받을 만한 이 말이여 그리스도 예수께서 죄인을 구원하시려고 세상에 임하셨다 하였도다 **죄인 중에 내가 괴수니라**

뿌리깊은 나무가 되자
(벧후3:18) 오직 우리 주 곧 구주 예수 그리스도의 은혜와 그를 아는 지식에서 자라 가라 영광이 이제와 영원한 날까지 그에게 있을지어다

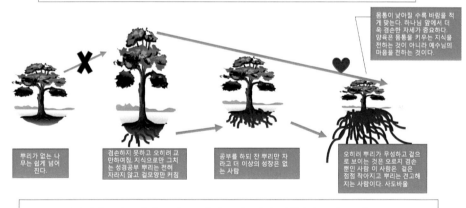

몸통이 낮아질 수록 바람을 적게 맞는다. 하나님 앞에서 더욱 겸손한 자세가 중요하다. 양육은 몸통을 키우는 지식을 전하는 것이 아니라 예수님의 마음을 전하는 것이다.

뿌리가 없는 나무는 쉽게 넘어진다.

겸손하지 못하고 오히려 교만하여짐. 지식으로만 그치는 성경공부 뿌리는 전혀 자라지 않고 겉모양만 커짐

공부를 하되 잔 뿌리만 자라고 더 이상의 성장은 없는 사람

오히려 뿌리가 무성하고 겉으로 보이는 것은 오로지 겸손 뿐인 사람 이 사람은 겉은 점점 작아지고 뿌리는 견고해지는 사람이다. 사도바울

세상에는 바람에 흔들려 보지 않은 나무는 하나도 없습니다. 마찬가지로 인생 또한 고난과 아픔이 없는 인생은 없는 것입니다. 이러한 상황이라면 어떤 고난이 찾아와도 이겨 낼 수 있는 나무는 뿌리깊은 나무입니다 아니 뿌리깊은 나무는 오히려 거센 바람을 더 즐기려고 할 지도 모릅니다. 마치 바람에 몸을 맡겨 춤을 출 수도 있으니 말입니다. 승패를 알고 싸우는 싸움은 승자에게는 기쁘고 즐거움만 있을 것입니다.

말씀의 뿌리를 더 깊게 내려야 합니다 뿌리가 깊은 나무가 열매도 많이 맺는 법이니까요. 성경을 배우지 아니하고 그저 많은 article만을 본다면 이것은 뿌리에게 영양분을 주는 것이 아니라 몸통만 키워 겉으로는 화려하게 보이나 이들은 바람 앞에서 쉽게 쓰러지고 마는 회칠한 무덤과 같은 신앙인이 될 수 있습니다.

〈그림 14〉 뿌리 깊은 신앙으로

1. 시험이 오는 근본적인 이유

1) 하나님을 영화롭게 하는 일에 게을러졌기 때문이다(롬 1: 21).

로마서 1:21을 살펴보면 신앙의 본질은 하나님을 영화롭게 하는 데 있다. 하나님을 영화롭게 하는 방법은 시편 50:23에서 "감사로 제사를 지내는 자가 나를 영화롭게 하나니"라는 말씀을 보아 예배를 드리는 것이다. 만약 예배를 드리지 아니하면 미련한 마음이 더 어두워지게 되어 마침내 빛을 잃어버리고 만다는 뜻이다. 다시 말해 예배적 삶을 게을리하면 그 틈을 타서 사탄이 유혹을 하고, 그 유혹을 통해 형편없는 삶으로 떨어지게 된다는 것이다.

그럼 어떤 이유로 감사해야 하는가? 누구 하나 돌아보지 않아 버려질 나를 당신의 사랑으로 구원하시고 자녀로 삼아주신 은혜에 대한 감사와, 끝까지 동행하시고 지키시고 인도하시고 보호하여주심에 대한 감사이다. 예배는 그러한 감사로 하나님께 영광을 돌리는 반응을 말한다.

> **(롬 1:21)** 하나님을 알되 **하나님을 영화롭게도** 아니하며 **감사하지도 아니하고** 오히려 그 생각이 허망하여지며 **미련한 마음이 어두워졌나니**
>
> **(시 50:23)** **감사로 제사를 드리는 자가 나를 영화롭게 하나니** 그의 행위를 옳게 하는 자에게 내가 하나님의 구원을 보이리라

2) 죄를 짓고도 회개하지 않기 때문이다(롬 2:5).

죄를 지음으로 미련한 마음이 더욱더 둔해져서 깨닫지도 못함으로 회개할 수도 없는 상태가 지속되면 이는 하나님 앞에서 결국 교만으로 드러나게 된다.

> **(롬 2:5)** 다만 **네 고집과 회개하지 아니한 마음을 따라** 진노의 날 곧 하나님의 의로우신 심판이 나타나는 그 날에 **임할 진노를 네게 쌓는도다**

교만이 온 자에게는 특징이 하나 있다. 바로 그 입에서 욕이 나온다는 사실이다. 욕을 달고 산다는 것은 자신의 뜻이 관철되지 않을 때 주로 나타나는 현상이다. 욕의 특성은 남을 비방하는 것인데, 이것은 자신을 높이고 남을 낮추려는 발상에서 시작되기 때문에 교만하다고 하는 것이다. 욕을 하여 남을 정죄한 입술로 거룩하신 하나님을 찬양할 수는 없는 것이다.

야고보 선지자도 "같은 샘(The same spring)에서 어찌 단 물과 쓴 물을 내겠느냐" 하시면서 성도의 이중적 삶을 책망하였고, 예수님 또한 뜨겁거나 차갑지 아니하고 미지근한 상태의 이중적 신앙생활을 용납하지 아니하겠다고 하셨다. 이 모든 삶이 주님 앞에서는 죄악 된 행동이다.

> (잠 11:2) **교만이 오면 욕도 오거니와** 겸손한 자에게는 지혜가 있느니라
> (약 3:10~11) 한 입에서 찬송과 저주가 나오는도다 내 형제들아 이것이 마땅하지 아니하니라
> 11 샘이 한 구멍으로 어찌 단 물과 쓴 물을 내겠느냐
>
> (계 3:15~16) 내가 네 행위를 아노니 네가 차지도 아니하고 뜨겁지도 아니하도다 네가 차든지 뜨겁든지 하기를 원하노라
> 16 네가 **이같이 미지근하여 뜨겁지도 아니하고 차지도 아니하니 내 입에서 너를 토하여 버리리라**

3) 형통한 날에 뒤를 돌아보는 지혜를 잊어버림으로써 그것이 나의 교만으로 이어질 때 시험이 온다(대하 32:31).

하나님은 히스기야의 심중을 보기 위해 잠시 그를 떠난다. 히스기야 왕이 자신의 병을 핑계로 방문한 바벨론 방백들에게 금은보화가 가득 찬 창고를 보여주면서 하나님의 영광을 드러내기보다는 자기의 의를 드러냄으로 말미암아 시험이 닥친다.

이와 같이 어떤 상황에서 성령님이 내 안에 계심에도 불구하고 안 계신 것처럼 가만히 계시는 이유는 히스기야 왕에게 했던 것처럼 나의 심중을 보시기 위해, 또 내가 어떤 모습으로 드러날지, 즉 하나님께 영광

을 돌리는지 아니면 나의 재능으로 자랑하는지를 보시고자 함이다. 또한 그 상황에서 자신의 재능만 믿고 해결하고자 하는지 아니면 예수님을 통해 하나님을 찾는지를 시험하시는 것임을 알아야 한다.

하나님은 모든 것을 아시기에 내 안에 티끌 같은 교만이라도 생기면 그것을 직접 자신의 눈으로 보게 하시기 위해 시험하시는 경우가 많다. 그래서 그 교만을 보고 애초부터 그 싹을 잘라야 하는데 그게 잘 되지 않는다. 히스기야처럼 오만하여 "이것 모두 주님이 하셨습니다." 해야 함에도 불구하고 "이것 모두 내가 했습니다." 하고 주님이 계셔야 할 영광의 자리에 내가 서려고 하니 이게 교만인 것이다. 이렇듯 성령님도 내 안에서 나의 참된 모습을 보여주시기 위해 잠시 침묵하실 때가 있음을 알아야 한다. 그때 숨어있던 내 자아가 드러난다. 이 어두운 자아가 발견되면 철저하게 회개하여 다시는 같은 불의를 저지르지 않도록 자신을 단속해야 한다.

> (대하 32:31) 그러나 바벨론 방백들이 히스기야에게 사신을 보내어 그 땅에서 나타난 이적을 물을 때에 하나님이 **히스기야를 떠나시고 그의 심중에 있는 것을 다 알고자 하사 시험하셨더라**

4) 우리가 감각 없는 자가 되어 유혹의 욕심을 따라 썩어질 것을 구하기 때문이다(엡 4:19; 약 1:14).

각 사람이 시험을 받는 것은 자기 욕심에 끌려 미혹되기 때문(약 1:14)이라고 기록된 것처럼 사람이 자기 욕심을 채우려고 생각한다는 걸 마귀가 알고, 그런 자들에게 불화살을 쏘아 죄를 짓게 한다(고전 15:56). 여기에는 부부관계도 포함이 된다. 서로 주도권을 잡기 위해 자신의 주장이 옳다고 하다 보면 다툼이 일어나고, 이러한 일이 반복되면 부부 사이에 금이 가고 그 틈 사이로 다른 것이 들어오려고 한다.

이러한 틈을 막기 위해 조금씩 서로의 입장이 되어 이해하고, 서로를 용납해서 당신도 옳고 나도 옳다 하고, 모두 옳다고 인정하면 되는 것이다. 모든 다툼은 따지고 보면 서로 감각 없는 자가 되어 자신의 주장이 무조건 옳다고 주장하며, 대부분 썩어 없어질 것들을 위해 싸우고 있는 것이다.

> **(엡 4:19)** 그들이 감각 없는 자가 되어 자신을 방탕에 방임하여 **모든 더러운 것을 욕심으로 행하되**

알다시피 우리 육체에는 사탄이 뿌려놓고 나간 정욕이라는 것이 있다. 인간은 이 욕구를 채우기 위해 부단히 노력한다. 문제는 이 욕구를 채우는 과정에서 감각 없는 자가 되어 마침내 하나님의 뜻과 주님의 가르침에 반역하는 결과로 나타나 죄로 연결되고 만다는 것이다. 그래서 사도 바울은 정욕을 위해 육체의 일을 도모하지 말라(롬 13:13~14)고 하였고, 그리스도 예수의 사람들은 이러한 정욕마저도 십자가에 이미 못을 박았다고 말씀하고 있다(갈 5:24).

따라서 내가 스스로 죄를 지어 초래하는 하나님의 진노의 결과인 시련만큼은 우리 스스로 피해야 한다. 이러한 육체의 정욕으로부터 자유로워지려면 무엇보다도 예수님의 가르침 안에 있어야 한다.

> **(롬 13:13~14)** 낮에와 같이 단정히 행하고 방탕하거나 술 취하지 말며 음란하거나 호색하지 말며 다투거나 시기하지 말고
> 14 오직 주 예수 그리스도로 옷 입고 **정욕을 위하여 육신의 일을 도모하지 말라**
>
> **(갈 5:24)** 그리스도 예수의 사람들은 **육체와 함께 그 정욕과 탐심을 십자가에 못 박았느니라**

5) 긍휼히 여기는 마음을 잃어버리기 때문에 시험이 온다(약 2: 13).

긍휼함 속에는 반드시 성령의 열매인 절제와 거룩한 마음이 포함되어야 한다. 즉 예수 그리스도 안에서 긍휼함을 이루고 살아야 한다. 아내와 남편이 서로를 긍휼히 여기는 것에서부터 시작해 보자. 나를 사랑해 주는 아내, 나를 사랑해 주는 남편, 이 세상에서 나를 가장 많이 사

랑하기에 서로 결혼했고, 그와 한 몸이 되어 살고 있는 그 사람을 다시 사랑하고 긍휼히 여기자. 이 마음이 가정을 지키고 사랑을 지키고 하나님의 말씀을 지키게 하는 것이다. 아내(남편)와의 처음 사랑을 회복해 보자. 그러면 하나님과의 처음 사랑도 회복될 것이다.

> **(약 2:13)** 긍휼을 행하지 아니하는 자에게는 **긍휼 없는 심판이** 있으리라 긍휼은 심판을 이기고 자랑하느니라

2. 시험을 이기는 방법

1) 예배자의 모습을 회복하고 지속적으로 유지하자.

예배가 있는 곳에 주님의 임재가 함께 하시기 때문이다(마 18:20).

주님이 함께 계시면 마귀가 틈을 탈 수가 없다. 날마다 가정 예배를 드려 내 가정에 주님의 임재를 상주시키자.

> **(마 18:20)** **두세 사람이 내 이름으로 모인 곳**에는 나도 그들 중에 있느니라

2) 기도해야 한다.

기도를 통하여 하나님과 날마다 대화를 해야 나의 방향성을 잃어버리지 않는다. 항상 기뻐하고, 쉬지 말고 기도하고, 범사에 감사하는 자들은 행복한 인생을 보장받는다(살전 5:16~18).

> **(살전 5:16~18)** 항상 기뻐하라
> 17 **쉬지 말고 기도하라**
> 18 범사에 감사하라 이것이 <u>그리스도 예수 안에서</u> 너희를 향하신 하나님의 뜻이니라

3) 말씀을 꾸준히 읽고 묵상을 해야 한다.

바람에 흔들려 보지 않은 나무가 세상에 어디에 있겠는가? 그 바람

예수님의 제자로 하나 되기

에도 지탱해주는 울타리는 하나님의 말씀밖에 없다는 사실을 깨달아야 한다.

성경에서 묵상의 대표적인 인물이 이삭이다. 창세기 24:63에 이삭이 들에 나가 묵상했다는 기록이 나온다. 이것은 그 당시 매우 위험한 행동이었다. 시간은 해가 저물 때였고, 들에 혼자 있는다는 것은 도적 떼나 짐승의 습격을 받을 수밖에 없는 환경이었기 때문이다. 그럼에도 이삭은 하나님과 대화하기 위해 날마다 그 시간에 들에 나가 묵상했던 것이다.

그는 이 묵상의 시간에 기근을 피해 애굽으로 가려던 자신을 멈추게 하고 그랄에 머물도록 하는 하나님의 응답을 받는다. 그는 그 음성을 듣고 순종하여 그곳에서 백 배의 열매를 받았다고 성경은 기록하고 있다(창 26:12).

> **(창 24:63)** 이삭이 저물 때에 들에 나가 **묵상하다가** 눈을 들어 보매 낙타들이 오는지라

> **(창 26:12)** 이삭이 그 땅에서 농사하여 **그 해에 백 배나 얻었고** 여호와께서 복을 주시므로

4) 중보기도 하라(욥 42:10).

욥은 자신을 정죄했던 친구들을 위하여 중보기도 할 때 비로소 자신의 병에서 낫게 된다. 중보기도의 힘은 사랑의 원동력이다. 긍휼과 사랑이 없으면 중보기도가 불가능하기 때문이다. 그래서 중보기도는 자신을 회복시키는 힘이 있고 능력이 있는 기도가 된다. 욥도 그러하였다.

> **(욥 42:10)** 욥이 **그의 친구들을 위하여 기도할 때** 여호와께서 **욥의 곤경을 돌이키시고** 여호와께서 욥에게 이전 모든 소유보다 갑절이나 주신지라

5) 고난 중에 있는가? 신뢰하고 기다리자(히 11:6; 요 3:16).

기도에서도 한 번 언급했지만 다시 한번 생각해 보자. 죽을 만큼 힘

든 상황인가? 그렇다면 무조건 견뎌야 한다. 왜 이토록 힘든 고난이 나에게 오는 것일까? 자의든 타의든 이미 닥친 고난을 피할 수는 없다. 그렇다면 견디어 내야 한다. 그것이 유일한 방법이다.

마치 하나님이 떠나신 것 같이 느껴지겠지만, 사실 떠나신 것이 아니라 침묵하고 계실 뿐이다. 그러나 그분은 오래 침묵하시지 않을 것이다. 왜냐하면 나를 위해, 또 당신을 위해, 자신이 가장 사랑하는 자신의 생명과도 같은 아들을 보내 나를 살리신 바로 그 하나님이시기에 내가 힘들고 괴로워하는 모습을 마냥 보고만 계시지 않을 것이기 때문이다. 그리 오래지 않아 찾아오실 것이다. 그때까지 죽을힘을 다해 견디고 기다려야 한다. 이것이 그동안 내가 하나님을 떠난(외면한) 대가라면 감수해야 한다. 또한 하나님께서 믿음 없이 행한 나를 돌아보시고 나에게 당신이 계심을 고난을 통해 확증시키시려고 지금 그 고난을 겪게 하고 있음을 잊지 말아야 한다.

> **(요 3:16) 하나님이 세상을 이처럼 사랑하사** 독생자를 주셨으니 이는 그를 믿는 자마다 멸망하지 않고 영생을 얻게 하려 하심이라

> **(히 11:6) 믿음이 없이는** 하나님을 기쁘시게 하지 못하나니 하나님께 나아가는 자는 반드시 그가 계신 것과 또한 그가 자기를 찾는 자들에게 상 주시는 이심을 **믿어야 할지니라**

성도(내)가 시험을 받고 고난을 당하는 이유가 육체의 소욕을 채우려는 욕심 때문에 유혹에 빠진 것이든, 아니면 하나님이 믿음을 위해 주시는 시험과 고난이든, 사탄은 이러한 상황에 있는 나를 표적으로 삼아 하나님과의 관계에서 멀어지게 할 구실을 찾는 기회로 삼는다. 이럴 때 하나님 입장에서는 성화 과정으로서 나를 거듭나게 하는 기회로 삼는 하나님의 사랑의 손길임을 분명히 알아야 한다. 광야 1세대처럼 사탄의 꾐에 빠져 하나님을 원망하는 망령된 행실을 버리고 욥과 같이 자신의 삶을 저주할지언정(사도 바울은 이조차 자신이 자신을 판단할 자격조차 없다

예수님의 제자로 하나 되기

고 하였지만) 하나님을 찬송하는 데서 멀어져서는 안 된다. 바람에 흔들
리지 않은 나무가 없듯이 우리 인생에도 시험과 고난이 없는 인생은 없
다. 단지 이기고 지는 문제만 남아 있을 뿐이다. 주님은 이런 상황이 오
기 전부터 아니 이미 왔다면 지금부터라도 함께하자고 하신다.

/ 암송하기 /

> **(고전 10:13)** 사람이 감당할 시험 밖에는 너희가 당한 것이 없나니 오직 하나님은 미쁘사
> 너희가 감당하지 못할 시험 당함을 허락하지 아니하시고 시험 당할 즈음에 또한 피할 길
> 을 내사 너희로 능히 감당하게 하시느니라

> **(약 1:14~15)** 오직 각 사람이 시험을 받는 것은 자기 욕심에 끌려 미혹됨이니
> 15 욕심이 잉태한즉 죄를 낳고 죄가 장성한즉 사망을 낳느니라

좀 더 생각하기

내가 한참 아프고 힘들었을 때 왜 이런 고난이 내게 있느냐고 물었
을 때 주님은 이런 깨달음을 주셨다. 사람이 고난을 받는 이유는 자신
의 죄 때문일 수도 있고, 하나님께서 믿음을 보시기 위해 주시는 경우
도 있고, 마귀의 함정에 빠져 생기는 경우도 있다고. 이처럼 여러 이유
로 생기는 것이라고 깨닫게 하셨다.

그러나 고난의 이유가 어떤 것이 됐든 분명한 것은, 그것을 통해 하나
님의 말씀이 자신의 것이 되도록 훈련하는 과정으로 삼아야 한다는 것
이다. 하나님은 그런 연유로 고난을 허락하신다.

다음은 어느 권사님의 이야기이다. 이 권사님은 사실 교회에서 만난
친구 중 한 사람이었다.

암 선고를 받고 모든 연락을 끊고 자포자기 하고 있는 권사님의 이야기를 들었다. 전화를 해도 전화를 받지 않는 그에게 나는 다음과 같은 문자를 보냈다.

"권사님! 아프시다는 소식을 들었습니다. 저도 권사님께서 알다시피 너무도 힘들 때가 있었습니다. 제 경험으로 보면 다음과 같은 마음의 변화가 올 겁니다.

첫째는 절망이라는 놈이 찾아올 겁니다. 그때 이 절망을 받아들이시면 안 됩니다. 절망하지 말고 이 병을 통해 하나님이 내게 하시고자 하는 뜻을 묻고 답을 구하십시오. 예레미야 29:11~13의 말씀을 믿고 실천하십시오.

> **(렘 29:11~13)** 여호와의 말씀이니라 너희를 향한 나의 생각을 내가 아나니 평안이요 재앙이 아니니라 너희에게 미래와 희망을 주는 것이니라
> 12 너희가 내게 부르짖으며 내게 와서 기도하면 내가 너희들의 기도를 들을 것이요
> 13 너희가 온 마음으로 나를 구하면 나를 찾을 것이요 나를 만나리라

둘째는 두려움이 찾아올 겁니다. 그러나 두려움을 물리쳐야 합니다. 두려움을 물리치는 방법은 오직 사랑밖에 없습니다. 요한 일서 4:18의 말씀을 자신의 것으로 승화시켜야 합니다.

> **(요일 4:18)** 사랑 안에 두려움이 없고 온전한 사랑이 두려움을 내쫓나니 두려움에는 형벌이 있음이라 두려워하는 자는 사랑 안에서 온전히 이루지 못하였느니라

내가 병으로 인해 두려운 마음을 가지고 있다면 하나님을 향한 나의 사랑이 온전치 못하다는 증거입니다. 온전한 사랑을 이루기 위해 노력해야 합니다.

예수님의 제자로 하나 되기

셋째는 기쁨이 사라질 것입니다. 기쁨을 잃어버리면 앞서 두 가지를 이룬다고 해도 금방 제자리로 돌아가고 맙니다. 그러니 이때 데살로니가전서 5:16~18의 말씀을 실천하십시오. 먼저 내 인생에 있어 감사함을 찾고 그 감사한 일을 붙들고 기도하십시오. 그러면 기쁨이 회복될 것입니다.

> **(살전 5:16)** 항상 기뻐하라
> 17 쉬지 말고 기도하라
> 18 범사에 감사하라 이것이 그리스도 예수 안에서 너희를 향하신 하나님의 뜻이니라

주님이 당신에게 이 고난을 주신 것은 이 세 가지 말씀을 자신의 것으로 온전히 만들기 위한 훈련을 하라는 것입니다.

왜 이런 훈련을 하는 것일까요? 그것은 그리스도 예수의 좋은 병사로 거듭나게 하기 위함이고, 병사로 모집하신 이를 기쁘게 하려 함이라고 성경은 말씀하고 있습니다(딤후 2:3~4). 그리고 병을 감추지 말고 믿음의 형제들에게 중보기도를 요청하십시오. 그들은 당신이 이 싸움에서 승리하기를 기도로 도울 것입니다."

> **(딤후 2:3~4)** 너는 그리스도 예수의 좋은 병사로 나와 함께 고난을 받으라
> 4 병사로 복무하는 자는 자기 생활에 얽매이는 자가 하나도 없나니 이는 병사로 모집한 자를 기쁘게 하려 함이라

아프다, 힘들구나

아프다
너무 아프다
하나님의 징계는
너무도 무섭구나
누가 그것을 견디어 내랴
주님이 한번 치시니
견딜 자 누구랴

힘들구나
정말 견디기 힘들구나
하나님의 훈계는
너무도 무섭구나
하나님의 노하심에
그 누가 견디어 내랴

그런데
어디서 들려오는 음성인가
내 사랑하는 자여
들을 지어다

징계를 받은 자여
너는 알지어다

예수님의 제자로 하나 되기

사랑이 크니
징계도 크시도다

훈계를 받는 자여
들을지어다
주의 긍휼하심이 크니
훈계도 크시도다

징계를 받는 자여
감사하라
훈계를 받는 자여
감사하라
주님의 사랑이
너를 덮었음이라

너의 갈 길을 예비하신 이가 말하노라
이제 가자!
함께 가자!
이때까지 내가 너를
기다렸노라

열세 번째 만남

순종의 삶

지난 주일 설교에 대한 말씀을 나눈다

a) 설교말씀 본문과 주제와 내용을 서로 나눈다.

b) 가장 큰 은혜나 감동을 받은 내용은 무엇인가?

c) 이 말씀에 비추어 볼 때 현재 나의 모습은 어떠한가?

d) 이 말씀으로 내가 버려야 할 것과 바꾸어야 할 생활 습관(사고)이 있다면 무엇인가?

　(주일 말씀에 대한 세부 실천 계획을 세워보고 실천해 보았는가?)

e) 말씀 속에서 결단한 내용과 그 결단한 것이 지켜지고 있는가?

예수님의 제자로 하나 되기

들어가기

하나님께서는 우리를 얼마나 사랑하시는가. 오로지 그분의 마음은 우리를 어떻게든 구원하시려는 데 두고 있다. 하나님은 시편 81편 15절과 16절에서 "제발 내 말에 복종하는 흉내라도 내거라 그리하면 너의 시대를 영원히 유지시켜주고 기름진 밀과 반석에서 나는 꿀로 너에게 채워주겠다."라고 하신다. 주님은 이렇게라도 순종을 원하신다. 순종을 하다 보면 하나님을 알게 될 것이고, 하나님께서 만나 주심으로 그분의 사랑이 내게 향해 있다는 사실과 그 사랑이 얼마나 큰지 깨닫게 될 것이다. 이로 인해 마침내 진정한 구원을 맛보는 그리스도인이 될 수 있기에 하나님은 당신의 백성들에게 성경을 읽으라고, 그래서 그것을 통해 당신의 음성을 들으라고 하신다. 순종의 첫걸음은 성경을 보는(읽는) 데서부터 시작한다.

순종은 오로지 100%여야 한다. 시편 기자처럼 마음은 비록 하나님으로부터 멀지라도 "하나님의 말씀이니까" 복종해야겠다는 마음과 행동이 뒤따라야 한다는 사실을 노래하고 있다. 주님은 이런 경우의 예화를 이렇게 말씀하고 계신다.

"그러나 너희 생각에는 어떠하냐, 어떤 사람에게 두 아들이 있는데 맏아들에게 가서 이르되 '얘, 오늘 포도원에 가서 일하라.' 하니 대답하여 이르되 '아버지 가겠나이다.' 하더니 가지 아니하고 둘째 아들에게 가서 또 그와 같이 말하니 대답하여 이르되 '싫소이다.' 하였다가 그 후에 뉘우치고 갔으니 그 둘 중의 누가 아버지의 뜻대로 하였느냐. 이르되 둘째 아들이니이다. 예수께서 그들에게 이르시되 내가 진실로 너희에게 이르노니 세리들과 창녀들이 너희보다 먼저 하나님 나라에 들어가리라 (마 21:28~31)"

참되고 진정한 순종은 아버지를 사랑하고 존경하는 마음으로 분부한 모든 것을 따르는 것이라 할 수 있다.

순종에 있어서 가장 중요한 것은 방향성이다. 지금 내가 어느 방향으로 가고 있는지 수시로 점검하고 확인해야 한다.

하나님은 미지근한 순종을 원하지 아니하신다(계 3:15~16).

> **(계 3:15~16)** 내가 네 행위를 아노니 네가 차지도 아니하고 뜨겁지도 아니하도다 네가 차든지 뜨겁든지 하기를 원하노라
> 16 네가 **이같이 미지근하여 뜨겁지도 아니하고 차지도 아니하니 내 입에서 너를 토하여 버리리라**

순종의 시작은 하나님을 알고자 하는 마음에서부터 시작된다. 따라서 하나님의 마음과 뜻을 알기 위해서는 반드시 성경을 읽어야 한다. 다시 말하지만 성경을 읽음으로써 순종이 시작된다고 할 수 있다.

1. 어떻게 순종해야 하는가?

잘못된 순종의 예를 살펴보자.

1) 다윗의 실수(삼하 6:1~11)

본문에서 보면 다윗은 하나님 마음에 합한 사람이었다. 그는 평생토록 하나님만 사랑했고 존경했고 경외해왔다. 그는 하나님과 함께하기를 사모하였고 또 사랑하는 마음으로 하나님의 임재를 상징하는 언약궤를 자신의 성에 가까이 두고 싶어 했다. 그의 의도는 오직 하나님께 향

한 선한 마음이었다.

그런데 제사장 아비나답에게 있던 언약궤를 다윗 성으로 옮기는 데 있어 하나님의 방법이 아닌 자신이 알고 있는 방법으로 옮기려 했다(이 방법은 블레셋 사람들이 사용한 방법이었다. 삼상 6:1~9 참조). 이러한 과정에서 나곤의 타작마당에 이르렀을 때 소가 갑자기 날뛰는 바람에 수레에 실려 있던 언약궤가 쓰러지려고 하자 웃사가 그것을 막는 과정에서 죽고 만다. 이 일로 자신의 마음을 알아주지 않는 하나님께 다윗은 화를 내며 언약궤를 옮기려는 것을 포기하고 오벧에돔 집에 놔두고 돌아선다.

3개월 동안 언약궤로 말미암아 오벧에돔 집에는 하나님의 복이 임한다. 다윗은 '왜 하나님께서 진노했을까?' 하고 되돌아보며 모세 오경을 다시 보고 그제야 하나님의 언약궤는 사람의 방법이 아닌 하나님의 방법대로 레위인들이 지고 옮겨야 한다는 사실을 알고 율법대로 옮기게 된다. 비로소 다윗 성까지 무사히 언약궤가 도착하며, 그 과정에서 다윗은 에봇이 흘러내릴 만큼 춤을 추며 왔다고 기록하고 있다.

이 본문에서 어떤 교훈을 우리에게 주고 있는가? 그것은 하나님께 향한 마음이 아무리 선하고 사랑하는 마음으로 계획했다고 하더라도 하나님의 방법대로가 아니면 안 된다는 것이다. 하나님의 방법을 알기 위해서는 성경을 공부해야만 한다.

2) 롯의 아내의 불순종(창 19:26)

하나님께서 소돔과 고모라의 악함으로 인해 그들을 불로 심판하실 때 하나님께서는 아브라함을 생각하여 롯과 그의 식구를 구하여 주신다. 그들의 손을 직접 붙잡고 소돔과 고모라 성에서 나오도록 인도해 주셨다. 그리고 그들에게 뒤를 돌아보지 말고 하나님이 지시하신 산을 향해 가라고 명하셨다. 그러나 가는 도중 롯의 아내는 뒤를 돌아보아

소금기둥이 되고 만다. 끝까지 순종하지 못하고 세상에 미련을 두어 뒤를 돌아본 롯의 아내는 온전히 구원을 받지 못했다.

> (창 19:16) 그러나 롯이 지체하매 그 사람들이 **롯의 손과 그 아내의 손과 두 딸의 손을 잡아 인도하여 성 밖에 두니** 여호와께서 그에게 자비를 더하심이었더라

> (창 19:17) 그 사람들이 그들을 밖으로 이끌어 낸 후에 이르되 도망하여 생명을 보존하라 **돌아보거나 들에 머물지 말고 산으로 도망하여** 멸망함을 면하라
> (창 19:26) 롯의 아내는 **뒤를 돌아보았으므로 소금 기둥이 되었더라**

3) 사울 왕의 불순종(삼상 15:23)

이스라엘의 초대 왕이었던 사울은 처음에는 이스라엘의 왕이 될 만큼 하나님으로부터 인정받은 인물이었다(삼상 10:22~24). 그래서 그는 왕으로 발탁되었으나 그는 점차 왕위에 대한 집착과 고집으로 인해 마침내 하지 말아야 할 일들을 함으로써 하나님께 불순종하게 된다. 사무엘이 지내야 할 제사를 무시하고 자신이 대신 제사를 지낸 일은 하나님의 법도를 무시한 행동이었다(삼상 13:15). 그리고 하나님께서 아말렉을 진멸하라고 사울 왕에게 명하였으나 그는 아말렉 왕 아각과 기름지고 좋은 양과 소를 남겨두어 하나님의 명령을 제대로 이행하지 않는다(삼상 15:2~9). 사울 왕의 이러한 행동을 두고 사무엘은 순종이 제사보다 낫고 듣는 것이 숫양의 기름보다 낫다(삼상 15:22)고 가르치나 사울 왕은 끝내 말씀을 거역하는 행위와 완고한 고집으로 인해 하나님께 버림을 당한다(삼상 15:23).

> (삼상 15:23) 이는 **거역하는 것은 점치는 죄와 같고 완고한 것은 사신 우상에게 절하는 죄와 같음이라** 왕이 여호와의 말씀을 버렸으므로 **여호와께서도 왕을 버려 왕이 되지 못하게 하셨나이다** 하니

4) 광야 1세대의 불순종(민 11:1; 민 14: 27,35)

출애굽 하여 광야에서 40년의 세월을 보낸 출애굽 1세대들은 광야 40년 동안 악한 말로 하나님을 원망하여 그들 또한 하나님께 버림을 당한다.

이들 모두가 처음에는 하나님께 구원을 받았으나 이 구원을 끝까지 지키지 못하여 마침내 버림을 당하였다. 무슨 말인가? 구원은 하나님의 은혜로 내게 다가오지만 그것을 끝까지 지켜나가는 몫은 내게 있음을 말해주고 있다.

하나님의 말씀과 가르침대로 순종하지 않는다면 하나님의 구원의 은혜는 나를 떠난다는 사실, 즉 버림을 당할 수 있음을 명심해야 한다. 반면 순종의 결과는 구원이다.

> **(민 11:1)** 여호와께서 들으시기에 백성이 **악한 말로 원망하매** 여호와께서 들으시고 진노하사 여호와의 불을 그들 중에 붙여서 진영 끝을 사르게 하시매
> **(민 14:27)** 나를 원망하는 이 악한 회중에게 내가 어느 때까지 참으랴 이스라엘 자손이 **나를 향하여 원망하는 바** 그 원망하는 말을 내가 들었노라
> **(민 14:35)** 나 여호와가 말하였거니와 모여 **나를 거역하는 이 악한 온 회중에게** 내가 반드시 이같이 행하리니 그들이 **이 광야에서 소멸되어 거기서 죽으리라**

2. 온전한 순종이 생명으로 이끈다(출 12:21~23).

출애굽 사건에서 주님은 모세에게 다음과 같은 명령을 내린다.

"먼저 식구수대로 양을 준비하고 양을 잡아 피를 그릇에 담아서 우슬초를 가지고 자신의 문인방과 좌우 문설주에 바르고 너는 그 안에 들어가 있어라."

이때 어떤 사람이 양의 피를 받아 좌우 문설주와 문인방에 바르고 밖에 서 있었다면 이 사람은 살 수 있을까? 또 어떤 사람은 양의 피를 받아 좌우 문설주와 문인방에 바르고 또 그 피가 효과가 있을 줄 알고 자기 몸에 바르고 밖에 있었다면 이 사람은 어떻게 될까? 이 모두는 50% 순종으로 자신의 생각을 하나님의 말씀 안에 넣었다. 결론적으로

두 사람 모두 죽는다. 순종은 그 명령 안에 아주 작은 불순종도 있어서는 안 된다는 사실을 알아야 한다. 수백 가지 법 조항이 있다. 그중 하나만 어겨도 법을 어긴 것이 된다.

(출 12:21~23) 모세가 이스라엘 모든 장로를 불러서 그들에게 이르되 너희는 나가서 너희의 가족대로 어린 양을 택하여 유월절 양으로 잡고
22 우슬초 묶음을 가져다가 그릇에 담은 피에 적셔서 그 피를 문인방과 좌우 설주에 뿌리고 아침까지 한 사람도 자기 집 문 밖에 나가지 말라
23 여호와께서 애굽 사람들에게 재앙을 내리려고 지나가실 때에 문인방과 좌우 문설주의 피를 보시면 여호와께서 그 문을 넘으시고 멸하는 자에게 너희 집에 들어가서 너희를 치지 못하게 하실 것임이니라

온전한 순종의 예를 살펴보자.

1) 여리고 성이 무너짐(수 6:2~10)

하나님의 말씀대로 행할 때 내 안에 있는 여리고 성과 같은 고집은 무너지게 된다.

2) 요단강 물을 가름(수 3:14~17)

언약궤를 맨 제사장들이 요단 강물에 발을 담글 때 범람하는 강을 건널 수 있게 된다. 이는 그리스도인들이 주님의 말씀을 지고 그의 말씀에 발을 담글 때 어떠한 어려운 문제도 해결해주신다는 의미가 내포되어 있는 것이다.

3) 오병이어의 기적이 나타남(마 14:15~21)

본문 18절에 "주님께서 그것을 내게로 가져오라"라는 그 말씀에 순종할 때 기적이 일어난다. 우리의 문제를 주님께 가지고 갔을 때 기적은 일어난다.

예수님의 제자로 하나 되기

3. 지금 당장 내가 해야 할 순종은 무엇인가?

1) 하나님의 말씀을 읽는 것이다(호 6:3; 호 4:6).

성경은 누구의 말씀인가? "하나님의 말씀"이다. 그런데 왜 읽지 않는 것인가? 하나님의 말씀보다 더 중요한 것이 세상에 어디에 있는가? 혹시 당신은 말로만 하나님의 말씀으로 인정하는 것은 아닌가? 당신의 행동이 그것을(하나님의 말씀이라고 인정하지 않는 모습으로) 말해주고 있지는 않는가?

> **(호 6:3)** 그러므로 우리가 <u>여호와를 알자 힘써 여호와를 알자</u> 그의 나타나심은 새벽 빛 같이 어김없나니 비와 같이 땅을 적시는 늦은 비와 같이 우리에게 임하시리라 하니라

> **(호 4:6)** 내 백성이 <u>지식이 없으므로 망하는도다</u> 네가 지식을 버렸으니 나도 너를 버려 내 제사장이 되지 못하게 할 것이요 네가 네 <u>하나님의 율법을 잊었으니</u> 나도 네 자녀들을 잊어버리리라

2) 하나님의 임재를 사모하고 가정 예배를 드리는 것이다(마 18: 20).

두세 사람이 예수님의 이름으로 모일 수 있는 곳이 가정이다. 하나님의 영광의 임재가 내 가정에 항상 거하신다면 어떤 일들이 벌어질까? 기대되지 않는가?

> **(마 18:20)** 두 세 사람이 <u>내 이름으로 모인 곳에는</u> <u>나도 그들 중에 있느니라</u>

내 가정에 하나님의 임재가 항상 상주하시길 원한다면 가정 예배를 매일 드려야 한다. 이 시간은 하루의 삶을 되돌아보고 하나님께 부족했던 모습을 발견하고 회개하는 일과 감사한 일에 대해 서로 공유하여 하나님께 회개와 감사함으로 나아가는 시간이 되어야 한다. 또 아이들에게는 하나님의 말씀을 읽게 하는 시간으로 제공되어야 한다.

양육을 하다 보면 가정 예배를 어떻게 드리는 것이 좋은지 묻는 경

우가 종종 있다. 한 가지 팁을 드리자면 가정 예배는 주일 공동체 예배와 구별된다. 먼저 복장이 자유롭다. 잠옷을 입고 드려도 무관하다. 가정 예배에서는 하나님도 가정의 한 일원으로서 함께 거하시기 때문이다. 그리고 어린 아이들이 있으면 아이들의 행동을 구속하지 말아야 한다. 예배가 길어도 안 되고 지루해서도 안 된다. 재미있고 즐겁게 예배를 드리면 더욱 좋다. 이 예배 시간을 이용해서 아이들을 절대로 야단치거나 훈계해서는 안 된다.

다음과 같은 예배순서를 추천한다.

(1) 찬양(가족이 다 같이 한자리에 모여)
(2) 기도(사도신경, 혹은 서로 돌아가면서 대표기도)
(3) 말씀 읽기(신약성경부터 읽기 시작하면 좋다. 매일 1장씩 서로 교독)
(4) 마무리 기도(인도자가 한다)
(5) 주기도문으로 마친다.

가정 예배를 드릴 때 가장 주의해야 할 점, 예배는 내가 받는 것이 아니라 하나님이 받으신다는 사실이다. 내가 보기에 아이들의 예배 태도가 바르지 못해도 혹은 아내(남편)가 눈에 거슬리는 행동을 하더라도 예배 중에 야단치거나 하면 안 된다. 만일 그 모든 것을 하나님이 허용하시고 괜찮다고 하셨다면 내 모습이 오히려 예배를 방해하는 것이 되기 때문이다. 주님은 "너나 잘해라." 하실지도 모른다. 나나 그들이나 모두 하나님께 예배하는 한 일원이기에 서로 이해하고 용서하며 사랑해 주는 것이 가정 예배의 모습이다. 가정 예배를 통해 주님이 아이들을 가르치시고 인도하시는 것을 보게 될 것이다. 사춘기에 있는 아이들도 가정 예배를 통해 하나님이 변화시키는 것을 보게 될 것이다. 이보다 더 큰 하나님의 임재를 경험하게 될 것이다.

예수님의 제자로 하나 되기

3) 하나님의 말씀을 즐거워하고 주야로 묵상해야 한다(시 1:1~ 3).

시편 기자는 "복 있는 사람이 되고 싶으면 하나님의 말씀을 주야로 가까이 하라."라고 말씀하신다. 그랬을 때 당신에게 주시는 하나님의 복을 세어 보라.

> **(시 1:1~3) 복 있는 사람은** 악인들의 꾀를 따르지 아니하며 죄인들의 길에 서지 아니하며 오만한 자들의 자리에 앉지 아니하고
> 2 **오직 여호와의 율법을 즐거워하여 그의 율법을 주야로 묵상하는도다**
> 3 그는 시냇가에 심은 나무가 철을 따라 열매를 맺으며 그 잎사귀가 마르지 아니함 같으니 그가 하는 모든 일이 다 형통하리로다

성도라면 가정 예배와 같이 묵상도 매일 해야 한다.

앞서 설명해 드린 바와 같이 하루를 시작하기 전에 하나님 말씀 앞에서 겸손히 나아감으로 시작하는 모습은 그리스도인이 갖추어야 할 가장 모범적인 행동이라 할 수 있다. 묵상은 하나님 앞에서 나를 조율하는 시간이다. 하루를 시작하면서 묵상을 통해 내 가정에 찬양의 소리가 먼저 울려 퍼지고, 이어 하나님의 말씀을 읽어 선포하고 나아가는 모습은 영적 전쟁에서 이미 승리를 약속받는 것이다.

4) 하나님이 원하시는 삶을 살아 보자.

> **(약 1:27)** 하나님 아버지 앞에서 정결하고 더러움이 없는 경건은 곧 **고아와 과부를 그 환난중에 돌보고** 또 **자기를 지켜 세속에 물들지 아니하는 그것**이니라

하나님 앞에서 정결하고 더러움이 없는 경건한 삶을 살기 위해서는 먼저 가난한 이웃과 소외된 이웃을 돌봐야 한다. 그다음은 자신을 지켜 세속화되는 것을 막아내는 일이다. 어렵고도 쉬운 일이다. 마음만 고쳐먹으면 할 수 있는 일이다.

4. 온전한 순종을 위해서는 해야 할 것과 버려야 할 것이 있다.

　다음 〈그림 15〉에서 흔들바위가 구르기 위해서는 저항하고 있는 받침대를 빼고, 미는 힘을 강하게 하면 된다. 일단 돌이 구르기 시작하면 성령님께서 앞서가서서 구르는 데 방해가 되는 장애물을 없애주신다. 그러기에 그가 하는 모든 일이 다 형통하리라(시 1:3)는 축복을 받게 된다.

　1) 바위가 구르지 못하도록 막고 있는 것은 고집, 두려움, 회개하지 않으려는 마음, 하나님을 영화롭게 하지 않으려는 마음 등이다.

　2) 바위가 잘 구르게 미는 힘은 말씀을 묵상하고 믿고 결단하며 순종하는 삶과 예배하는 삶 그리고 선교하는 삶을 말한다.

> (시 119:165) 주의 법을 사랑하는 자에게는 큰 평안이 있으니 **그들에게 장애물이 없으리이다**

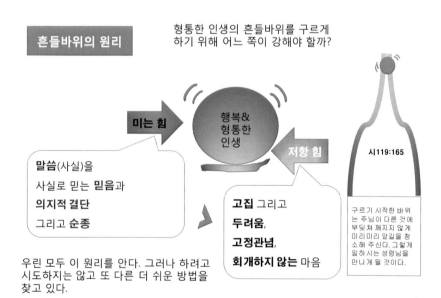

<그림 15> 흔들바위 믿음

5. 순종의 삶이란?

1) 날마다 죽는 삶 - 자신의 못난 자아를 죽이는 것(고전 15: 31)

(고전 15:31) 형제들아 내가 그리스도 예수 우리 주 안에서 가진 바 너희에 대한 나의 자랑을 두고 단언하노니 **나는 날마다 죽노라**

2) 날마다 자기를 부인하고 자기 십자가를 지고 주님을 따르는 삶(눅 9:23)

(눅 9:23) 또 무리에게 이르시되 아무든지 나를 따라 오려거든 **자기를 부인하고** 날마다 **제 십자가를 지고 나를 따를 것**이니라

3) 성령을 따라 행하는 삶, 말씀대로 사는 삶(갈 5:16)

(갈 5:16) 내가 이르노니 너희는 **성령을 따라 행하라** 그리하면 육체의 욕심을 이루지 아니하리라

4) 순교자의 삶 - 야고보의 순교와 스데반의 순교

(행 7:55~60) 스데반이 **성령 충만하여** 하늘을 우러러 주목하여 하나님의 영광과 및 **예수께서 하나님 우편에 서신 것을 보고**
56 말하되 보라 하늘이 열리고 **인자가 하나님 우편에 서신 것을 보노라** 한 대
57 그들이 큰 소리를 지르며 귀를 막고 일제히 그에게 달려들어
58 성 밖으로 내치고 돌로 칠새 증인들이 옷을 벗어 사울이라 하는 청년의 발 앞에 두니라
59 **그들이 돌로 스데반을 치니** 스데반이 부르짖어 이르되 주 예수여 내 영혼을 받으시옵소서 하고
60 무릎을 꿇고 크게 불러 이르되 주여 이 죄를 그들에게 돌리지 마옵소서 이 말을 하고 자니라

6. 순종의 맛은 어떻게 나타나는가?

소금에는 짠맛이 있다. 짠맛이 없으면 소금이 아니다. 마찬가지로 순

종의 맛은 믿음의 행위에 있다. 주님은 우리가 당신을 사랑하는지를 계명을 지켜 행하는 것으로 보겠다고 하신다(요 14:15). 구약에서 사사기와 역대기와 열왕기는 무엇을 말하고 있는가? 그것은 바로 순종하는 왕의 삶과 순종하지 않는 왕의 삶 그리고 불순종했던 삶에서 돌이킨 왕들의 삶과 순종의 삶에서 불순종의 삶으로 되돌아간 왕들의 결과를 기록하고 있다.

"너희가 나를 떠나서는 아무것도 할 수 없느니라(요 15:5)."

야고보 선지자는 행함이 없는 믿음은 이미 죽은 믿음이고 그것으로 자신을 구원시키지 못한다는 말씀을 하고 있다. 믿음은 행함과 같이 있어야 참 믿음이다(약 2:17,22).

> (요 14:15) 너희가 **나를 사랑하면 나의 계명을 지키리라**
>
> (요 15:5) 나는 포도나무요 너희는 가지라 그가 내 안에, 내가 그 안에 거하면 사람이 열매를 많이 맺나니 **나를 떠나서는 너희가 아무 것도 할 수 없음이라**
>
> (약 2:17) 이와 같이 **행함이 없는 믿음은 그 자체가 죽은 것**이라
>
> (약 2:22) 네가 보거니와 **믿음이 그의 행함과 함께 일하고** 행함으로 **믿음이 온전하게 되었느니라**

7. 무엇을 어떻게 순종할 것인가?

성경은 우리에게 무엇을 순종하라고 하는가? 곧 하나님의 말씀이다. 이 많은 말씀 중에 두 가지로 함축할 수 있다. 그것은 앞서 말했듯이 대계명과 대위임령이다. 대계명은 모세의 두 돌 판에 새겨진 말씀으로 먼저는 하나님에 대한 사랑이고 또 하나는 이웃에 대한 사랑이다(출 20:3~17; 마 22:37~40).

> (마 22:37~40) 예수께서 이르시되 네 마음을 다하고 목숨을 다하고 뜻을 다하여 **주 너의 하나님을 사랑하라** 하셨으니
>
> 38 이것이 크고 첫째 되는 계명이요
>
> 39 둘째도 그와 같으니 **네 이웃을 네 자신 같이 사랑하라** 하셨으니
>
> 40 이 두 계명이 온 율법과 선지자의 강령이니라

1) 대계명의 경우 어떻게 순종할 것인가? 먼저 하나님을 사랑하되 "너의 마음을 다하여 뜻을 다하여 그리고 힘을 다하여 목숨을 다하여 사랑하라"고 말씀하신다(신 6:4~9).

> (신 6:4~9) 이스라엘아 들으라 우리 하나님 여호와는 오직 유일한 여호와이시니
> **5 너는 마음을 다하고 뜻을 다하고 힘을 다하여 네 하나님 여호와를 사랑하라**
> 6 오늘 내가 네게 명하는 이 말씀을 **너는 마음에 새기고**
> 7 **네 자녀에게 부지런히 가르치며** 집에 앉았을 때에든지 길을 갈 때에든지 누워 있을 때에든지 일어날 때에든지 **이 말씀을 강론할 것이며**
> 8 너는 또 **그것을 네 손목에 매어 기호를 삼으며 네 미간에 붙여 표로 삼고**
> 9 또 **네 집 문설주와 바깥 문에 기록할지니라**

먼저

① 하나님의 말씀을 마음에 새긴다.

② 자녀에게 부지런히 가르친다.

③ 하나님의 말씀을 앉아 있을 때나 길을 갈 때나 누워있을 때나 일어날 때나 언제든지 하나님의 말씀에 대해 깊이 생각하고 잊지 않도록 서로 나누어야 한다.

④ 너는 또 그것을, 손목을 움직일 때 즉 일을 할 때도 말씀대로 행하고 네 이마에 항상 표를 삼은 것 같이 그것을 생각하고 그것을 떠나 다른 것이 네 생각을 지배하지 못하게 하라.

⑤ 네 집 문설주와 바깥문에 기록하라는 것은 네 집안에서든 밖에서든 하나님의 자녀라는 정체성을 잊지 말고 하나님의 말씀을 행하고 지키라는 것이다.

그리고 이웃에 대한 사랑은 "네 몸과 같이 사랑하라."라고 하셨다. 어떻게 사랑하는 것이 이렇게 사랑하는 것일까?

이 부분에 있어 한 간증을 소개하고자 한다. 젊은 나이에 자수성가한 사람이 있었다. 그러던 그가 어느 날 심장병이 심각하여 심장이식을

받지 않으면 살 수 없을 만큼 힘든 상황이 되었다. 미국에 거주하고 있던 그는 여러 날을 기다리다 마침내 자신에게 꼭 맞는 심장이 나타나 이식을 받을 수 있게 되었다. 그는 입원 기간 동안 병실에서 성경을 열심히 읽었다고 한다. 그리고 그는 지금부터라도 하나님의 말씀대로 살아보겠다고 다짐을 한 상태였다. 그래서 하나님이 주신 축복으로 받아들이고 감사를 드렸다.

그런데 회진 시간에 의사가 이런 말을 한다. 어제 들어온 심장이식이 필요한 한 젊은 여자 환자가 있는데 그 사람은 이틀 안에 심장을 이식하지 않으면 죽는다고. 그런데 그 여자분에게 필요한 심장이 환자분과 똑같은 심장이라고 말하는 것이었다. 순간 갈등이 찾아왔다고 한다. 내가 이제부터 하나님의 말씀대로 살겠다고 서원했는데, 그리고 "네 이웃을 네 몸과 같이 사랑하라."라고 했는데 이제 내게 온 심장을 양보하면 나의 미래는 불투명한데 어떻게 하지? 하고 고민하면서 이렇게 물었다고 한다. "나는 심장이식을 받지 않으면 얼마나 살 수 있나요?" 아마 일주일은 살 수 있고 조금 더 길게 보면 한 달 정도는 살 수 있을 것이라고 담당 의사는 말했다.

그는 가족의 반대에도 불구하고 자신에게 온 심장을 그 여자에게 주라고 허락했다고 한다. 자신이 죽을 수도 있는 상황에서 예수님의 마음으로 그는 마치 자신의 생명을 포기하고 이름도 얼굴도 모르는 그 여자를 살렸다.

그리고 한 달 뒤에 기능이 조금 나쁜 심장이지만 그래도 수술을 받을 수 있었고 이후 2차, 3차까지 수술을 받아 마침내 지금은 건강하게 살고 있다는 간증이었다. 이런 사랑이 바로 이웃을 내 몸과 같이 사랑하는 그리스도인이라고 생각한다.

　예수님의 제자로 하나 되기

2) 대위임령의 경우 어떻게 순종할 것인가(마 28:18~20)?

대위임령은 땅끝까지 복음을 전하는 사명을 이루는 것이다. 이 사명을 이루기 위해서는 먼저 하나님 말씀의 대표적인 대계명인 사랑이 삶속에서 실천되고 있어야만 한다. 그래야 내 삶을 통해 하나님의 말씀이 빛이 되고 그 빛을 보고 사람들이 모일 때 비로소 복음이 전파되기 시작하기 때문이다. 이 빛을 소유한 자가 땅끝까지 가서 하나님의 말씀을 분부한 모든 것을 전도자의 삶을 통해 가르쳐 지키게 하는 것이다.

다시 말해 그리스도인은 그들의 삶 자체가 성경(하나님의 말씀)이 되어야 한다. 말씀대로 사는 삶을 살 때 성경을 모르는 세상 사람들이나 믿음이 약하여 성경을 잘 이해하고 있지 못한 형제자매들에게 빛이 되어줌으로써 비로소 그들이 예수님에 대해 관심을 가지게 되고 하나님을 사랑하게 되는 것이다.

3) 삶 속에서 하나님의 말씀을 경청하고(하나님의 말씀에 항상 집중하는 모습으로) 그의 앞에서 겸손하며(항상 존귀하신 하나님 앞에 겸손한 태도로) 하나님을 경외하며(항상 예배의 삶을 유지하는 생활 태도) 사는 사람에게 주는 선물은 형통의 삶이다(시 128편의 축복).

8. 순종을 원하시는 하나님의 마음(시 81:15~16)

> (시 81:15~16) 여호와를 미워하는 자는 <u>그에게 복종하는 체 할지라도 그들의 시대는 영원히 계속되리라</u>
> 16 또 내가 <u>기름진 밀을 그들에게 먹이며 반석에서 나오는 꿀로 너를 만족하게 하리라</u> 하셨도다

〈그림 16〉을 보면 하나님은 우리에게 사랑도 요구하시지만 사랑보다도 순종을 더 원하신다. 왜냐하면 사랑하는 사람은 사랑하는 이에게 본능적으로 맞추려고 하기 때문이다. 사랑에는 그런 힘이 있다. 그

러나 하나님은 시편 기자에게 말씀하시기를 "네가 나를 사랑하지 아니하더라도" 하나님의 말씀에 순종하는 척(흉내)이라도 하라고 하신다. 왜냐하면 그 순종하는 척하는 행동만으로도 그 사람에게 복을 주시고 싶어서이다. 주님은 그렇게 순종하는 자에게도 그의 시대는 영원할 것이고 반석에서 나는 꿀과 기름진 밀로 채워주시겠다고 약속하신다. 순종하는 체하다 보면 언젠가는 하나님의 뜻을 알 것이고, 함께하시는 하나님을 보게 될 것이다. 하나님의 말씀은 우리의 심령(心靈), 골수(骨髓)를 쪼개어 마침내 변화시키시기에 우리에게는 순종이 유일한 복의 길이다.

끝으로 하나님은 예레미야 선지자에게 예레미야 35:1~19에서 레갑 자손들을 비유로 순종에 대해 이스라엘을 향하여 책망하고 계신다.

하나님께서 예레미야 선지자에게 "레갑 자손들에게 가서 그들에게 포도주를 마시게 하라."라는 명령을 내린다. 예레미야는 여호와 하나님의 말씀을 따라 레갑 자손들을 찾아가 포도주를 마시라 권하지만, 그들은 자신의 조상 요나답의 유언을 받들어 포도주를 마시지 않을 뿐 아니라 포도원조차도 가지고 있지 않은 것을 말하며 끝까지 그들의 조상의 언약을 지킨다. 이렇게 자신의 조상의 말에도 순종하여 지키려는 레갑 자손들을 칭찬하시며 전능자이신 하나님의 말씀을 지키지 않는 이스라엘 백성을 향하여 하나님은 책망하신다(렘 35:17).

　　　　　　　　　　　　　예수님의 제자로 하나 되기

🗨 하나님이 우선적으로 원하시는 것은?

하나님은 그 무엇보다도 사랑과 순
종을 원하신다.

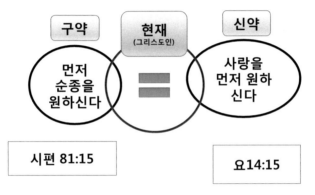

하나님을 아는 것이 먼저이다.
(호6:3)
남녀가 만나 사랑을 나누기 전에 서로 어떤 사람인지를 알아야 하듯이

〈그림 16〉 순종과 사랑의 순서

🗨 <그림 17>에서 교인들의 두 가지 모습을 살펴보자.

당신은 어느 쪽에 있는가?

교회의 지체들의 두 가지 모습

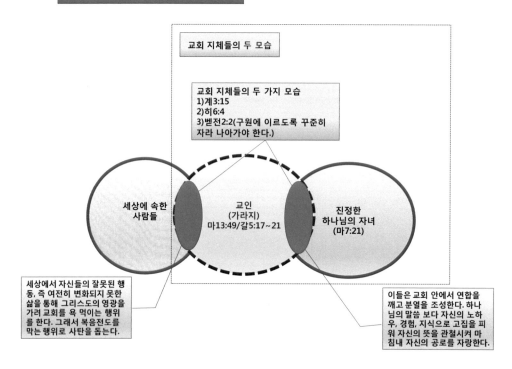

교회 지체들의 두 모습

교회 지체들의 두 가지 모습
1)계3:15
2)히6:4
3)벧전2:2(구원에 이르도록 꾸준히 자라 나아가야 한다.)

세상에 속한
사람들

교인
(가라지)
마13:49/갈5:17~21

진정한
하나님의 자녀
(마7:21)

세상에서 자신들의 잘못된 행동, 즉 여전히 변화되지 못한 삶을 통해 그리스도의 영광을 가려 교회를 욕 먹이는 행위를 한다. 그래서 복음전도를 막는 행위로 사탄을 돕는다.

이들은 교회 안에서 연합을 깨고 분열을 조성한다. 하나님의 말씀 보다 자신의 노하우, 경험, 지식으로 고집을 피워 자신의 뜻을 관철시켜 마침내 자신의 공로를 자랑한다.

〈그림 17〉 그리스도인의 두 유형

예수님의 제자로 하나 되기

/ 암송하기 /

(로마서 12:1) 그러므로 형제들아 내가 하나님의 모든 자비하심으로 너희를 권하노니 너희 몸을 하나님이 기뻐하시는 거룩한 산 제물로 드리라 이는 너희가 드릴 영적 예배니라

(눅 9:23) 또 무리에게 이르시되 아무든지 나를 따라 오려거든 자기를 부인하고 날마다 제 십자가를 지고 나를 따를 것이니라

Q 이 세상에서 하나님 말씀에 100% 순종하며 사는 사람이 있을까요?

A 있다. 그 사람은 바로 회개하는 사람이다. 하루 일과를 마치고 조용히 묵상하며 불순종했던 모든 일들을 자복하고 회개하는 사람이다.

"만일 우리가 우리 죄를 자백하면 저는 미쁘시고 의로우사 우리의 죄를 사하시며 모든 불의에서 우리를 깨끗하게 하실 것이요(요일 1:9)."

회개하면 흠 없고 깨끗한 옷으로 입혀주신다. 100% 순결해졌으니 100% 순종(칭의)으로 인정되는 것이다.

어제보다 한걸음 더

"나는 할 수 없어"라고 말하지 마라
그는 특별한 사람이기에
그에게만 해당된다고 하지 마라
"아직 때가 아니야"
하고 판단하지도 마라
"나는 아직 준비가 안 됐어"
라고 부정하지도 마라

때는 너를 기다려주지 않는다
네가 그렇게 핑계함으로
어느 순간 너도 모르게
너의 머리에는 백발이 이슬처럼 노래 부를 것이다
그때는 또 이렇게 이야기하겠지
"지금 시작하기에는 너무 늦었어"라고

하나님은 지금도 나에게
"돌이키라"고 이야기하신다
귀를 막지 마라
아픔이 없는 성장은 기대하지 마라
그렇다고 그 아픔을 두려워하지도 마라
힘들다고 피하지도 마라

하나님은 우리에게
이길 힘을 주셨다
하나님은 방법을 구하는 자에게
지혜를 제공하신다
단지 내가 그것을 부정할 뿐
그 방법과 그 지혜는 언제나
그 문제와 함께 그 자리에 있다

예수님의 제자로 하나 되기

너는 단지 그것을
잡기만 하면 된다

"나는 못한다"고 하지 마라
세상에 못하는 것은 없다
단지 내가 하기 싫어 외면할 뿐
용기가 없어 주저앉을 뿐
일어설 길도 있고
나아갈 문도 있다

외면하지 마라
부정하지 마라
용기만 내면 된다

한 발, 한 발 힘들어도
그리로 전진하자
어제보다 한 걸음 더 앞서 있는
너의 모습을 지금 가지자

그리하면 그 한 걸음이
너를 이기게 하리라
그리하면 그 한 걸음이
너를 변하게 하리라
그리하면 그 한 걸음이
너를 세상에서 우뚝 일어서게 하리라
그리하면 그 한 걸음이
너에게 성공이라는 이름을 안겨줄 것이다

열네 번째의 만남

사역의 삶

지난 주일 설교에 대한 말씀을 나눈다

a) 설교말씀 본문과 주제와 내용을 서로 나눈다.

b) 가장 큰 은혜나 감동을 받은 내용은 무엇인가?

c) 이 말씀에 비추어 볼 때 현재 나의 모습은 어떠한가?

d) 이 말씀으로 내가 버려야 할 것과 바꾸어야 할 생활 습관(사고)이 있다면 무엇인가?

   (주일 말씀에 대한 세부 실천 계획을 세워보고 실천해 보았는가?)

e) 말씀 속에서 결단한 내용과 그 결단한 것이 지켜지고 있는가?

예수님의 제자로 하나 되기

들어가기

순종이 성경을 읽고 하나님의 마음과 뜻을 아는 것에서부터 출발한다면 사역은 기도로부터 시작해야 한다. 기도하지 않는 사역자는 있을 수도 없고 있어서도 안 된다. 하나님의 음성을 듣지 아니하고 어찌 그분의 일을 한단 말인가? 또한 성령을 받지 아니하고는 주의 일을 할 수 없다.

주님은 승천하시면서 제자들에게 "예루살렘을 떠나지 말라(행 1:4)."라고 명령하셨다. 이는 하나님께서 부어주실 성령을 기다리라는 말씀이다. 하나님의 일은 하나님이 하셔야 한다. 그러기 위해서는 성령을 반드시 받아야만 하는 것이다. 성령을 받고 성령이 충만한 사람이 되어 죄로부터 떠난 사람만이 죄의 원흉인 마귀와 싸워 이길 수 있는 것이다. 그렇지 않으면 실족할 우려가 있고, 만약 실족한다면 하나님의 영광을 드러내야 할 자가 오히려 가리는 일을 하게 된다는 것을 명심해야 한다.

> **(행 1:4)** 사도와 함께 모이사 그들에게 분부하여 이르시되 **예루살렘을 떠나지 말고 내게서 들은 바 아버지께서 약속하신 것을 기다리라**

순종의 의미로 히브리어 '쉐마'라는 단어가 쓰이는데, 이것은 '듣다', '순종하다'라는 뜻이다(신 6:4). 헬라어로 순종은 '휘파쿠오'라는 단어로 이는 '말씀 아래에서 듣다'라는 뜻이 있고, 반대로 불순종은 '파라코에'라는 말로 이는 '옆에 서서 흘려듣다'라는 뜻을 가지고 있다. 즉 말씀을 집중해서 듣는 사람은 반드시 행동으로 이어지게 되어 있으나 말씀을 흘려듣는 사람은 무슨 뜻인지 몰라 불순종으로 이어진다는 의미가 내포되어 있다. 그래서 우리는 말씀을 들을 때나 읽을 때나 베뢰아 사람들처럼 "간절한 마음으로 말씀을 받고 그것이 무슨 뜻인지 날마다 성경을 상고하는(행 17:11)" 자세가 필요하다.

> **(신 6:4~5) 이스라엘아 들으라** 우리 하나님 여호와는 오직 유일한 여호와이시니 5 너는 마음을 다하고 뜻을 다하고 힘을 다하여 네 하나님 여호와를 사랑하라

> **(행 17:11)** 베뢰아에 있는 사람들은 데살로니가에 있는 사람들보다 더 너그러워서 **간절한 마음으로 말씀을 받고 이것이 그러한가 하여 날마다 성경을 상고하므로**

교회의 일꾼 된 사람들, 즉 그리스도인들은 세계관이 바뀐 사람들이다. 전에는 '나' 중심의 세계관이었다면 이제는 성령이 내 안에 계심으로 예수 그리스도의 세계관으로 바뀐 사실을 알아야 한다. 그런데 이 사실을 알고도 많은 사람이 인지하지 못하고 사는 이유는 행동이 여전히 나 중심으로 남아 있기 때문이다.

세계관이 바뀌면 신념이 바뀌게 되고, 신념이 바뀌면 가치관도 바뀌게 된다. 이 가치관이 바뀌어야 비로소 행동이 바뀌는 것이다(로이드 콰스트, Lloyd Kwast의 4층 이론 참조). 예수 그리스도의 세계관으로 바뀌 놓고도 여전히 행동이 바뀌지 않는 것은 삶의 가치를 예수 그리스도의 사랑에 두는 것이 아니라 여전히 세상 속에 두고 있기 때문이다.

또한 교회와 교회의 지체들은 성도관(聖徒觀)에 대한 재인식이 있어야 한다. 그 첫째가 성도들의 은사를 인정하는 것이다.

요즈음 교회는 모든 일을 성도와 함께 연합하여 선을 이루려는 마음보다는 쉽게 쉽게 사역하기 위해 목회자들을 모든 사역의 리더를 세우고 성도들은 그저 따라만 오라는 방식의 목양을 하기도 하는데, 그것

예수님의 제자로 하나 되기

은 썩 좋은 방법은 아닌 것 같다.

하나님께서는 목회자들에게만 은사를 주시지 않는다. 교회의 리더들은 하나님께서 각 교회에 보내주신 양들을 살펴 각 양마다 하나님이 교회를 세워가라고 주신 은사를 발견하고 그들을 세워 함께 주의 몸 된 교회를 세워가야 한다.

대표적으로 양육은 평신도 사역이 되어야 한다고 생각한다. 물론 처음에는 교회의 리더인 사역자들이 바르게 가르치고 세운 평신도가 이어서 해야 할 사역이다. 이유는 양육의 시간은 신학을 가르치는 부분도 있지만, 그것보다도 신앙을 가르치는 부분이 크기 때문이다. 다시 말하지만 실제의 삶 속에서 말씀대로 살아가는 양육자를 발견하고 그들에게 일정한 교육을 수료시킨 후 목회자가 직접 검증하여 검증된 자를 세우면 된다. 삶의 어려움 속에서 말씀으로 극복한 인생을 통해 하나님의 백성답게 살아갈 수 있도록 가이드 역할을 하기에는, 같은 눈높이에 있는 평신도가 하는 것이 더욱 효과적이기 때문이다. 목회자는 목회자이기에 성도들은 가까이 가기도 전에 벌써 마음의 문을 닫고 접근하는 부분이 있어 온전한 양육을 이루어 낼 수 없다.

주님의 일을 하는 사역자는 교회관(敎會觀)에 대한 분명한 인식이 있어야 한다.

교회는 어떤 곳인가? 어떤 기능(일)을 하는가?

교회는 오직 하나님의 아들이신 예수 그리스도를 통해 하나님을 영화롭게 하는 것에 그 본질이 있다. 주님의 몸인 교회, 그리고 교회의 머리이신 예수 그리스도, 오직 그분의 가르침대로 사는 것이 사명이고 사역이다. 하나님의 진리를 세상 속에서 비추어야 한다. 하나님의 말씀이 육신이 되어 우리에게 나타난 바와 같이 우리를 통해 하나님의 말씀이 드러나야 한다는 것이다. 믿음이 없는 사람들이 성도인 우리의 선한 모습을 보고 하나님을 믿게 되는 것이다. 이것이 곧 빛과 소금의 역할을 감당하고 있는 모습이다.

앞서 말했듯이 교회와 교회의 지체인 성도가 마치 초(candle)가 자신의 몸을 태워 주변을 밝히듯, 소금이 자신의 몸을 녹여 맹물을 짠물로 만들듯, 그런 헌신의 사고(思考)로 세상을 비추고 살아가는 교회와 교회의 지체의식이 중요하다.

그렇다면 우리가 살고 있는 각 영역에서 그리스도인으로서 마땅히 해야 할 일을 살펴보자.

1. 가정에서는 제사장의 직무를 감당해야 한다(벧전 2:9; 딤전 5:8).

> **(벧전 2:9)** 그러나 너희는 택하신 족속이요 **왕 같은 제사장**들이요 거룩한 나라요 그의 소유가 된 백성이니 이는 너희를 어두운 데서 불러 내어 그의 기이한 빛에 들어가게 하신 이의 **아름다운 덕을 선포하게 하려 하심이라**
>
> **(딤전 5:8)** 누구든지 자기 친족 특히 **자기 가족을 돌보지 아니하면 믿음을 배반한 자요 불신자보다 더 악한 자니라**

1) 자녀들을 훈계하되 노하게 하지 말라(엡 6:4).

> **(엡 6:4)** 또 아비들아 너희 **자녀를 노엽게 하지 말고 오직 주의 교훈과 훈계로 양육하라**
> **(잠 23:13)** 아이를 훈계하지 아니하려고 하지 말라 채찍으로 그를 때릴지라도 그가 죽지 아니하리라

자녀를 노엽게 하지 말라는 의미는 아이들을 야단칠 때는 감정적으로 하지 말고 철저하게 예수님의 가르침과 교훈과 훈계로 이성적인 양육을 해야 한다는 것이다. 합당한 이유로 아이들이 자신의 잘못을 이해하고 수긍할 때만 매를 들어야 인정하는 것이지, 그렇지 않은 경우에는 매를 들면 안 된다.

예수님의 제자로 하나 되기

2) 아내를 더 연약한 그릇으로 알아 그를 귀히 여기라(벧전 3:7).

> **(벧전 3:7)** 남편들아 이와 같이 지식을 따라 너희 아내와 동거하고 **그를 더 연약한 그릇이요** 또 생명의 은혜를 함께 이어받을 자로 알아 귀히 여기라 이는 너희 기도가 막히지 아니하게 하려 함이라

    창세기 2:20에 하나님께서는 아담을 위하여 그를 돕는 배필인 여자, 즉 아내를 만들어 주신다. 아내는 남편을 돕는 역할을 감당하는 임무를 띠고 있다. 어떻게 도울 것인가? 물론 우리는 타락한 인간이기에 얼마나 많은 것이 불의한 것으로 오염되어 있겠는가? 돕는다는 것은 좋은 것으로만, 좋은 행동으로만, 긍정적으로만 돕는다는 의미가 아니다. 남편에게 잘못된 것이 보이면 가차 없이 바가지를 긁어 바른길로 오라고 한다. 이것 또한 돕는 일이다. 하나님은 아내를 통해 나의 고장 난 부분을 찾아보고 고치라고 하신다.

    아내도 마찬가지이다. 남편의 가르침에 자신의 모습을 돌아보고 정말 남편을 돕는 아내로서의 직분을 잘 감당하고 있는지, 그래서 가정을 잘 지키고 가꾸고 있는지를 서로 돌보아주라고 하는데 우리는 다른 방향으로 서로 옳다고 주장하다가 다툼(부부싸움)으로 이어진다. 이럴 때는 하나님 말씀에 비추어 보아 서로 누가 옳은지를 살펴보고 잘못이 드러나면 "미안하다."라고 사과하고 고치면 되는 것이다. 그러면 싸울 일이 전혀 없게 된다. 이런 부부관계를 가지자는 것이다. 이것이야말로 진정한 돕는 배필의 모습이다.

    하와도, 아담도 에덴에서 서로 돕는 배필로서의 직분에 실패한 인생이었다. 먼저 아담은 아내 하와에게 하나님의 말씀을 정확하고 바르게, 그리고 그것이 얼마나 중요한 것인지를 가르치지 않았던 것 같다. 하와가 말하는 것을 보면 알 수 있다. 아담이 하와를 돕는 부분에서 먼저 실패했다. 하와도 아담을 돕는 데 실패했다. 오히려 그녀는 하나님의 길이 아닌 세상 욕심의 길로 가도록 그를 도왔다. 아담은 이때도 거부할

수 있었다. 그도 하와와 같은 의심이 그 안에 존재해 있었는지 모른다. 그러나 분명한 것은 아담은 하와를 하나님보다 더 사랑했기에 하나님의 말씀보다 아내의 말을 더 신뢰했던 것 같다. 그래서 그녀가 준 선악과를 먹을 수 있었던 것이 아닐까?

이렇게 타락한 남녀에게 주어진 과업은 가정에서부터 복음을 바로 세워나가는데 서로 돕는 조력자가 되라는 것이다.

3) 네 부모를 공경하라(신 5:16).

> **(신 5:16)** 너는 네 하나님 여호와께서 명령한 대로 **네 부모를 공경하라** 그리하면 네 하나님 여호와가 네게 준 땅에서 네 생명이 길고 **복을 누리리라**

부모를 공경하는 것에 끝이 있겠는가? 내가 부모를 공경하는 모습 속에서 내가 하나님을 어떻게 공경하고 있는지를 찾아볼 수 있다.

일단 쉬운 것부터 하자. 매일 안부 전화부터 해보자. 그리고 사랑한다고 고백해 보자. 또 감사하다고도 고백해 보자. 어머니로, 아버지로 모시게 되어 하나님께 더없이 감사하다는 말도 해보자. 작은 것에 충성하는 자가 큰 것에서도 충성할 수 있는 것이다. 작은 것부터 순종해 보자. 부모가 일찍 돌아가셔서 이 세상에 안 계신다면, 자식들의 전화를 기다리지 말고 먼저 해보자. 그래야 그들이 보고 배우지 않겠는가? 자식도 없다면 가까운 친지나 친구에게 해 보자. 그들이 기뻐할 것이다.

4) 가정 예배를 드려야 한다(마 18:20).

> **(마 18:20)** 두 세 사람이 내 이름으로 모인 곳에는 **나도 그들 중에 있느니라**

예수님의 제자로 하나 되기

구약시대에 광야교회에서 하나님께서는 모세에게 언약궤를 만들게 하셨다. 그리고 낮에는 구름기둥으로 밤에는 불기둥으로 나타나심으로 이스라엘 백성들은 어디에서나 그것을 보고 자신들의 회중에 하나님께서 임재해 계심을 볼 수 있었다.

그런데 지금은 하나님의 임재를 상징하는 언약궤는 없어졌다. 그리고 그 임재의 약속을 언약궤가 아닌 하나님의 말씀을 가르치시고 우리의 죄를 대속하신 우리의 대제사장이신 예수 그리스도의 이름에 두셨다. 그 이름으로 두세 사람 이상이 모인 곳에 예수님이 임재하시겠다고 약속하셨다. 항상 두세 사람으로 모일 수 있는 곳이 어디인가? 바로 가정이다. 하나님의 임재가 내 가정에 늘 상주(常住)한다면 이 얼마나 기쁘고 즐거운 일인가?

왕 같은 제사장으로서 우리는 하나님의 임재를 늘 사모해야 한다. 그것이 가정이든 직장이든 교회이든 내가 머무는 곳 어디에서든지 하나님의 영광의 임재가 함께 거하는 곳이 되기 위해서는 예배자의 삶이 되어야 한다. 그러기 위해서는 예수 그리스도의 이름으로 모여야 한다. 왜냐하면 그곳에 주님이 함께하시겠다는 약속이 있기 때문이다.

2. 직장에서 선교사의 직무를 감당해야 한다.

먼저 누군가를 위해 기도하라(눅 6:28).

> (눅 6:28) 너희를 저주하는 자를 위하여 축복하며 너희를 모욕하는 자를 위하여 **기도하라**

상기의 말씀을 실천하기란 쉬운 일이 아니다. 그러나 마음먹기 힘들어서 그렇지 막상 해보면 할 수 있는 일이다.

성경은 우리에게 말씀하시기를 "사랑할 수 있는 사람만 사랑하지 말고, 사랑하기 어려운 사람들까지도 사랑하라."라고 가르친다. 자신이 사랑할 수 있는 사람만 사랑하는 것은 세상 사람들도 그와 같이 하기 때문에 그들과 구별된 사랑을 하라는 것이다(눅 6:27~36). 예수님도 우리를 향해 이런 사랑을 하셨다. 하나님으로부터 지어진 바 된 우리, 하나님을 반역하고 불순종으로 하나님을 배반한 그런 우리(나)를 하나님은 사랑하고 또 사랑하셨다. 그런 사랑을 받았으니 또한 그런 사랑을 주는 것이 우리가 가져야 할 마땅한 태도이다.

3. 교회에서 섬기는 자의 직무를 감당해야 한다.

1) 하나님을 섬기되 네 뜻을 다해, 네 마음을 다해, 네 힘을 다해, 그리고 네 생명을 다해 주 너의 하나님을 사랑하고 섬기라(마 22:37~40). 그리고 이것을 바탕으로 네 이웃을 사랑하라고 말씀하신다.

> (마 22:37~40) 예수께서 이르시되 **네 마음을** 다하고 **목숨을** 다하고 **뜻을 다하여 주 너의 하나님을 사랑하라** 하셨으니
> 38 이것이 크고 첫째 되는 계명이요
> 39 둘째도 그와 같으니 **네 이웃을 네 자신 같이 사랑하라** 하셨으니
> 40 이 두 계명이 온 율법과 선지자의 강령이니라

이 말씀은 온 힘을 다해 사랑하라는 것이다.

한 아이가 물에 빠졌을 때 그 아이를 구하러 가는 사람은 오로지 그 아이만을 구하기 위해 그 아이만을 보고 전력질주를 한다. 이와 같은 마음과 태도를 말한다. 당신도 이와 같은 마음과 태도로 하나님을 사랑하라.

2) 네 이웃을 네 몸과 같이 사랑하라.

> (요 13:34) 새 계명을 너희에게 주노니 **서로 사랑하라 내가 너희를 사랑한 것 같이** 너희도 서로 사랑하라

사랑 안에는 긍휼이 있어야 한다. 특히 이웃을 사랑하는 자가 긍휼한 마음이 없으면 온전한 사랑을 이룰 수 없다. 긍휼히 여기는 자가 하나님으로부터 긍휼히 여김을 받을 것이고(마 5:7) 또 주님은 제사보다도 긍휼을 더 원하신다고 하셨다(마 9:13). 이 말씀은 긍휼이 없는 예배가 아닌 긍휼이 함께하는 예배를 원하신다는 말씀이다.

3) 때를 얻든지 못 얻든지 복음을 전하라(딤후 4:2).

(딤후 4:2) 너는 **말씀을 전파하라 때를 얻든지 못 얻든지 항상 힘쓰라** 범사에 오래 참음과 가르침으로 경책하며 경계하며 권하라

복음에 대한 정의는 복음전도에서 익히 배워 알 것이다. 복음전도자가 먼저 갖추어야 할 덕목(德目)은 말씀대로 살아가는 것이다. 완벽할 수는 없겠지만 적어도 양육자로서 양육생에게 모범이 되어주어야 한다.

필자의 경우를 예를 들어 설명하고자 한다(이 설명으로 나의 의가 나타나지 않기를 바랄 뿐이다). 복음을 전하고자 하는 마음과 계획을 세우면 모든 것은 주님이 하셨고 그렇게 하고 계신다는 사실을 먼저 고백한다.

내가 주님을 정말 무섭게 만난 다음부터 주님의 말씀대로 살려는 의지가 내 안에 충만해졌다. 먼저 주님은 나로 하여금 말씀을 읽게 하셨고, 말씀을 읽을 때마다 신구약을 연결하여 깨닫게 하셨다. 그런 과정 속에서 직장에서도 주의 일을 하도록 문을 여셨다. 과거에는 한 달에 한 번 신우회(信友會) 예배를 드리는 것으로 만족했지만, 그 만족은 나만의 만족이었지 주님은 아니었다. 그 후로 주님은 점심시간에 일대일 제자양육을 직원들과 함께 하게 하셨다. 그래서 직장에서 일대일을 시작하자 주님은 일주일을 모두 2인 1조로 채우셨다. 그래서 점심식사 시간을 이용해 식사 전 40분 동안 양육을 하게 되었다. 지금은 12명을 양육하고 있다. 주님은 당신의 일을 하는 자에게 그 사역이 이루어지도록

도우신다는 사실을 알게 하셨다.

두 번째로 내게 주신 마음은 외식(外食)을 할 때마다 한 건당 만 원씩 저축하는 마음을 주셨다. 외식할 때 주님도 그 자리에 나와 함께 동석하신다. 그래서 주님의 식사 값은"제가 내겠습니다."라는 마음의 결단을 하고 통장을 하나 개설하여 저축하고 있다. 이 돈은 불우이웃과 선교사를 돕는데 사용하라는 마음을 주셔서 지금까지 모으고 사용하고 있다. 네팔 지진, 필리핀 지진 등의 피해 지역에 일부를 헌금하기도 했다.

가정에서는 매일같이 가정 예배를 드린다. 아이들이 공부하고 늦게 오면 아내와 함께 둘이 예배를 드린다. 내 가정에 하나님의 임재가 반드시 있어야 한다는 사모하는 마음으로 하루도 거르지 않고 드리고 있다. 나는 이 시간이 가장 행복하다. 그리고 저녁 9시~10시 사이는 나의 개인기도 시간으로 정하여 지금까지 지키고 있다. 이 모든 것이 내 의지가 아닌 성령님의 도우심이 있었기에 가능했다고 믿는다. 여러분도 한 번 해 보시기를 강력하게 권면하는 바이다.

결론적으로 남녀노소를 막론하고 신앙에서 가장 중요한 것은 하나님을 경외하는 것을 배우는 것이다. 경외의 기본자세는 겸손에서 시작하며 자신을 낮출 때 비로소 하나님이 내게 주신 사명이 무엇인지 보게 된다.

하나님을 경외하는 방법에는 두 가지가 있다. 하나는 나의 모든 일은 하나님이 도우셨다는 믿음이다. 그래서 감사하는 마음으로 하나님을 바라보고 섬기는 마음과 행동이다. 또 하나는 예수님께서 고백하신 것처럼 "아버지께서 내게 하라고 주신 일"을 하는 것이다. 이 두 가지를 통해 우린 하나님을 영화롭게(경외) 할 수 있다.

하나님은 당신의 영광을 위하여 나를 먼저 세우시고 나를 먼저 영화

예수님의 제자로 하나 되기

롭게 하신다. 그리고 나를 통해 다시 하나님은 영광 받기를 원하신다. 이것이 신앙의 원리이고 사역을 해야 하는 이유이다.

사역은 하나님을 위한 것 같아도 궁극적으로는 나를 위한 것이 된다. 왜냐하면 하나님께서 나를 먼저 영화롭게 하시기 때문이다. 이제 이해할 수 있겠는가? 주님이 내게 하라고 하신 일이 무엇인지? 주님은 하나님께서 하라고 하신 일을 양식으로 삼으셨다고 고백하신다(요 4:34).

첫째는 복음을 믿고 영생을 얻게 하는 것이고(요 6:40), 둘째는 하나님께서 보내신 이를 믿고 그의 가르침대로 행하는 것(요 6:29)이라고 했다. 사도 바울은 항상 기뻐하는 것, 쉬지 않고 기도하는 것, 범사에 감사하는 것, 이 모든 것을 그리스도 안에서 이루는 것을 하나님의 뜻으로 보았다. 또 다윗은 시편에서 하나님의 백성은 하나님의 성실하심을 먹어야 한다고 한다(시 37:3).

그렇다면 언제 하나님의 성실하심이 우리에게 끊임없이 공급될까? 그것은 바로 하나님의 말씀대로 삶을 살 때 주어지는 힘이고 축복이다. 사역자에게는 이 힘이 그가 사는 원동력이 된다. 하나님의 성실하심이란 사역자가 하나님이 주신 소명으로 하나님 나라와 의를 세워가는 데 있어 게으르지 아니하고 성실함으로 기도하며 일할 때 체험하는 복이다.

> **(요 17:4)** <u>아버지께서 내게 하라고 주신 일을 내가 이루어</u> 아버지를 이 세상에서 영화롭게 하였사오니
>
> **(시 50:23)** <u>감사로 제사를 드리는 자가 나를 영화롭게 하나니</u> 그의 행위를 옳게 하는 자에게 내가 하나님의 구원을 보이리라
>
> **(시 37:3)** 여호와를 의뢰하고 선을 행하라 땅에 머무는 동안 그의 성실을 먹을거리로 삼을지어다
>
> **(요 4:34)** 예수께서 이르시되 나의 양식은 나를 보내신 이의 뜻을 행하며 그의 일을 온전히 이루는 이것이니라
>
> **(요 6:40)** 내 아버지의 뜻은 아들을 보고 믿는 자마다 영생을 얻는 이것이니 마지막 날에 내가 이를 다시 살리리라 하시니라

(요 6:29) 예수께서 대답하여 이르시되 하나님께서 보내신 이를 믿는 것이 하나님의 일이니라 하시니

(살전 5:16~18) 항상 기뻐하라 쉬지 말고 기도하라 범사에 감사하라 이것이 그리스도 예수 안에서 너희를 향하신 하나님의 뜻이니라

/ 암송하기 /

(벧전 2:9) 그러나 너희는 택하신 족속이요 왕 같은 제사장들이요 거룩한 나라요 그의 소유가 된 백성이니 이는 너희를 어두운 데서 불러 내어 그의 기이한 빛에 들어가게 하신 이의 아름다운 덕을 선포하게 하려 하심이라

(고전 3:9) 우리는 하나님의 동역자들이요 너희는 하나님의 밭이요 하나님의 집이니라

예수님의 제자로 하나 되기

세월호를 바라보며

-참회의 글-

우리의 욕심으로
우리는 자녀를 잃어버렸고
우리의 무관심으로
대한반도는 이단으로 물들어 갔고

생명의 고귀함보다 돈을 사랑했던 아버지들
부모의 우매함을 자식들의 죽음으로 깨달아 알게 되었지만
때는 이미 늦어 자식들은 돌아올 수 없는 강을 건너 버렸네
목 놓아 울어 보지만 차디찬 바닷바
람만 메아리 되어 돌아온다

사랑하는 내 아들들아
사랑하는 내 딸들아
너희들을 지켜주지 못해 참으로 미안하구나

한 사람의 신앙인으로서 기도하지 못했던 우리
침몰하는 배를 바라보며 단 한 명의 생명을 살려 보려고
그리도 노력했건만
단 한 명의 생명도 건지지 못했던 너희들의 아비들

인간의 무능함을 그리도 절감하며
통곡했던 국민들
너희들을 주님 곁으로 보낸 우리들을 용서하지 말거라

주님 품에 안긴 너희여
이 땅에서 다시는 같은 일이 일어나지 않기를
이 땅에서 다시는 사람의 생명보
다 더 사랑하는 것이 없기를
우리가 너희를 사랑했던 만큼 기도해 주렴

지금도 남을 탓하기만 하고
정작 자신은 고치려 하지 않는 부끄러운 아비들의 모습
그러나 교회가 있는 한 그 모습은 점차적으로 사라지리라

너희가 죽어 갈 때
하늘을 보고 울었다
주님 왜 그러세요?
한참을 소리쳐 울고 있는데
나보다 더 큰소리로 우는 주님을 보았다

내가 300명의 내 사랑하는 일꾼을 너희에게 보냈건만
너희는 너희의 욕심을 채우기 위해
그 어린 생명을 내게로 도로 돌려보내느냐
절규하시는 주님을 보았다

이제 일 년이 지난 지금
사회는 부정부패로 또 한 번 시끄럽다
썩어가는 사람들의 양심
돈의 노예가 되어가는 양심

세월호가 저렇게 말해주고 있는데
그 원인이 무엇 때문에 생겨났는지
저렇게 바다 속에서 말하고 있는데

이제 눈에서 사라졌다고
언제 그랬냐는 듯
바다 속에 가라앉아 고요한 수면만이 우리 눈에 보이고

예수님의 제자로 하나 되기

언제 그랬냐는 듯
이젠 잊혀져가는 세월호

무엇이 바뀌었는가?
무엇이 남아 있는가?
상처라도 남아 있어 우리들을 변화시켰으면 좋으련만
바뀌지 않는 사람 마음 안타깝기만 하구나
세월호야 세월호야
우리의 아이들을 돌려보내 주렴
그리하면 우리의 아픈 눈물이 그치리라

이제 다시는 이 땅에
너와 같은 일이 없도록
이 대한민국에
정치인이나 경제인이나
어른이나 어린아이나 온 국민이
너로 하여금 우리의 잘못된 습관들
을 스스로 버릴 수 있도록
우리의 가슴 판에 영원히 살아있는 불이 되거라

2015년 4월 29일 사건 1주기를 보며
(2014년 4월 16일 참사 발생)

행복한 삶으로 가는 길

지난 주일 설교에 대한 말씀을 나눈다

a) 설교말씀 본문과 주제와 내용을 서로 나눈다.

b) 가장 큰 은혜나 감동을 받은 내용은 무엇인가?

c) 이 말씀에 비추어 볼 때 현재 나의 모습은 어떠한가?

d) 이 말씀으로 내가 버려야 할 것과 바꾸어야 할 생활 습관(사고)이 있다면 무엇인가?

　(주일 말씀에 대한 세부 실천 계획을 세워보고 실천해 보았는가?)

e) 말씀 속에서 결단한 내용과 그 결단한 것이 지켜지고 있는가?

들어가기

식물 중에서 행복이라는 꽃말을 가지고 있는 것이 세 잎 클로버이다. 세 잎 클로버 잎을 자세히 살펴보면 하트모양의 잎이 세 개 붙어 있다.

이것은 세 개의 사랑이 하나가 될 때, 즉 세 개의 사랑의 관계가 온전할 때 인간은 비로소 행복해진다는 사실을 말해준다. 그 사랑의 첫째는 아가페 사랑으로 하나님과 나의 사랑의 관계요, 둘째는 에로스 사랑으로 연인(아내)과의 사랑의 관계요, 셋째는 필리오 사랑으로 이웃(형제)과의 사랑의 관계를 의미한다고 본다. 이 모든 관계가 온전할 때 비로소 행복을 맛볼 수 있다는 뜻이다.

성경에 보면 하나님께서 인간을 만들고(창 2:7) 바로 이어서 에덴을 창설하여 그곳에 사람을 두셨다(창 2:8). 이것은 매우 의미 있는 말씀이다. 이 말씀을 통해 인간을 향한 하나님의 마음을 알 수 있기 때문이다. 즉 하나님은 당신이 손수 땀을 흘려 빚으시고 또 코에 생기를 불어 넣어 생령으로 만들어 주심으로 그 어느 창조물보다 가장 손이 많이 가고 애정을 많이 주신 피조물이 바로 인간이기에 그의 인생이 행복하기를 바라셨던 것이다. 에덴이란 단어는 행복, 기쁨, 즐거움이라는 뜻을 가진 히브리어이다.

그럼 인간이 진정한 행복을 누리기 위해서는 어떻게 사는 것이 행복한 삶일까? 하나님은 이 행복한 삶을 위해 그에게 자유의지를 주셨다(창 2:16). 동산에 모든 나무 실과를 네가 임의로 먹으라는 말씀에서 자유의지를 부여하셨음을 알 수 있다.

인간이 행복을 유지하고 지키기 위해서는 하나님의 말씀을 지키는 방법밖에는 없다.

앞에서 배운 것을 다시 생각하며 정리해 보자.

하나님께서는 인간을 에덴에 두시고 그에게 이렇게 명령하셨다. 창세기 2:15에서 "여호와 하나님이 그 사람을 이끌어 에덴동산에 두어 그것을 경작하며 지키게 하시고" 여기서 우린 어떻게 해야 에덴을 지킬 수 있는지 그 방법을 지금까지 공부하면서 찾아보았다. 다시 한번 정리해 보면 그것은 두 가지로 나타난다.

첫째는 "경작하라"라는 명령이다. 에덴동산에서 경작하라는 말씀의 원어적 표현으로 예배의 용어인 '아바드'가 쓰였다. 이것은 레위인이 성전에서 일하는 것, 또 성전에서 하나님을 섬기는 모든 행위를 일컫는 의미로 사용되는 예배 용어이다. 즉 인간이 행복하기 위해서는 먼저 위로는 하나님을 섬기고, 아래 땅에서는 장차 만들어줄 아내를 소중히 여기고 서로 존중하며, 또 이웃을 사랑으로 섬기는 것을 말씀하고 있다. 이것은 자연 만물을 다스리는 행위로 가꾸고 경작하는 일을 포함한다. 사람은 하나님과 함께 이런 일을 할 때 비로소 행복해진다는 사실을 알아야 한다. 내가 행복하지 못하다면 하나님과 이웃과의 관계가 깨어졌거나 깨어지고 있다는 사실을 생각하고 되돌아보아 다시 회복시켜야 한다. 회복시키는 유일한 방법은 먼저 예배의 자리에 서는 것이다. 이 말씀의 본질은 원활한 관계성을 말씀하고 있다.

둘째로 지키는 일이다. '지키라'의 원어적 의미에는 유지하다, 외부로부터 공격(사탄의 유혹)을 막아내라는 것과 관리하라는 뜻이 포함되어 있다. 이 말씀의 본질은 하나님의 말씀을 지키고 유지하라는 것과 이 관계성을 깨기 위한 누군가의 공격으로부터 에덴동산(에덴은 가정, 교회, 천국 또는 사랑과 믿음의 공동체를 상징한다)을 지키고 관리하라는 메시지가 담겨 있다.

그렇다면 하나님의 말씀을 지키는 부분에 있어서 어떤 말씀을 지키라는 것인가? 생육하고 번성하여 땅에 충만하라. 그리고 땅을 정복하고 다스리라는 말씀이다(창 1:28).

셋째는 선악과를 먹지 말라(창 2:17)는 말씀이다.

이 세 가지의 말씀을 기억하고 지키며 에덴을 관리하는 사명을 부여받았고 이것이 이루어질 때 비로소 인간은 행복을 유지할 수 있다.

아담과 하와는 이 말씀을 지켜내지 못하였다. 그래서 에덴에서 쫓겨나 두려움과 어둠의 공포 속에서 불행한 삶이 시작되었고 하나님은 이런 이들을 구원하시기 위해 그들이 타락하기 전부터 이미 일하기 시작하셨음을 성경은 말씀하고 있다. 그 근거를 살펴보면 선악과를 심을 때 생명나무도 같이 심으셨다. 이때 생명나무를 여러 종류가 아닌 한 그루를 심은 것은 구원의 길인 생명의 길은 오직 외길임을 말씀하신 것이다. 하나님은 종교다원주의를 허락하지 아니하셨다는 사실을 알 수 있다.

그리고 인간이 타락하자 그 원인을 제공한 사탄에게 창세기 3:15에서 원시복음을 제시하신다. 장차 올 "여인의 후손은 네 머리를 상하게 할 것이요 너는 그의 발꿈치를 상하게 할 것이라"라는 말씀인데, 여기서 여인의 후손은 예수 그리스도를 의미하며 발꿈치는 십자가 사건을 의미한다. 머리를 상하게 한다는 것은 모든 권세를 빼앗고 생명을 앗아가겠다는 것을 의미하고, 또 그가 상하게 한 발꿈치는, 사람이 발꿈치가 다쳤다고 생명에 지장을 주지는 않는다는 사실을 말씀하시고 있는 것이다. 이 말씀을 두고 원시복음 혹은 원복음이라고 한다.

또 구원의 메시지를 볼 수 있는 대목은 창세기 3:21이다. 여기서 하나님은 아담과 하와에게 가죽옷을 입히신다. 이 말씀에서 가죽옷을 만들기 위해서는 한 마리의 짐승이 죽었다는 사실을 유추할 수 있다. 어떤 동물이 죽었을까? 사도 요한은 요한복음 1:29에서 예수님을 두고 "보라 세상 죄를 지고 가는 하나님의 어린 양이로다."라고 말씀하신다. 많은 신학자는 이때 희생당한 짐승이 바로 어린 양이었을 것으로 생각한다.

마지막으로 아담과 하와가 타락했을 때 그들이 숨은 곳은 바로 동산 나무 사이였다(창 3:8). 아담과 하와는 하나님의 말씀에 불순종하고 두려운 마음에 하나님을 피하였다. 피한 곳이 동산에 있는 나무 사이였다. 나무 사이에 대체 무엇이 있었기에 그곳으로 피하였을까? 이 또한 갈보리 산에 장차 설 십자가를 두고 하신 말씀이다. 하나님께서 예수님의 십자가의 배열을 나무로 된 두 개의 십자가 사이에 두신 이유가 바로 이 때문인 것 같다. 이것은 죄인 된 우리가 피할 수 있는 유일한 곳은 바로 예수님의 십자가 뒤이고, 예수님의 십자가만이 우리의 허물을 가려주실 수 있다는 사실과 예수님의 십자가로 우리가 옷 입을 때 비로소 하나님과 대화할 수 있게 된다는 사실을 말해주고 있다. 이렇게 성경은 처음부터 세밀한 모습으로 타락한 인간의 옆에서 구원을 도우시는 하나님의 사랑을 보게 한다.

정리하면 성경은, 우리의 행복은 하나님이 우리에게 요구하시는 것을 알고 행할 때 비로소 우리가 행복을 느끼며 살게 된다는 사실을 천명하고 있다.

> **(신 10:12~13)** 이스라엘아 네 하나님 **여호와께서 네게 요구하시는 것이** 무엇이냐 **곧 네 하나님 여호와를 경외하여 그의 모든 도를 행하고 그를 사랑하며 마음을 다하고 뜻을 다하여 네 하나님 여호와를 섬기고**
> 13 내가 **오늘 네 행복을 위하여** 네게 명하는 **여호와의 명령과 규례를 지킬 것이** 아니냐

본문에서 보면 우리의 행복이 어디서 오는가? 바로 하나님께서 내게 명령한 명령과 규례를 지키는 것에서 온다는 사실을 망각해서는 안 된다. 하나님을 경외하고 사랑하며 마음과 뜻을 다하여 하나님을 섬기는 삶 속에서 나의 생각과 지식대로 윤리를 행하는 것이 아니라 하나님의

도, 즉 하나님이 가르쳐주신 공의와 정의를 삶 속에서 실천하여 하나님(예수님)을 섬기는 나를 통해 하나님을 영화롭게 하는 그런 삶 속에서 우리는 진정한 행복을 누릴 수 있음을 알아야 한다.

지금까지 배운 것을 한번 생각하며 이제 여기서 어떻게 살아가야 할지 구체적인 계획을 세워 보고 실천사항까지 세워 보도록 하자.

1. 지금까지 새롭게 배운 점과 새롭게 결단하게 된 점이 있다면?

2. 주님의 사랑을 받았으니 앞으로 어떤 방법으로 나도 그분을 사랑해야 할지 계획을 세워 보자.

3. 하나님 나라와 의를 세워가는 것은 나의 행복한 삶을 유지해 가는 데 매우 중요한 일이다. 다음과 같은 영역에서 해야 할 일을 양육을 통해 배운 대로 적용해 보자.

1) 가정에서는 제사장의 직무를 감당해야 한다. 어떻게 해야 되겠는가?

(1) 성경을 통해 자녀들에 대해 어떤 가르침을 주었고 당신은 그 가르침대로 하기 위해 어떤 계획을 세웠는가?

(2) 아내를 더 연약한 그릇으로 알아 그를 귀히 여기라는 말씀을 어떻게 실천할 것인가? 아내(남편)가 누군가? 그래도 한때는 죽고 못 살 만큼이나 좋아하고 사랑했던 사람이 아닌가? 지금은 어떤가? 아직도 그 사랑을 유지하고 있는가? 있다면 당신은 정말 멋진 사람이다. 만약 그렇지 못하다면 어떻게 하면 옛 사랑을 회복할 수 있을까? 틀어진 마음부터 되돌려 놓아야 한다.

지금 당신이 가장 사랑하고 있는 사람은 누구인가? 예수님이라고 말하지 마라. 예수님을 사랑하는 사람은 모두를 사랑하고 있는 사람이다. 그것이 시부모든, 친정부모든, 남편이든, 누구와도 틀어진 관계가 없는 사람이라면 그런 대답을 해도 된다. 생각해 보자. 왜 지금 남편 혹은 아내와 관계가 틀어진 것인가? 서로 몸을 부딪치며 가정이라는 공동체 울타리를 함께 세워 온 사람인데, 그리고 지금 내가 가장 사랑하고 있는 자식들을 내 품에 안겨준 사람인데 그 공로를 인정해 주어야 한다. 이렇게 다시 시작해 보자. 아내와 아이들이 밖에서 들어오면 허깅(Hugging) 해주자. "수고했다."라고 하면서 말이다.

부모도, 자식도, 아내도, 남편도, 모두 허깅(Hugging)에 동참시켜 보자. 분위기가 달라진다. 또 사랑한다는 말을 자주 해보자. 남의 여자, 남의 남자, 남의 자녀에게 더 큰 관심 갖지 말고 내 옆에 있는 내 품속에 있는 사람들에게 관심을 더 가지자. 그들을 당신이 사랑해 주지 않으면 누가 그들을 사랑하겠는가?

(3) 네 부모를 공경하라

"부모들이 자식에게 가장 바라는 것은 무엇일까?" 하고 묻는다면 아마도 그것은 "자식이 행복하게 사는 것을 보는 것."이라고 답할 것이다. 행복한 가정이 곧 효(孝)의 지름길이다. 행복하기 위해서는 먼저 관계를 회복시켜야 한다.

2) 직장에서 선교사의 직무를 감당해야 한다.

누군가를 위해 기도하라. 이왕이면 자신에게 가장 짐이 되는 자를 택하여 그를 위해 기도하자. 아니면 동료나 리더를 위해 기도하자.

예수님의 제자로 하나 되기

3) 교회에서 섬기는 자의 직무를 감당해야 한다.

하나님을 섬기되 내 뜻을 다해, 내 마음을 다해, 내 힘을 다해, 그리고 내 생명을 다해, 주 나의 하나님을 사랑하고 섬겨 보자(마 22:37). 또 이와 같은 마음으로 이웃을 사랑해 보자.

교회의 지체로서 땅끝까지 복음을 전하는 사명자가 되자.

(1) 당신은 교회에서 어떤 일을 하고 싶은가?

(2) 당신은 선교를 위해 작은 일 하나를 한다면 무엇부터 하고 싶은가?

(3) 당신은 이웃을 위해 어떤 온정을 베풀고 싶은가?

(4) 당신의 소망은 무엇인가?

우리가 행복한 삶으로 살아가기 위해서는 내가 지금 어디에 있고 어디를 향하여 가고 있는지 분명히 알아야 한다.

4. 예수님을 영접하여 그리스도인이 되었음에도 불구하고 당신은 어떤 모습으로 살아가는 크리스천인가?

1) 아직도 세상의 쾌락과 희락을 버리지 못하고 교회 생활하는 삶인가?

2) 나의 지식과 기준으로 세상의 쾌락과 유희를 절제하며 내 나름대로 살아가는 삶인가?

3) 말씀을 기준으로 모든 일에 있어 성령과 동행하며 살아가는 삶인가?

Q&A

1) 당신은 일대일 제자양육자로서 어떤 자세로 하나님 앞에서 자신의 삶을 만들어 가시겠습니까?

2) 지금까지 배우고 가르침을 받아오면서 자신의 가장 취약한 부분은 무엇이며 그것을 어떻게 극복해 나갈 것인지 생각해 보십시오.

3) 예배자로 살아감에 있어 방해되는 것이 있다면 그것은 무엇입니까? 그리고 그것을 어떻게 내려놓고 또 고쳐야 할지 생각해 보십시오.

4) 예수님처럼 사는 삶이란 어떻게 사는 것일까요? 그렇게 닮아가기 위한 당신의 결단은 무엇입니까?

5) 당신의 하나밖에 없는 절친이 이렇게 물어온다면 당신은 어떻게 대답하시겠습니까?

"내가 너를 배려하여 주일에 결혼은 피하겠지만 어쩔 수 없이 주일에 결혼한다면 너는 내 결혼식에 올 거니? 아니면 교회에 갈 거니?"
물론 주의 몸 된 교회를 찾아 예배를 통해 하나님을 섬기는 행위만큼 중요한 것은 없다. 그러나 하나님 입장에서 한 번쯤 생각해 보자. 하나님께서는 믿는 자나 믿지 않는 자에게 하나님의 사랑을 전하라고 당부하신다. 그 사랑이 나를 통하여 전달되기를 바라고 계신다. 친구의 사랑을 빼앗아간 하나님을 당신이라면 쉽게 믿고 싶겠는가? 그 친구의 생명을 위해 그를 섬기는 것이 하나님을 섬기는 일이 아니겠는가? 우리는 네 이웃을 네 몸과 같이 사랑하라 하면서도 하나님 핑계를 대고 그렇게 하지 않는다. 오히려 이렇게 대답하는 것이 더 성경적이지 않을까? "당연히 네 결혼식에 가야지. 내가 사랑하는 하나님은 너의 결혼식에 다녀오라고 하시네."라고 말이다. 나를 사랑하시는 하나님이 아직 하나님을 믿지 않는 너를 더 챙겨주시는 그 사랑을 전하는 것이 예배당에서 졸며 예배드리는 것보다 훨씬 나은 예배가 아닐까?
필자는 조심스럽게 생각해 본다(골 3:14).

성도라면 위로는 하나님이 계시고 아래로는 이웃이 함께한다는 사실 속에서 내 마음 중심에, 먼저 하나님을 사랑하되 마음과 뜻과 힘과 생명을 다하여 사랑하고, 또 이웃을 내 몸을 사랑하듯 사랑하는 삶의 실천이 우선되어야 한다고 생각한다.

하나님을 향한 성도의 사랑 표현은 하나님이 말씀하신 계명을 사랑으로 실천하는 것이다. 예를 들어 십계명 중 "나 이외의 다른 신을 두지 말라." 하셨던 그 말씀을 기억하여 하나님과 나 사이에 어떤 사랑의 방해요소도 용납하지 않는 것을 의미한다. 그래야 참사랑의 관계가 되듯이 내가 하나님을 죽도록 사랑하기 때문에 하나님 외에 그 어떤 것도 (그것이 부모든, 자식이든, 돈이든, 명예든, 그 어떤 것이든) 용납하지 않는 사랑의 관계를 의미한다.

또한 주님은 성도로서 이 땅에서 빛과 소금의 역할을 감당하라는 말씀으로 마태복음의 산상수훈(마 5~7장)에서 그리스도의 도(道)를 가르치셨다. 마음을 비우고 하나님 나라와 의를 위해 정의와 공의를 행하고 한쪽 뺨을 때리면 다른 쪽 뺨도 내어 줄 수 있는 마음의 여유와 사랑으로 이웃을 대하고, 오 리를 함께 가자는 이웃에게 십 리를 함께 가줄 수 있는 이웃이 되어주라고 하신다. 그리고 누가복음 6:31에서 남에게 대접을 받고자 하는 대로 너도 남을 대접하라는 이 모든 말씀은 장차 우리가 사는 천국의 백성들의 삶의 모습을 이 땅에서부터 이루라고 당부하신다.

이러한 삶은 남을 위해서가 아니라 마침내 나 자신을 위해서임을 명심해야 하겠다.

〈그림 18〉에서 세상 사람들과 그리스도인들과의 삶의 방향성을 비교해 보면 세상 사람들의 경우 '어떻게 하면 잘 살까?'를 추구하며, 그 속에서 세상과 소통하는 방법을 찾고 항상 자기중심적 사고를 지향한다. 그러다 보니 조금도 손해보려고 하지 않는 마음이 있어 관계의 폭이 좁다. 반면 크리스천들은 먼저 '어떻게 하면 하나님을 기쁘게 할까?'를 추구하며 하나님과 소통하는 방법을 찾는다. 주인의식에 있어 내가 아닌 예수님을 주인으로 모시며 항상 남을 먼저 생각하기에 관계의 폭이 넓다.

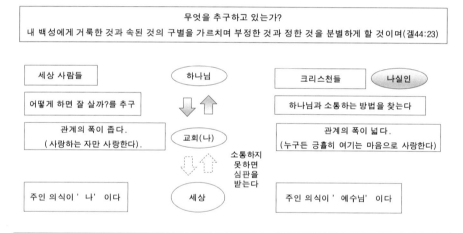

〈그림 18〉 세상 사람들과 크리스천들과의 비교

　　　　　　　　　　　　　예수님의 제자로 하나 되기

나무의 지혜

겨울을 준비하는 나무의 지혜
자신의 옷을 벗어
자신의 잎을 이불 삼아
차디찬 땅을 덮어
자신의 뿌리를 보호하는
지혜를 보자

떨어진 잎을 거름 삼아
여름의 황금기를 준비하는
나무의 지혜를 보자

가을이면
마치 아름다운 단풍으로
삶의 종착은
이렇게 아름다워야 한다고
행동으로 보이는
나무의 지혜를 보자

봄이면
죽은 줄로만 알았던
앙상한 가지에
움이 돋고 싹이 나는
생명을 보여줌으로
죽어가는 이에게 희망을 주는
나무의 지혜를 배우자

떨어진 낙엽에게서
자신을 밟으며
걷는 이에게
추억을 회상케 하는
선물을 준비해 주는
배려를 배우자

떨어진 낙엽을 보며
자신의 몸통(가족)을
살리기 위해
기꺼이 거름이 되어주는
희생을 배우자

하늘을 향해 솟아오른
나뭇가지를 보고
비록 내 몸은
땅에 뿌리박고 있어도
나의 정체성이
바로 저기야 하고
하늘 보좌를 가리키는
그의 지혜를 배우자

예수님의 제자로 하나 되기

각 단원 별
성경 읽기 성경강해

각 단원 별 성경 읽기 성경강해

각 파트별 성경 읽기에 따른 성구의 강해는 관련 내용을 중심으로 설명하였다.

하나님의 말씀은 같은 내용이라 하더라도 읽는 자의 마음과 상황에 따라 전혀 다른 의미로 다가올 때가 있음을 알아야 한다. 하나님의 말씀은 큰 능력이 있어 어떤 이에게는 이런 모양으로 또 다른 이에게는 저런 모양으로 나타나는 능력이 있음을 미리 말해둔다.

여기서 필자가 설명한 강해는 제목 혹은 관련된 내용을 중심으로 주석 혹은 설교자료 등을 인용하여 작성한 것이며 어떤 것은 성령의 감동으로 직접 느끼는 대로 집필한 것이다.

일대일 제자양육을 통해 삶의 중심이 하나님의 말씀 중심으로 완전히 변화되는 역사를 체험하기를 간절히 바라는 마음뿐이다.

다섯 번째 만남, 구원의 확신

🐚 성경 읽기: 마태복음 1장~4장

[마태복음 1장]

마태복음은 저자인 마태가 복음전도의 대상을 유대인으로 두고 기록하였다. 그래서 마태는 유대인들이 가장 중요시하는 혈통 중심의 사상을 고려하여 1장에 족보를 기록한 것이다.

마 1:1의 "아브라함과 다윗의 자손 예수 그리스도의 계보라" 이 말씀으로 마태를 통해 성령이 말씀하시고자 하는 것은 유대인들이 가장 존경하는 인물이 아브라함과 다윗 왕이고, 또 선지자의 예언대로 메시아가 아브라함과 다윗의 혈통으로 오신다는 메시아 대망 사상과 믿음을 부각시켜 너희가 죽인 예수가 바로 그리스도로 이 땅에 오셨다는 것을 밝히고 있다.

마태복음 1장은 두 가지의 특징을 보여주고 있는데 그 하나는 본래 유대인의 족보에는 여성이 들어가지 않는데도 마태는 다섯 명의 여성을 족보에 기록하고 있다는 것이다. 그리고 또 하나는 '누가 누구를 낳고'라는 단어 혹은 문장이 계속 반복되고 있다는 것이다. 여기에는 반드시 이유가 있다고 생각한다.

첫째 성령께서 마태를 사용하여 '낳고'를 강조한 것은 이런 이유에서이다. 마태복음 1장과 창세기 5장을 같이 비교하면 쉽게 이해할 수 있다.

창세기 5장에서는 반복되는 단어와 문장은 "누가 누구를 낳고 몇 년을 살고 몇 살에 죽었더라."인데 반해, 마태복음에서는 '낳고'만 있고 '살고 죽었더라.'는 없다. 이것은 믿음의 조상 아브라함의 계보로 오신 예수 그리스도의 족보 안에 있는 사람들은 '낳고', 즉 생명만 있고 죽음은 사라지고 없다는 뜻이다. 다시 말해 영생만 존재한다는 것을 족보를 통해 말해주고 있는 것이다.

두 번째 마태는 왜 여자들을 예수님의 족보에 넣었을까? 예수님의 계보 안에는 여러 종류의 사람이 있다. 먼저 다말이라는 여인은 이유야 어떻든 시아버지인 유다와 근친상간의 죄를 지은 여자이다. 라합은 여리고 성에 살던 몸을 파는 기생이었다. 룻은 모압 땅에 살던 이방 여인이었다. 그리고 우리야의 아내 밧세바는 다윗 왕과 간음한 여인이었다. 그리고 마지막 마리아는 하나님을 경외하는 여인이었다.

또 왕들을 살펴보면 다윗, 솔로몬, 히스기야, 요시야는 하나님을 경외하는 성군이었고, 므낫세, 아몬 등과 같은 왕은 악한 왕이었다. 이렇게 하나님 앞에서 하나님의 말씀대로 순종하며 사는 인생과 그렇지 못하고 불순종의 죄 가운데 살아온 인생, 즉 인간 세상에서 지을 수 있는 모든 죄를(의인이 지은 죄든, 악인이 지은 죄든 모든 죄를 포함한) 예수님의 족보 안에 기록하면서 예수 그리스도는 이 모든 죄를 속량하시기 위해 당신의 계보 안에 두시고 죄인의 형상을 가진 인간의 모습으로 이 땅에 오신 유일한 구세주이심을 말해주고 있다.

[마태복음 2장]

마태복음 2장에서는 구약 미가 5:2과 호세아 11:1의 말씀을 인용하여 예수님의 탄생이 예언대로 이루어졌음을 설명하고 있다.

[마태복음 3장]

마태복음 3장에서는 구약성경 이사야 40:3을 인용하여 장차 오실 메시아를 예비하기 위한 인물로 세례 요한을 소개하고 있다. 세례 요한이 그 더운 날씨에도 낙타 털 옷을 입고 장차 오실 메시아를 예비하기 위한 예언을 한다(마 11:10~14). 엘리야는 털이 많은 사람이었기 때문에 더운 날씨에도 이런 복장을 한 것으로 추측된다.

[마태복음 4장]

마태복음 4장에서는 예수님께서 사탄에게 시험을 받는 광경이 나온다. 마 4:1은 예수님이 세례 요한에게 세례를 받고 성령에게 이끌려 광야로 가신다는 내용이다. 왜 성령님은 예수님을 광야로 인도하셨을까? 그 이유를 추측해 보면 이렇다.

창세기 3장에 보면 아담과 하와는 에덴동산에서 살고 있었다. 이 에덴은 하나님과 소통하며 행복하게 사는 그야말로 광야와는 전혀 다른 아름다운 동산이었다. 그런 곳에 사탄이 나타나서 하와를 유혹하고 아담을 유혹하여 마침내 하나님의 자녀로 있던 그들을 자신의 종으로 삼아 버렸다. 그리고는 하나님께서 그들에게 준 하늘과 땅의 모든 권세를 빼앗아 버렸다.

여기서 광야는 상징적으로 사탄이 사는 곳으로 이제 예수님께서는 사탄에게 아담과 하와가 빼앗긴 것을 되찾아 오시기 위해 그곳으로 가신다.

이제 그곳에서 목숨을 건 한판 대결이 펼쳐진다. 예수님은 40일을 금식 기도하시면서 사탄의 유혹을 이겨내신다.

사탄이 들고 나온 첫 번째 시험(3~4절)은 인간 예수를 공격하는 것이었다. 인간은 육체를 가지고 있는 연약한 존재이다. 먹지 않으면 죽는다. 이렇게 금식하고 지쳐 있는 예수님을 유혹한다. 네가 지금 가장 필요로 하는 것이 배고픔을 달래는 것이 아니냐? 그러니 네가 하나님의 아들이거든 이 돌들을 떡 덩이로 만들어 먹으라 하고 시험한다. 이 시험은 인간의 모습으로 오신 하나님의 아들의 인성 부분을 공격하는 것으로, 먹지 않으면 죽는 연약한 존재로서의 인간의 정체성을 말해주고 있다. 그러나 예수님은 잘못된 정체성의 인식을 지적하시면서 "기록되었으되 사람이 떡으로만 살 것이 아니요 하나님의 입으로부터 나오는 모든 말씀으로 살 것이라 하였느니라." 하시고 그의 유혹을 거절하신다. 예수님의 이 말씀은 인간의 정체성은 육적인 것에 있는 것이 아니라 영적인 것에 있음을 말씀하신 것이다. 인간이 진짜 양식으로 삼아야 할 것은 육체를 위한 양식이 아니라 영적인 양식인 하나님의 말씀을 양식으로 삼고 더욱 사모해야 한다는 것을 깨닫게 하고 있다.

이 사건과 대조되는 상황을 창 25:29~34에서 볼 수 있다. 에서는 사냥을 하다가 저녁이 되어 지치고 피곤해지자 배고픔을 달래기 위해 야곱에게 하나님이 주신 장자권을 가볍게(업신) 여겨 팥죽 한 그릇에 팔아 먹고 만다. 이후 이러한 망령된 결과로 장자가 받을 축복을 야곱이 가지게 되는데, 그때 그가 울고불고 아버지 이삭에게 축복을 요구하였으나 그는 끝내 받지 못하고 버림받는 인생이 된다(히 12:16~17).

우리는 에서처럼 육의 사람이 될 것인가? 아니면 야곱처럼 영의 사람이 될 것인가?

두 번째 시험(5~7절). 예수님이 하나님의 말씀을 운운하자 사탄은 예수님을 거룩한 성 위로 데리고 올라가 시 91:11~12의 말씀을 인용하여 "기록되었으되 그가 너를 위하여 그의 사자들을 명하시리니 그들이 손으로 너를 받들어 발이 돌에 부딪치지 않게 하리로다 하였느니라." 하니 예수님께서 이르시되 "또 기록되었으되 주 너의 하나님을 시험하지 말라 하였느니라."라고 말씀하고 있다. 무슨 말인가? 이단들도 성경에 있는 하나님의 말씀을 들고 포교를 한다. 여기서 읽은 바와 같이 사탄도 하나님의 말씀을 인용하여 예수님을 공격하듯이 성도들을 공격한다. 그러나 주님은 "또 기록되었으되" 하고 말씀을 말씀으로 물리치신다. 즉 우리가 하나님의 말씀을 정확하게 알지 못하고 어설프게 알고 있으면 마귀에게 당하기 쉽다는 것이다. 예수님처럼 "또 기록되었으되" 하고 이 부분을 반드시 알아야 그들의 함정에 빠지지 않게 된다. 마귀가 시험한 장소는 거룩한 성이었다. 이 성전은 예루살렘 성전을 의미한다. 하나님의 이름으로 거룩한 성전이라 일컫는 성전은 두 가지 종류가 있는데, 하나는 하나님의 말씀을 마귀의 꾐에 빠져 마귀와 세상 편에 서서 성도들을 유혹하고 미혹되게 잘못 가르치는 가짜 성전이고, 또 다른 하나는 예수님의 가르치심처럼 하나님의 말씀을 깊이 알아 성도들에게 바르게 가르치는 성전이다. 이 둘을 확실히 구별하라는 것이다.

세 번째 시험은 예수님의 사역과 관계가 있는 시험으로 가장 힘든 유혹이었다고 신학자들은 말한다. 왜냐하면 사탄은 지극히 높은 산에 올라가 천하만국과 그 영광을 보여주며 이것을 내가 넘겨받았는데 내게 엎드려 경배하면 이 모든 것을 네게 주리라 하고 유혹했다. 이것은 예수님을 보고 "너 십자가 지러 왔지? 그런 힘든 일 하지 말고 그냥 쉬운 방법으로 가볍게 내게 절 한 번만 해라. 그러면 이 모든 영광 다 돌려주마." 하고 유혹하고 있는 것이다. 그러나 예수님은 이 유혹에 넘어가지 아니하시고 성도들에게 섬기고 경배해야 할 대상은 오직 한 분 하나님이며, 그분을 경배하고 섬기라고 그 정체성을 분명히 말씀하고 계신다. 마지막으로 마귀가 시험한 장소는 지극히 높은 산으로, 그곳에서 예수님을 유혹하고 있다. 이것은 자신이 받은 권세와 권위가 지극히 높은 것으로 자랑하고 있다는 것을 눈으로 보여주며, 이보다 더 큰 영광과 권세를 네게 줄 테니 나에게 순종하라는 의미가 내포되어 있다. 이는 순종할 수밖에 없도록 상황과 환경을 만들어 철저하게 예수님의 사역을 방해하며 유혹하는 모습을 보여주고 있는 것이다.

　정리하면 마귀가 예수님을 시험한 첫 번째 시험이 예수님의 인성 부분을 공격했고, 두 번째 시험으로 예수님의 신성 부분을 공격한 것이다. 마지막으로 세 번째 시험은 예수님의 사역에 대한 집요한 방해 공작으로 다가왔다.

여섯 번째 만남, 하나님의 속성

📖 성경 읽기: 요한복음 1장~7장

[요한복음 1장]

요한복음 1:1 "태초에 말씀이 계시니라 이 말씀이 하나님과 함께 계셨으니 이 말씀은 곧 하나님이시니라."

여기서 말씀은 '로고스'라고 한다. 이 말씀이 태초부터 계셨는데 이 말씀이 하나님과 함께하셨고, 이 말씀 자체가 곧 하나님이시라고 말씀하신다. 우리가 흔히 '말씀' 하면 성령 하나님을 의미하는데, 여기서는 이 말씀이 육신이 되어 오신 예수님을 의미한다.

여기서 '태초에'라는 말씀과 창세기 1장 1절에 사용된 '태초에'라는 말씀은 그 의미가 완전히 다르다.

창 1:1의 태초는 히브리어로는 '베레쉬트'라는 단어로 '시간의 출발점', 즉 '시간의 시작'을 알리는 것으로 이제부터 천지가 창조되는데 그 시간이 태초라는 의미이다. 반면에 요 1:1의 태초는 히브리어로는 '아르케'라는 단어로 원어적인 의미는 '맨 처음, 시간이 시작되기 이전'의 의미이다. 이는 하나님이 천지를 창조하시기 시작한 그 태초보다도 훨씬 더 이전인 태초를 의미한다. 다른 말로 '영원 전부터'라는 의미의 태초로 보는 것이 맞다.

요 1:5 "빛이 어둠에 비치되 어둠이 깨닫지 못하더라."

이 말씀은 빛으로 오신 예수님이 이 세상에 오셨는데 사람들이 깨닫지 못하여 결국 십자가에 못 박아 죽였다는 것을 의미한다.

요 1:17~18 "율법은 모세로 말미암아 주어진 것이요 은혜와 진리는 예수 그리스도로 말미암아 온 것이라 본래 하나님을 본 사람이 없으되 아버지 품속에 있는 독생하신 하나님이 나타내셨느니라."

이 말씀에서 예수님의 정체성을 밝히고 있다. 예수님은 하나님 품속에서 독생하고 계셨던 분으로, 즉 하나님 아버지와 한 몸을 이루고 계신 분이심을 나타내고 있다. 그리고 율법, 즉 하나님의 공의의 잣대는 모세로 말미암아 주어졌으나 사랑과 진리, 그리고 은혜는 예수 그리스도로 말미암아 우리에게 임하게 되었음을 강조하고 있다. 예수님이야말로 진정한 구세주이심을 다시 한번 밝히고 있다.

요 1:29 "예수가 자기에게 나오심을 보고 이르되 보라 세상 죄를 지고 가는 하나님의 어린 양이로다."

세례 요한은 이사야 선지자가 예언했던 그 어린 양이 바로 예수님이심을 설명하고 있다. 그리고 레위기에 기록된 제사 제도의 대표적인 제물이 어린 양이었고 그 대속의 제물로 오신 분이 또한 예수님이심을 증언하고 있다. 또 33~34절에서 예수님께서 하나님의 아들이심을 증언하고 있다.

요 1:37, 40에 나온 두 제자는 안드레와 이 책의 저자인 사도 요한을 가리킨다.

요 1:41~42에서는 안드레가 예수님을 만나고 제일 먼저 한 행동이 친형인 시몬 베드로를 예수님께 인도한 일이다. 아마도 예수님의 제자 중 최초의 전도자가 아닌가 싶다. 이 모습에서 안드레와 베드로의 관계를 추측해 보면 형제의 우애가 남달랐던 것 같다. 또 메시아에 대한 이야기를 서로 많이 나누었던 것으로 보인다.

안드레는 자신의 친형을 예수님께 소개한다. 예수님은 시몬을 보고 그의 이름을 게바, 즉 베드로라고 고쳐준다. 게바의 의미는 반석이라는 뜻이다.

주님은 시몬을 게바라는 이름으로 고쳐주시지만(요 1:42) 이때 이 이름 위에 당신의 교회를 세우지는 않는다. 마 16:16~21에 가서야 베드로가 "주는 그리스도시요 살아계신 하나님의 아들이로소이다." 하고 신앙고백을 하자 그때서야 비로소 그 반석 위에 교회를 세우시는 것을 볼 때, 신앙고백, 즉 예수님에 대한 정체성을 내 믿음으로 고백할 때 비로소 반석이 되는 것이고 그 반석 위에 교회가 세워지는 것이다. 따라서 이 고백을 하는 모든 성도가 반석이 되고 교회가 되고 교회의 지체가 되는 것임을 알아야 한다.

요 1:45~50에서는 예수님의 제자 중 빌립이 두 번째로 나다나엘을 예수님께 인도하는 전도자로 소개되고 있다. 그런데 특이한 점은 나다나엘은 성경에 대해 많은 지식을 가지고 있는 제자인 것 같다는 점이다. 그는 빌립으로부터 나사렛 예수에 대한 이야기를 듣자 나사렛에서 무슨 선한 것이 날(生) 수 있느냐 하면서 거절한다. 하지만 '와서 보라.'는 빌립의 강권으로 예수를 만나는 대목이다.

예수님은 나다나엘을 처음 만나면서 마치 그를 이미 알고 있는 듯한 말씀을 하신다. 예수님이 그에 대해 말씀한 것은 "보라, 이는 참으로 이스라엘 사람이라 그 속에 간사한 것이 없도다." 하고 말씀하시자 나다나엘이 "어떻게 나를 아시나이까?" 하니 예수님께서 "빌립이 너를 부르기 전에 무화과나무 아래에 있을 때에 보았노라." 하고 말씀하신다. 그제야 나다나엘이 대답하되 "랍비여 당신은 하나님의 아들이시요 이스라엘의 임금이로소이다."라고 신앙고백을 한다. 아마도 제자들 중에 제일 먼저 신앙고백을 한 제자일 것이다. 이 나다나엘은 바돌로메라는 이름으로도 불린다.

그는 왜 예수님께서 무화과나무 아래에 있는 자신을 보았다고 말씀하셨을 때 이 엄청난 고백을 했을까? 그는 간사한 사람이 아니었다. 거

예수님의 제자로 하나 되기

짓이 없는 사람이었다. 그런 그가 예수님의 말씀을 듣고 예수님을 하나님의 아들로 그리고 이스라엘의 임금으로 고백했다. 어떻게 그리할 수 있었을까? 이스라엘의 임금은 하나님 한 분만이 가능한 것이다. 그러니 나다나엘의 고백은 "예수님은 하나님의 아들이시며 하나님이십니다."라고 고백한 것과 같은 의미이다. 이런 고백의 배경에는 나다나엘이 하나님과 단둘 만이 아는 어떤 행동을 무화과나무 아래에서 했던 것 같다. 아마도 이 자리는 나다나엘이 묵상하는 자리였을 것으로 본다. 그곳은 하나님과 단둘이 소통하는 자리이고, 기도하는 자리이고, 말씀을 보는 자리였을 것으로 많은 성경학자들은 주장한다.

[요한복음 2장]

요한복음 2:1~12에는 예수님이 처음 기적을 베푼 사건이 기록되어 있다. 그곳은 가나 혼인 잔치였다. 내용을 간추려 보면 가나 혼인 잔치는 아마도 성모 마리아의 친척이었던 것 같다. 마침 잔칫집에 포도주가 다 떨어지고 없었다. 그러자 마리아는 예수님께 찾아와 이 사실을 알리는데, 예수님은 탐탁지 않은 반응을 보이신다. 그리고 아직 당신의 때가 안 되었음을 말씀하신다. 그러나 예수님의 말씀에도 아랑곳하지 아니하고 마리아는 하인들에게 "예수님이 시키는 대로 하라"며 자리를 떠난다. 마리아의 믿음으로 예수님은 이적을 행하시게 된다. 믿음의 기도는 하나님의 때를 앞당기게 하고 계획도 변경시킬 수 있음을 보여주는 대목이다.

이 광경에서 어떤 이들은 예수님이 맹물을 포도주로 만드신 것을 악용하여 술은 먹어도 좋고 단지 취하지만 않으면 된다고 확대 해석하는 사람도 있다. 그렇지 않다. 구약에서부터 나실인은 독주뿐만 아니라 어떠한 술도 금하고 있다. 그런데도 예수님이 포도주를 만들어주신 것은 그 당시 문화 때문이었는데, 잔칫집의 흥을 깨지 않기 위해서였다. 영적으로는 장차 예수를 의지하는 자들에게는 맹물과 같은 인생에서 포도주와 같은 단물로 바뀔 것이며 맹물과 같이 밋밋한 인생에서 포도주를 먹고 취하여 흥이 나는 인생으로 전환될 것임을 이 이적을 통해 말씀하고 계신다. 성도가 먹고 취해야 할 것은 술이 아닌 성령으로, 결국 성령으로 충만해져서 흥이 나는 인생으로 바뀌어야 함을 말씀하신다. 주님께서 이 이적이 술을 의미하는 것이 아님을 나타내시는 말씀이 바로 마 26:29인데, 당신께서 모든 것이 이루어질 때까지 포도나무에서 난 소산은 마시지 않겠다고 선언하시면서 나실인으로 사실 것을 선언하신다. 참고로 술을 먹지 말라는 말씀은 잠언 23:31~35에 기록되어 있다.

요 2:14~22의 말씀은 예수님께서 노끈을 채찍으로 삼아 성전의 온갖 더러운 것을 청소하시는 모습이다. 이것은 우리가 예수를 주로 영접하여 하나님의 자녀가 되고 성령을 모신 성전으로서 이제 말씀을 채찍으로 삼아 내 안에 온갖 더러운 세상 것들을 버려야 하는 일부터 해야 함을 알려주는 모습이다.

[요한복음 3장]
요한복음 3:1~15에서는 니고데모를 통해 거듭남에 대해 말씀하신다. 사람이 거듭날 수 있는 방법은 5절에 오직 물과 성령으로 나지 아니하면 안 된다고 말씀하신다.

여기서 물과 성령은 곧 예수님을 일컫는다(요일 5:6, 8). 또 어떤 주석은 거듭나는 방법으로 구약에서는 물로 세례를 받는 방법이고 신약에서는 성령으로 세례를 받아 깨끗하게 하는 방법을 대표적으로 제시하고 있으므로, 물은 구약을, 성령은 신약을 상징하는 말로서 하나님의 말씀으로 해석하는 경우도 있다.

요 3:36 "아들을 믿는 자에게는 영생이 있고 아들에게 순종하지 아니하는 자는 영생을 보지 못하고 도리어 하나님의 진노가 그 위에 머물러 있느니라."

여기서 '영생'이란 무엇인가? 영원히 사는 생명으로서 '구원'을 의미한다. 그런데 성경에서의 영생은 요 17:3에서 "영생은 곧 유일하신 참 하나님과 그가 보내신 예수 그리스도를 아는 것이니이다."라고 정의를 내려놓았다. 이것은 영생의 참 의미는 예수 그리스도를 아는 것으로 참 하나님과 함께할 때 비로소 이루어지는 복이라는 것을 분명히 하고 있다. 즉 예수 그리스도를 통한 참 하나님과의 교제가 없으면 불가능한 것임을 분명히 하고 있다.

[요한복음 4장]

요 4:1~42의 사마리아 여인을 통해 한 동네 전체가 예수님을 영접하게 되는 역사를 기록하고 있다.

요 4:24에서 영과 진리로 드리는 예배란? 본문에서 사마리아 여인은, 사마리아인과 유대인들의 예배드릴 곳을 말하며 장소의 중요성을 예수님께 말하고 있다. 그러나 주님은 장소가 중요한 것이 아니라 예수님을 만나고 있는 지금 이 시간이 더욱 중요하고 바로 이때가 예배할 때임을 말씀하신다. 마 5:16의 "너희 빛이 사람 앞에 비치게 하여 그들로 너희 착한 행실을 보고 하늘에 계신 너희 아버지께 영광을 돌리게 하라."와 같은 맥락의 말씀이다.

이 말씀은 로마서 12:1에 나온 말씀처럼 "산 제물로 하나님께 예배드리는 것"이며 요 4:24의 말씀처럼 "신령과 진정(진리)으로 예배드리는 것"을 의미한다. 즉 성령님과 함께 동행하여 예수의 가르침대로 살아가는 내 삶을 통해 하나님을 영화롭게 하는 것이 살아 있는 예배라는 것이다.

로마서 12:1에 "너희 몸을 하나님이 기뻐하시고 거룩한 산 제물"의 의미를 알아보자. 하나님이 기뻐하시는 산 제물이 되기 위해서는 먼저 제물이 거룩해야 한다. 그리고 그 제물이 하나님께 기쁘게 드려져야만 한다. 그렇다면 어떻게 해야 죄악으로 가득 찬 우리 몸이 거룩해질 수 있을까? 그 답을 베드로 사도가 알려주고 있다. 벧전 3:15에 "너희 마음에 그리스도를 주로 삼아 거룩하게 하고"라고 말씀하고 있는데, 이는 예수님을 내 인생의 주인으로 삼은 자만이 거룩한 산 제물이 된다는 걸 말하고 있다. 그리고 그가 예수님의 가르침대로 삶을 살 때 비로소 하나님께서 기뻐하는 산 제물로 받으신다는 사실까지 말하고 있다. 즉 산 제물은 진리와 함께하는 삶을 의미하는 것이다. 예를 들어 산 채로 제단에 올라간 이삭이 산 제물의 대표적인 모습이다. 그는 아버지 아브라함에 의해 손과 발이 꽁꽁 묶인 채 제단 위에 올라가 있었다.

이와 같이 주님 앞에서 우리의 못난 자아를 하나님의 말씀의 끈으로 꽁꽁 묶어 요동하지 못하게 하고, 오로지 성령에 의지하여 움직이는 상태의 삶, 그것이 하나님이 기뻐하는 산 제물이 된다는 사실을 잊지 말자. 사도 바울이 서두에 "하나님의 자비하심으로 말하노니"라고 말하면서 하나님의 사랑, 즉 헤세드(자비)를 언급한 것은 산 제물이 되는 자들은 하나님의 큰 사랑을 경험한 자로서, 그 사랑을 받은 대로 우리도 그와 같이 자기 몸을 자신의 삶을 통하여 돌려드리는 희생의 제물이 되어야 함을 강조하고 있는 것이다.

요 4:34에 예수께서 이르시되 "나의 양식은 나를 보내신 이의 뜻을 행하며 그의 일을 온전히 이루는 이것이니라."

여기서 나를 보내신 이의 뜻과 일은 무엇일까?

그 뜻은 요 6:40의 "아들을 보고 믿는 자마다 영생을 얻는 이것이니 마지막 날에 내가 이를 다시 살리리라 하시니라." 그렇다. 하나님의 뜻은 아들을 보고 믿는 자에게 영생을 주는 것이고, 예수님께 온 모든 백성을 단 한 명도 잃어버리지 아니하고 이를 예수님께서 다시 살려주실 것을 약속하는 것이다.

그리고 살전 5:16~18에서는 "항상 기뻐하라, 쉬지 말고 기도하라, 범사에 감사하라 이는 그리스도 예수 안에서 너희에게 향하신 하나님의 뜻이니라."라고 말씀하신다. 그렇다. 주님은 우리에게 이 땅에서 사는 동안 당신의 가르침 안에서 하나님과 끊임없는 동행을 요구하고 계시며, 그로 인해 모든 일에 있어 하나님께 감사하고 그러므로 항상 기뻐하는 인생으로 살 것을, 그것이 하나님께서 우리에게 향하신 뜻이라고 말씀하신다.

그렇다면 하나님의 일은 무엇인가? 요 6:29의 "하나님이 보내신 이를 믿는 것"이 하나님의 일이라 하셨다. 왜 예수님은 당신을 믿는 것을 '일'로 표현하셨을까? 일에는 반드시 노동이 따른다. 참 믿음은 행위와 같이 가는 것이기 때문이다(약 2:22). 예수님의 가르침대로 행하는 것, 그런 믿음을 통해 예수님과 하나가 되는 노력과 노동이 수반되는 그것을 모든 그리스도인이 양식으로 삼아야 한다. 야고보 선지자도 행함이 없는 믿음은 죽은 믿음이라고 했다(약 2:17).

요 4:46~54에서는 병들어 사경을 헤매는 왕의 신하의 아들을 고쳐줌으로써 전능하신 하나님의 아들로서의 두 번째 표적을 행하신다.

[요한복음 5장]

요 5:2의 말씀은 예루살렘 양문 곁에 있는 베데스다 연못과 38년 동안 거동도 못하고 누워 있는 병자를 고치신 예수님의 이야기이다. '베데스다'라는 말은 '벧+헤세드'의 합성어로, "자비의 집, 은총의 집"이라는 뜻을 가지고 있다.

요한복음 5장에서 예수님은 하나님의 아들로서 하나님과의 관계성과 사역에 대한 설명을 하고 계신다. 그리고 예수님이 유대인들에게 왜 핍박을 받게 되었는지 그 원인을 요 5:16~18에서 아주 간단하게 이야기한다.

첫째는 안식일에 일한다는 이유 때문이었다. 둘째는 하나님을 자기의 친아버지라 하며 자기를 하나님과 동등하게 여긴다는 이유에서 신성모독죄로 예수를 죽이려고 했다.

요한복음 5장을 통해 예수님이 보여주신 하나님의 속성은 이렇다.

1) 병든 자를 고쳐주신다 - 인생을 긍휼히 여기시는 마음(요 5:6~9)

2) 아들을 통해 죽은 자도 살리심 - 전능하신 하나님이심(요 5:21)

3) 심판과 사망에서 생명으로 옮기시는 모든 주권자이심(요 5:22~29)

4) 하나님의 사랑을 아들을 통해 보이심

[요한복음 6장]

오병이어의 기적을 행하시는 예수님을 통해 하나님을 본다.

사람의 생각과 하나님의 일은 다르다. 사람들은 이 많은 무리가 먹을 떡을 구하려면 이백 데나리온이라는 떡값으로는 부족할 정도라고 말한다. 때문에 "어디서 그 많은 떡을 준비하겠습니까? 불가능합니다."라고 빌립이 말한다. 그러나 하나님께서는 불가능이란 없다 하시며, 행동으로 예수님이 증명하시고 있다. 오히려 모두를 먹이고도 12광주리나 남는 기적으로 사랑과 은혜가 풍성하신 하나님을 만나게 한다(요 6:1~21).

오병이어의 기적으로 자신을 쫓는 무리가 세상적으로 배부른 일을 위하여 예수님을 따르고, 하나님의 말씀과 가르침 속에서 변화된 삶을 추구하기보다는 아무 노력 없이 기적과 표적으로 세상의 썩을 양식을 위해 하나님을 섬기려는, 기복신앙으로의 병폐를 예수님은 지적하신다 (요 6:26~27).

오병이어의 기적으로 하나님이 주신 떡을 받아먹은 무리를 향하여 육신의 배를 채우기 위해 떡을 찾지 말고 하나님이 영생하도록 주신 생명의 떡을 취하라 하시고 그 생명의 떡이 자신이심을 말씀하신다(요 6:32~59).

오병이어의 기적이 일어난 배경을 찾아보자.

첫째는 무리를 불쌍히 여기시는 마음에서부터 비롯되었다.

둘째는 떡 다섯 개와 물고기 두 마리라는 마중물이 있었다. 자신이 먹을 것을 포기하고 다른 여러 사람을 위해 이것을 내려놓은 한 사람의 희생이 있었다.

셋째는 그 마중물을 주님께 가지고 왔을 때 비로소 기적이 일어나고 문제가 해결되었다. 오병이어의 기적은 우리의 문제를 주님께 가지고 갔을 때 비로소 해결될 수 있음을 또한 일깨워주고 있다.

[요한복음 7장]

예수님 자신의 일에 대한 정당성과 합리성을 말씀하신다(요 7:14~24).

자신의 일은 "하나님이 보내서 하는 일이다."라고 말씀하신다.

요 7:19에 "너희 중에 율법을 지키는 자가 없도다."라고 말씀하신다. 하나님이 보시는 눈과 사람이 생각하고 일하는 것은 다를 수 있다. 바리새인들은 모세의 율법을 지키려고 안식일에 일을 하지 않았다. 그러나 예수님은 안식일에도 병자를 고치며 일을 했다. 사람들이 보기에는 자신들은 율법을 지킨 자이고 예수님은 율법을 어긴 자가 된 것이다.

그러나 하나님은 바리새인들을 보고 율법을 어겼다고 한다. 그 이유는 모세의 율법을 빌미 삼아 하나님과 전혀 상관없는 자신의 안위만을 위해 안식일을 지키고 있었기 때문이다. 안식일은 생명을 귀히 여기시는 하나님의 마음을 헤아려 이웃에게 그 사랑을 전함으로써 서로가 영적 안식과 기쁨을 위한 날임을 재인식시키시고 있는 것이다.

일곱 번째 만남, 성경(언약)

🍂 성경 읽기: 요한복음 8장~14장

[요한복음 8장]

요 8:1~11은 서기관과 바리새인들이 음행하다가 현장에서 붙잡혀온 한 여인을 예수께 데리고 와서 시험하려고 하는 내용이다. 서기관과 바리새인들의 목적은 모세의 율법을 운운하면서 예수께서 모세의 율법을 범하도록 유도해서 그를 고발할 이유를 만들고자 함이었다. 모세의 율법에는 간음한 여인을 돌로 쳐 죽이라고 기록되어 있다고 그들은 말한다. 그러나 그들의 말에는 아랑곳하지 않고 예수님은 두 가지 행동을 하신다.

첫 번째는 몸을 굽혀 손가락으로 땅에 뭐라고 쓰셨다. 이 행동을 두 번이나 하신다. 그리고 "너희 중에 죄 없는 자가 먼저 돌로 치라."는 말씀과 "여자여 너를 고발하던 그들이 어디 있느냐 너를 정죄한 자가 없느냐 나도 너를 정죄하지 아니하노니 가서 다시는 죄를 범하지 말라."라고 하셨다.

이 사건에서 주님께서 두 번 몸을 굽혀 무엇인가를 쓴 행동을 살펴보면, 첫 번째 몸을 굽혀 무엇인가 쓴 행동은 예수님을 시험하기 위해 현

예수님의 제자로 하나 되기

장에서 간음한 여인을 데리고 온 군중들의 관심을 다른 곳으로 돌리려는 의도적 행동이셨다. 이들의 마음과 눈은 간음한 여인의 정죄와 예수님께 올무를 거는 것에 집중되어 있었다. 이렇게 앞뒤 보지도 않고 돌진하는 그들에게 예수님은 잠시 숨 돌릴 시간을 제공하기 위해 그들의 질문에 대답하지 아니하시고 땅에 무어라고 쓰신 것이다. 그러자 이들은 웅성웅성하면서 "땅에 뭐라고 쓰는 거야?" 하며 그들의 눈과 마음이 예수님의 손가락으로 향하였을 것이다. 그리고 그들에게 이렇게 말씀하신다. "너희 중에 죄 없는 자가 먼저 돌로 치라."

첫 번째 행동이 화가 난 군중들의 관심을 다른 곳으로 집중시켜 마음을 안정시키려는 의도적 행동이었다면, 두 번째 같은 행동을 하신 것은 예수님의 질문에 대답할 시간을 주시기 위한 행동이라고 본다. 따라서 그들에게 모세의 율법을 생각하기 전에 하나님 앞에서 "죄 없는 자가 먼저 돌로 치라."라는 말씀을 하시면서 정죄하려는 그들을 향해 자신을 돌아볼 기회를 제공하여 주신 것이다. 순간 그들은 이 말씀을 듣고 모두 양심에 가책을 느끼고 마침내 들었던 돌을 한 사람씩 내려놓기 시작하더니 이내 그 자리를 떠났다.

이 사건을 통해 우리에게 하고자 하신 말씀의 의도는 무엇일까?

남을 정죄하기 전에 하나님 앞에서 네 모습을 먼저 돌아보라는 것과 다시는 죄를 짓지 말라는 것이 이 사건을 통한 주님의 메시지이다.

요 8:12~30은 예수님의 정체성에 대해 밝히고 있다.
- 생명의 빛으로 오신 예수님(12절)
- 예수님의 말씀에 대한 증언자는 하나님(16, 28, 29절)
- 하나님과 예수님과의 관계(19절)
- 예수님이 속한 곳은 이 땅이 아닌 하나님의 나라이다(23, 42절).
요 8:31~32절 예수님의 제자의 자격 요건과 특권을 보면 먼저 예수님의 제자가 되기 위해서는 예수님의 가르치심을 따라 행해야만 한다. 이 행함은 말씀과 함께 갈 정도로 이루어져야 한다. 세상에서도 스승의 가르침을 받고 그 가르침대로 행하는 자를 두고 참 제자라고 하듯이, 주님의 가르침 속에 있는 자가 참 제자로서 자격을 갖추는 것이다. 제자가 된 사람은 마침내 진리가 무엇인지 알게 되고 이 진리로 말미암아 내 영과 육이 자유를 누리게 된다는 사실을 말씀하시고 있다.

"예수님처럼"이라는 말이 내 인생에 적용될 때 그것이 제자의 삶이다.

요 8:44, 47에서는 우리 인간의 정체성을 말씀하신다.
- 마귀의 자식이다.
- 하나님께 속하지 않았다.

[요한복음 9장]

요 9:1~41에서는 날 때부터 맹인인 사람의 눈을 뜨게 하는 장면이 나온다. 이상한 것은 주님의 행동이다. 말씀으로 고치지 아니하시고 흙을 이겨 눈에 바르고 실로암에 가서 씻으라 하신다. 그리고 그가 그곳에 가서 씻을 때 눈이 떠지는 기적이 일어난다. 주님은 왜 이런 행동을 하셨을까? 여기서 하나님의 뜻을 발견해 보자.

첫째는 병자를 향한 하나님의 사랑과 긍휼히 여기시는 마음이다. 이 마음으로 상처받은 자를 위로해 주시는 주님의 따뜻한 마음을 볼 수 있다. 그의 말대로 날 때부터 맹인으로 태어난 그는 죄인 취급을 받고 사회에서 버림받고 소외된 사람이었다. 그는 사회에서 아무도 가까이하지 않는 죄인이었다. 그가 가까이 가려 하면 다른 사람들은 도망을 치거나 돌을 던져 못 오게 했을 것이다. 그런 대우를 받던 그에게 다가가 진흙을 이겨 눈에 바르며 그에게 손을 댄다. 맹인은 아마도 사람의 손길을 처음 느껴보았을 것이다. 그리고 그 맹인은 하나님의 위대한 선지

예수님의 제자로 하나 되기

자라는 분이 자기에게 손을 댄 그 손길 속에서 하나님의 따뜻한 사랑과 용서와 위로함을 느낄 수 있었을 것이다.

그런 그에게 하나의 과제가 주어진다. 그것은 바로 눈에 바른 진흙을 씻기 위해서 실로암을 찾아가야 하는 것이다. 이 명령에 순종했을 때 비로소 그는 눈을 뜨는 기적을 보게 된다. 영적으로 어두워 장님과 같은 우리는 보내주신 곳에 가서 하나님의 말씀에 순종할 때 비로소 우리의 영적인 눈이 뜨이고 회복이 일어나는 것을 이 사건을 통해 말씀하고 계신다.

또 13절 이하에서는 눈을 뜬 맹인을 보고도 굳이 믿으려 하지 않는 사람들의 속성을 잘 반영하고 있다. "믿음은 바라는 것의 실상이요 보이지 않는 것의 증거니(히 11:1)"라는 말씀처럼 맹인에게는 눈을 뜨는 것이 바라는 소망인데 그것이 실제로 이루어졌고, 유대인들은 눈을 뜨는 과정과 그가 장님이었던 사실을 보지 않아 믿으려 하지 않았지만, 그들 앞에 보이지 않은 증거로 나타났다. 그런데도 믿으려 하지 않는 이들의 속성이 곧 믿음이 없는 우리들의 모습이 아니고 무엇이겠는가?

[요한복음 10장]

선한 목자와 삯꾼을 구별하여 설명하신다. 목자는 양을 위해 목숨을 아끼지 아니하고 보살피나, 삯꾼은 자신의 이익을 위해 양을 살핀다는 차이점이 있다.

[요한복음 11장]

여기서는 죽은 나사로를 살리시는 기적을 기록하고 있다.

죽은 나사로를 통해 마르다와 마리아의 신앙을 엿볼 수 있다. 그들은 예수님의 여(女)제자나 다름없는 사람들이었다. 그녀들의 믿음은 만일 예수님이 나사로 옆에 있었으면 오라비가 죽지 않았을 것을 확신하는 수준이었다(21절). 그리고 무엇이든지 하나님께 구하면 하나님이 들어주실 것이라는 믿음도 있었다(22절). 또 그녀들은 부활 신앙도 가지고 있었다(24절). 그들은 예수님을 바르게 믿고 있었던 것 같다.

나사로를 다시 살리러 오신 주님께서는 나사로를 살리기 전 그의 죽음을 애도하는 마르다와 마리아, 그리고 그녀들을 위로하러 모인 유대인들의 슬픔과 아파하는 마음을 보시고 같이 울어주신다. 이 모습에서 함께 울어주시는 주님의 따뜻한 마음을 찾아볼 수 있다. 그리고 그 아픔을 주님은 다시 나사로를 살려주시고 기쁨으로 회복시켜 주시며 그로 인해 함께 또 기뻐하시는 주님을 보게 된다.

어떤 주석에는 죽은 나사로를 주님이 다시 살릴 것을 믿지 못하고 우는 것을 보시고 그들의 믿음이 없음을 한탄하고 비통해하시면서 우셨다고 적혀 있으나 그것보다는 그들의 상처를 보고 아파하시며 함께 우셨다는 것이 더 타당하다고 본다.

[요한복음 12장]

향유 옥합을 깨뜨린 마리아의 이야기가 기록되어 있고 그 사건을 통해 예수님이 십자가에서 죽을 것을 예언하고 있다. 예수님의 장례를 준비하는 옥합을 깨트린 여인을 통해 장차 다가올 하나님 나라를 위해 자신의 모든 것을 바쳐 준비하는 여인의 숭고한 믿음을 우리도 본받아야 함을 말해주시고 있다.

요 12:44~50에서 예수님께서 이 땅에 오신 이유를 다시 한번 말씀하신다.

- 자신을 통해 하나님을 보게 하기 위해 (45절)
- 빛으로 세상에 오심(46절)
- 세상을 심판하러 온 것이 아니라 세상을 구원하러 오심(47절)
- 하나님의 말씀을 전하러 오심(49절)

예수님의 제자로 하나 되기

- 영생을 전하러 오심(50절)

[요한복음 13장]

"마귀가 벌써 시몬의 아들 가룟 유다의 마음에 예수를 팔 생각을 넣었더라(요 13:2)."

사탄이 이 생각을 넣을 수 있었던 것은 "이렇게 말함은 가난한 자들을 생각함이 아니요 그는 도둑이라 돈궤를 맡고 거기 넣는 것을 훔쳐 감이러라(요 12:6)"에서처럼 가룟 유다의 마음은 제자들이 헌금한 헌금함에 있는 돈을 제멋대로 훔쳐 사용하는 등의 행위로 인해 이미 사탄이 춤추고 놀 수 있는 무대로 변질되어 있었기 때문이다. 그렇기 때문에 예수님을 팔 생각을 넣을 수 있었고, 돈에 대한 집착과 돈의 힘을 맛본 유다의 눈에는 자신의 스승인 예수님이 노예 한 명 값의 돈으로 보였던 것이다. 이렇게 사탄이 넣어준 생각으로 묵상을 하다 보니 마침내 사탄이 그의 마음 안에 둥지를 틀기 위해 그 속으로 들어가 버리고 만다(요 13:27).

이런 가룟 유다의 모습에서 우리가 알아야 할 것이 있다. 그것은 '우리의 마음을 스스로 지킬 것인가, 아니면 다른 것에게 빼앗길 것인가'인데, 그 결과가 어떻게 나타나는지는 순전히 우리의 생각에 달려 있음을 보여준다. 또한 생각이 마음을 움직이고, 마침내 그 마음이 행동을 유발하게 하며, 같은 행동이 많아지면 습관이 되고 그 습관이 사람의 인격으로 드러나게 된다는 사실을 보여준다.

가룟 유다는 처음부터 자신의 생각을 단속하지 않았다. 그는 셈(數, calculation)이 아주 빠른 사람이었다. 옥합을 깨뜨려 주님께 부은 여인을 보고 그녀를 질타하며, 그 옥합을 300 데나리온에 팔아 가난한 자들에게 줄 수 있었노라고 한 자가 바로 가룟 유다였다. 그는 자신의 마음을 돈에 빼앗기고 있었던 것이다.

요 13:4~20에는 예수님이 제자들의 발을 씻어주신 일이 기록되어 있다. 요 6:64에 예수님은 처음부터 가룟 유다가 자신을 팔 자임을 알고 계셨다고 기록하고 있다. 그런데 예수님은 그런 그를 제자로 삼으셨고, 그를 버리지 않고 끝까지 다른 제자들과 차별 없이 대하고 그들의 믿음이 떨어지지 않게 기도해 주셨고(눅 22:31) 발도 씻어주셨다.

예수님은 왜 가룟 유다를 제자로 삼았을까? 그 이유는 한 영혼도 놓치지 않으려는 하나님의 사랑과 긍휼함에서 찾을 수 있다. "하나님은 모든 사람이 구원을 받으며 진리를 아는 데에 이르기를 원하시느니라(딤전 2:4)."라는 말씀처럼 자신을 배반할 가룟 유다에게 진리를 가르쳐 구원시키려 하였으나, 그는 끝내 자기 갈 길로 가고 말았다. 이런 가룟 유다의 발을 씻으시는 주님의 마음은 그 어떤 제자의 발을 씻기실 때보다 더 아팠을 것이다. 그의 발을 씻기시던 주님은 눈물을 흘리시며 "유다야, 유다야, 사탄이 너를 밀 까부르듯이 요구하는구나. 그러나 내가 너를 위해 기도하노니 부디 네 마음을 돌이켜 하나님을 향한 믿음을 버리지 말거라." 하셨다.

내가 지금 이 가룟 유다처럼 주님의 가슴을 아프게 하는 일은 없는지 살펴봐야 할 것이다. 또 주님이 가룟 유다를 품고 끝까지 버리지 아니하신 이유는 우리에게 가르치고 싶은 메시지가 있으신 것이다. 그것은 나의 삶 속에서 원수같이 나를 모함하고 아프게 하는 직장 동료, 시어머니, 시동생, 남편, 아내, 자식 등 그 누가 되었든 쉽게 내치거나 버리지 말고 가시 같은 그를 품고 그를 위해 기도해 주는 것을 하나님이 나에게 바라고 계심을 몸소 보여주고 계시는 것이다.

요 13:34에서 새 계명을 주신다. 그것은 "서로 사랑하라. 내가 너희를 사랑한 것 같이 너희도 서로 사랑하라."이다. 이 계명을 지키는지 지키

예수님의 제자로 하나 되기

지 않는지 여부로 예수님의 제자인지 아닌지를 구별하신다고 하셨다. 요 13:35에서 "너희가 서로 사랑하면 이로써 모든 사람이 너희가 내 제자인 줄 알리라." 하고 말씀하신 것을 본다. 이 말씀은 곧 예배자들이 품어야 할 깨달음이고 마음이다. 다시 말해 "예수님이 우리를 사랑한 것 같이" 이것은 나를 사랑하사 하나님이 이루신 일에 대한 깨달음을 말한다. 그 일은 곧 예수님의 사랑이고 난 그 사랑으로 구원을 받았다.

이제 내가 하나님과 예수님으로부터 받은 사랑을 깨달음으로 그 사랑을 내 이웃들에게 전하여 그들도 그 사랑 안에 들어오게 하는 그 모든 과정이 곧 예배이고 선교의 기본 마인드이다.

[요한복음 14장]

요 14장의 주제는 1절과 27절의 말씀으로 "너희는 근심하지 말라, 두려워하지도 말라."이다. 이 말씀은 예수님과 하나님이 하나 된 것 같이 장차 보내주실 보혜사 성령을 통하여 하나님과 예수님과 또 그를 믿는 모든 성도가 하나가 되므로(요 14:20) 비로소 평안을 누리게 된다는 진리를 말씀하시고 있다.

여덟 번째 만남, 기도하는 삶

🍃 성경 읽기: 요한복음 15장~21장

[요한복음 15장]

본문의 요지는 "내 안에 거하라"이다. 이는 마치 포도나무에 붙어 있는 가지마다 열매를 맺듯이 예수님이라는 나무에 붙어 있으라는 것이다(요 15:5). 다시 말해 요 15:4에서 예수님 안에 거하는 자, 요 15:6에 예수님 말씀에 거하는 자, 그리고 요 15:7에 예수님 사랑 안에 거하는 자가 되라고 말씀하신다. 그의 안에 거할 때 비로소 예수님의 제자가 되는 영광을 인정받게 된다.

하나님 말씀 안에 거하는 자에게는 성령의 열매가 나타나고, 그 열매(즉, 하나님이 함께한 흔적)로 인해 무엇을 구하든지 다 받게 되는 영광을 얻게 된다는 것이다. 이 말씀은 하나님의 임재의 영광이요 동행의 영광이다(요 15:16).

[요한복음 16장]

본문의 중심 단어는 "조금 있으면"이라는 단어이다. 요 16:16 "조금 있으면 나를 보지 못하겠고 또 조금 있으면 나를 보리라." 이 말에서 전자는 십자가에서 죽음으로 인하여 보지 못함이라는 의미이고, 후자의 경우는 사망권세를 이기고 부활하여 다시 보게 되는 영광의 시간을 의미한다.

요 16:28에서 예수님의 정체성을 통해 인간의 정체성을 부각시키신다. 예수님이 하나님으로부터 나와 세상에 왔고, 다시 세상을 떠나 아버지께로 가는 것을 통해 하나님의 백성의 모습을 당신을 통해 조명해주고 계신다. 우리 모두 하나님이 만드신 피조물로서 이 세상에 왔고, 이제 이 세상을 떠나 하나님 아버지 품으로 가는 인생의 길을 우리 또한 주님의 길을 그대로 이어가는 걸 소망으로 가진다.

[요한복음 17장]

요 17:1 "아버지여 때가 이르렀사오니 아들을 영화롭게 하사 아들로 아버지를 영화롭게 하게 하옵소서."

이 말씀은 하나님을 예배하는 자로써 반드시 알아두어야 할 말씀이다. 그리스도인들은 세상의 손가락질을 당해선 안 된다. 그것은 하나님

예수님의 제자로 하나 되기

의 영광을 가리는 일이 되기 때문이다. 내가 하나님을 예배하는 통로가 되어야 한다. 예수님처럼 말이다. 예수님은 병자를 고칠 때도, 말씀을 가르칠 때도 이러한 기적을 행하셨기에 사람들은 예수님을 바라보고 그에게 영광을 돌리려 하였다. 그러나 주님의 입에서는 항상 하나님께 영광을 돌리는 말씀뿐이었다.

우리는 하나님이 일하시는 도구일 뿐이다. 땅을 파는 쟁기가 스스로 땅을 팔 수 있겠는가? 밭을 개간하는 것은 도구인 쟁기의 몫일 수 있으나, 그 영광은 쟁기가 아니라 그 쟁기를 사용한 자의 몫이다. 이와 같이 하나님의 일은 내가 한 것이 아니라 내 안에서 일하시는 성령 하나님이 하신 결과임을 분명히 알아야 한다. 주님은 이 본문에서 자신이 하신 일이 모두 하나님 아버지로부터 왔고 아버지께서 함께하셨기 때문에 가능했던 것이라고 고백하고 계신다.

요한복음 17장의 핵심 단어는 "아버지", "영화롭게 하다", "하나 되게 하소서"라고 할 수 있다. 예수님은 우리를 영화롭게 하시는 이도 하나님 아버지이시고 또 모든 영화를 돌려받으실 분도 하나님 아버지이심을 말씀하신다. 또 무슨 일을 하더라도 아버지의 영광을 위해 하는 것이 성도로서 바람직한 모습임을 말씀하고 계신다.

요 17:3 "영생은 곧 유일하신 참 하나님과 그가 보내신 자 예수 그리스도를 아는 것이니이다."

성경에서 영생의 개념은 참 하나님과 예수 그리스도를 아는 것과 그 뜻을 같이한다는 사실로 이 말씀을 하시는 것이다. 죄로 인해 죽을 수밖에 없는 인간이 영생하기 위해서는 참 하나님과 그가 보내신 예수 그리스도를 알아야 한다. 여기서 '안다'는 단어의 의미를 먼저 살펴봐야 한다. 히브리어로 '안다'라는 말로 '야다'라는 단어를 사용하는데, 이 단어의 의미는 그냥 대충 프로필 정도로만 아는 상태를 말하는 것이 아니다. 서로 사랑하는 관계로 부부관계를 맺을 만큼 서로에 대해 깊이 아는 상태까지 이른 것을 의미한다. 이 정도로 하나님과 예수님에 대해 알아야 한다는 것을 주님이 직접 말씀하셨다.

본문에서 유일하신 참 하나님이라고 말씀하신 것은 거짓 하나님이 존재함을 두고 하신 말씀이다. 유일하신 참 하나님을 구별하는 방법 하나뿐이다. 바로 그가 보내신 예수 그리스도를 아는 것. 그것을 통해 참 하나님을 알아볼 수 있게 된다는 것이다. 사도 바울도 고후 4:6에서 "어두운 데에 빛이 비치라 말씀하셨던 그 하나님께서 예수 그리스도의 얼굴에 있는 하나님의 영광을 아는 빛을 우리 마음에 비추셨느니라."라고 말씀하신 것처럼 오직 참 하나님은 예수님을 통해서만 볼 수 있기 때문에 예수 그리스도가 없는 모든 종교는 참 하나님을 모르는 적 그리스도요 이단인 것이다.

본문은 예수님께서 당신에게 주신 제자들을 위해 마지막 중보기도를 하시는 내용이다. 그 내용의 중심은 하나님 아버지와 아들이 하나된 것같이 그들도 하나님 아버지와 아들로 함께 하나 되게 해달라는 내용이다. 삼위일체 하나님과 내가 하나가 될 수 있다는 것은 생각만 해도 기쁜 일이다. 하나 되기 위해서는 성령으로 충만하여 예수님 사랑 안에 거하는 방법밖에는 없다.

[요한복음 18장]

본문은 유대인들에게 잡히신 예수님과 베드로의 배신(세 번의 부인), 그리고 예수님의 수난의 시작을 기록하고 있다.

예수님이 유대인들의 고발로 로마 병사에게 잡혀 제일 먼저 만난 이는 안나스였다. 안나스는 그 해 대제사장인 가야바의 장인이었던 자로 가야바 이전에 대제사장직을 맡았던 인물이었다. 그리고 그곳에서 조롱과 핍박을 당한 예수님은 대제사장인 가야바에게로 끌려가고, 또 그곳에서 조롱과 핍박을 당하신 후에 로마 관정으로 끌려가 빌라도에게 심문을 받는다. 성경에는 이 모든 모습이 기록되어 있다. 실제로 주님은 하룻밤에 다섯 번의 법정을 옮겨가며 조롱과 핍박을 당하셨다. 처음 안나스의 법정에서 가야바의 법정으로 또 빌라도의 법정으로 그리고 헤롯의 법정으로 그리고 다시 빌라도의 법정에 선다. 빌라도는 예수님이 죄가 없다는 사실을 알고도 대중들의 위협으로 자신의 뜻을 꺾고 그들의 요구대로 바라바를 풀어주는 모습을 보여준다.

그런데 바라바는 강도였다. 우리는 이렇게 어리석은 존재들이다. 우리의 생명을 살리시기 위해 진리로 오신 예수님을 버리고 자기 목숨을 노리는 강도를, 그리고 그의 삶을 택하는 어리석은 인생이 바로 우리들의 모습이다.

[요한복음 19장]

예수님께서 십자가상에서 돌아가신다. 본 장에서는 예수님께서 자신의 어머니에게 "여자여 보소서 아들이니다 하시고 또 그 제자에게 이르시되 보라 네 어머니라 하신데(요 19:27)" 주님은 4복음서 어디에서도 육신의 어머니 마리아를 어머니라고 부르신 적이 없다. 오히려 마리아와 그의 형제가 찾아왔을 때도 주님은 자신을 따르는 무리들에게 "누가 내 어머니이며 내 형제냐 하시고(마 12:48)" 이렇게 대답하였다.

"누구든지 하늘에 계신 내 아버지의 뜻대로 하는 자가 내 형제요 자매요 어머니이니라 하시더라(마 12:50)."

이 모든 상황을 종합해 볼 때 예수님은 적어도 공생애 기간 중에는 마리아를 어머니라 부를 수 없었던 것이다. 십자가상에서 마지막 숨을 거두실 때까지 하나님의 사자이자 인류의 대속 제물로 오신, 단지 죄 있는 인간의 모습으로 오신 성자 하나님으로서의 일을 감당해야 하셨기에 한 여인의 아들이 될 수 없었던 것이다. 주님은 끝까지 이 땅에서의 육체의 인연을 거부하셨다. 마지막 가는 그 길에서도 제자를 통해 하나님을 경외하는 마리아를 공경하게 하시는 예수님을 우리는 볼 수 있다.

마리아를 어머니라 부를 수 없었던 또 하나의 이유는, 마리아를 예수 님이 어머니라고 부르면 후세 사람들이 마리아를 성자 하나님의 어머니로 숭배하게 될 수도 있을 뿐만 아니라 하나님 아버지의 아내로 둔갑시킬 수 있기에 이러한 모든 오해를 종식시키시고자 했기 때문이다. 그렇게 오로지 자신을 통해 하나님만이 섬겨야 할 대상임을 분명히 제시하시고 있다.

분명히 알아야 할 것은 우리가 섬겨야 할 예배의 대상은 삼위일체이신 하나님이시지 인간이·아니라는 사실이다.

[요한복음 20장]

본문은 예수님의 부활하심을 기록하고 있다. 예수님의 부활 시점은 안식 후 첫날이었다.

요 20:1~18에 마리아는 무덤 안에서 두 천사를 만나고, 나와서는 예수님을 만난다. 그는 예수님이 부활했다는 사실을 전혀 알지 못했다. 그녀는 부활신앙을 가지고 있던 여자였다. 나사로의 죽음을 보고 언젠가는 다시 부활할 것을 믿던 사람이었고 예수님의 부활에 대해 알고는 있었으나 미처 인지하지 못하고 있었던 것이다. 그가 예수님을 알아보고 17절에서 예수를 붙들려 하였으나 주님은 마리아를 향해 "나를 붙들지 말라 내가 아직 아버지께로 올라가지 아니하였노라"라고 말씀하신다. 그런데 여기서 이상한 점이 발견된다. 주님은 자신의 십자가 좌우에 같이 달린 강도 중 한 사람에게 말씀하시기를 "오늘 네가 나와 함께 낙원에 있으리라(눅 23:43)"라고 했다. 마리아에게 한 말씀은 이 말씀과 부딪치게 된다. 어느 말씀이 맞는 것인가? 대체 무슨 뜻인가?

예수님의 제자로 하나 되기

주님이 왜 다르게 말씀하셨는가를 살펴보면 두 가지 의미로 해석할 수 있다.

첫째는 삼위일체 하나님을 두고 하신 말씀이다. 주님은 빌립이 하나님을 보여달라고 하였을 때 자신을 본 자가 하나님을 본 자라고 말씀하셨다(요 14:8~9). 그리고 요 10:30에서 "아버지와 나는 하나이다."라고 말씀하신 것으로 보아 낙원에 계신 하나님 아버지와 함께 있는 것이 곧 예수님과 함께 있는 것으로 해석할 수 있다. 주님은 그런 의미로 강도에게 말씀하신 것이다.

둘째 의미는 다윗의 시편 95:7의 구절을 두고 히브리서 기자가"오랜 후에 다윗의 글에 다시 어느 날을 정하여 오늘이라고 미리 이같이 일렀으되 오늘 너희가 그의 음성을 듣거든 너희 마음을 완고하게 하지 말라 하였나니(히 4:7)"라고 한 것처럼 다가올 미래의 어느 시간(예수 재림 때)을 두고 다윗처럼 오늘이라 말씀을 하신 것이라고 생각할 수도 있다.

요 20:22~23에서 제자들을 향하여 숨을 내쉬며 "성령을 받으라" 하고 말씀하신다. 이때 제자들이 성령을 받았을까? 아니다. 받지 않았다. 성령은 예수님께서 하나님 보좌 우편에 앉은 후에 이 땅에 오신다(요 7:39; 요 16:7)고 약속했기 때문이다. 그럼에도 이 퍼포먼스를 하신 이유는 두 가지이다.

하나는 창 2:7에서 "하나님이 사람을 만드실 때 흙으로 빚어 코에 생기를 불어 넣어 생령이 된 지라"라는 말씀에서 보듯 주님은 당신이 인간의 코에 생기를 불어 넣어 사람을 생령으로 만드신 창조주이심을 밝히고 계신 것이다.

또 다른 하나는 장차 오순절 다락방에서 120명의 사도에게 내리실 성령을 두고 하신 행동으로, 이제 예수 그리스도 안에서 성령이 함께하는 새로운 피조물이 됨을 나타내는 행위 언약임을 알 수 있다.

요 20:25~29에서는 의심 많은 도마의 고백을 볼 수 있다. 도마와 같은 입장이라면 누구든지 도마와 같은 의심을 했을 것이다. 그가 이런 의심을 했기에 후세 사람들이 그 궁금증을 풀고 잠잠할 수 있었던 것 같다. 예수님이 도마에게 나타나 보이시면서 자신의 동료 제자들에게 했던 말을 그대로 예수님이 하시며 손을 넣어 만져보라고 했을 때 도마 는 얼마나 부끄러웠을까? 그는 마침내 예수님을 보고 "나의 주님이시요 나의 하나님이시니이다."라고 고백한다. 제자들 중에서 예수님을 '나의 하나님'으로 고백하는 최고의 신앙고백을 하게 되는 도마. 그가 그럴 수 있었던 이유는 아마도 의심이 해결되었기 때문이 아닌가 싶다.

다른 제자들의 신앙고백을 살펴보자. 예수님을 보자마자 제일 먼저 신앙고백한 사람은 나다나엘, 즉 바돌로메였다. 그는 요 1:49에서 "당신 은 하나님의 아들이시요 당신은 이스라엘의 임금이로소이다."라고 고 백하면서 예수님에 대한 정체성 고백을 했다. 그런 다음 베드로가 마 16:16에서 "주는 그리스도시요 살아 계신 하나님의 아들이시니이다."라 고 고백하면서 주님이 메시아라는 구체적인 정체성을 언급하며 신앙고 백을 한다.

부활하신 주님을 만난 제자들은 한결같이 "나 자신"과 예수님을 연 결하여 신앙고백 하면서 마침내 예수님의 온전한 정체성인 "나의 주님, 나의 하나님"으로 고백하게 되었다는 사실을 보면 그들의 믿음과 하나 님을 향한 신뢰가 최고로 성장했음을 알 수 있다. 그리고 도마는 이 믿 음으로 인도에서 순교한다.

요 20:31에서 요한은 자신이 이 성경을 기록한 이유를 설명하고 있다. 첫째는 예수께서 하나님의 아들 그리스도이심을 믿게 하기 위함이고 둘째는 이 믿음으로 예수 그리스도의 이름에 힘입어 생명을 얻게 하 려 함이다.

예수님의 제자로 하나 되기

요 21:1~14의 말씀은 눅 5:1~11의 말씀과 대조되는 모습을 볼 수 있다. 눅 5:1~11에서 밤이 새도록 고기를 한 마리도 잡지 못했다는 점이 요한복음과 같다.

누가복음은 예수님이 부활 전 제자들을 만나는 모습이고, 요한복음은 부활 후에 만난 모습이다. 누가복음에서는 고기가 많이 잡혀 그물이 찢어졌지만 요한복음에서는 많은 물고기를 잡았음에도 그물이 찢어지지 않았다는 점과 큰 고기의 수가 153마리였다고 분명히 기록하고 있다. 여기서 주석에 있는 내용을 조금 살펴보면 그물은 예수님의 몸(또는 교회)을 의미한다. 그래서 누가복음에서 그물이 찢어졌다는 것은 육신으로 오신 예수님이 장차 받을 고난과 교회의 핍박을 상징하며, 부활 후 찢어지지 않은 그물은 더 이상 상함이 없는 교회(하나님의 나라)를 세울 것임을 의미하고 있다.

또 153마리라 함은 성막의 뜰의 크기를 상징하는 것으로 출 27:18에서 성막의 뜰의 길이가 100큐빗, 너비가 50큐빗이고 높이가 5큐빗이었으며, 마지막 3은 삼위일체이신 하나님을 상징하는 것이다. 즉 성막의 뜰 안에 있는 하나님의 백성들을 구원하신다는 상징적 의미일 가능성을 보여준다.

요 21:15~19에서는 베드로를 치유하시는 예수님을 볼 수 있다. 예수님을 위해서라면 목숨까지도 바치겠다고 호언장담하던 그가 마침내 생명의 위협을 느끼자 예수님을 세 번이나 부인했던 과거 자신의 모습을 되돌아보게 하는 물음이 세 번이나 나온다.

"요한의 아들 시몬아 네가 나를 사랑하느냐?"

이 질문에 베드로는 "자신이 예수님을 사랑하는지 주님이 아시나이다." 하고 대답한다.

같은 질문을 세 번이나 하시니 베드로는 근심에 휩싸이기 시작했다.

여기서 15절과 16절에 "네가 나를 사랑하느냐" 할 때 이 사랑은 아가페 사랑을 물으시는 것으로, 예수님이 친히 보여주신 희생적이며 헌신적이고 무조건적인 사랑을 말씀하신 것이다. 17절에 나온 사랑은 필리오라는 단어로, 형제간의 사랑을 의미한다. 이 사랑은 친구 사이의 우정이나 친분을 말씀하신다. 이 두 개의 사랑을 물어오시므로 베드로는 자신을 돌아보게 되었고 마침내 다시 한번 거듭나는 계기가 된다.

15절과 16절에 "주님께서 아시나이다."라는 베드로의 대답에 사용된 '알다'라는 단어에는 헬라어로 관념적인 지식을 뜻하는 '에이도'가 쓰였다. 그런데 17절에서 그의 대답에 사용된 것은 '알다'는 체험적인 지식을 의미하는 '기노스코'로 두 번이나 사용되었다. 이는 베드로의 대답이 관념적 지식의 신앙에서 체험적 지식의 신앙으로 바뀌었다는 고백임을 볼 수 있다. 또한 그의 대답 중 '내가 주를 사랑한다'는 말이 종속절(목적절)로, '주님께서 아십니다'는 고백이 주절로 되어 있음은 자신의 사랑을 주님께서 인정해 주시기를 바라는 마음으로 베드로가 고백하고 있음을 나타낸다. 세 번씩이나 예수님을 부인했던 관념적 사랑에서 부활하신 예수님을 만나 달라진 자신의 사랑을 인정받고 싶어 하는 베드로의 겸손을 배운다.

주님은 베드로의 대답을 듣고 '내 양을 먹이라' 그리고 '내 양을 치라' 마지막으로 '내 양을 먹이라'고 대답하신다. 그 의미를 살펴보면 첫 번째는 영적으로 미숙한 자들을 신령하고 순전한 젖으로 양육하라는 의미이고, 두 번째 '내 양을 치라'는 말의 의미는 그릇된 길로 가기 쉬운 영혼들을 잘 감독하고 훈육하라는 의미이다. 마지막으로 '내 양을 먹이라'는 어린 양은 물론 장성한 양까지 포함하여 비교적 성숙한 그리스도인들까지 끊임없이 양육하라는 말씀이다[5].

---

5   『톰슨 Ⅲ 성경주석』기독지혜사. 2017. p.2318

요 21:23은 베드로가 21절에서 사도 요한에 대한 죽음을 물어볼 때 하신 대답이다. 주님은 그를 주님이 다시 재림할 때까지 죽지 않고 살려둘지라도 너와 무슨 상관이 있겠느냐 하시면서 남의 일에 관심을 두지 말고 내가 네게 준 일이나 잘하라는 말씀을 하고 계신다. 오직 사명(내 어린 양을 먹이라)을 받은 자는 그 일에만 신경을 쓰고 몰두해야 한다는 것을 잊지 말자.

아홉 번째 만남, 예배(교제)의 삶

🐟 성경 읽기: 빌립보서

[빌립보서 1장]

빌립보서는 사도 바울의 옥중서신 중 하나이다.

빌 1:15~18에서 바울의 전도에 대한 불타는 열정을 보여준다. 투기와 분쟁 및 다툼이나 사랑 그 무엇으로 하든 복음을 전하는 데 거침이 없다. 심지어 겉치레로 하든지 참으로 하든지 전파되는 것은 그리스도니 나는 그 자체로 기뻐하고 또 기뻐한다고 말한다. 또 빌 1:20에서는 살든지 죽든지 오직 자신의 몸에서 그리스도가 존귀하게 되게 하기 위해 그 무엇이든지 버릴 수 있고, 포기할 수 있고, 참을 수 있다는 각오를 말한다.

빌 1:23에서 모든 성도는 육신의 일과 하나님의 일 사이에 끼어 살지만 이 땅의 모든 일이 허무하고 헛된 것이니 세상을 떠나 그리스도와 함께 있는 것이 더 좋다. 그럼에도 육신으로 남아 있는 것은 그리스도의 복음을 온전히 깨닫지 못한 사람들을 위한 것이라고 말한다. 그래서 우리에게 사도 바울은 빌 1:27에서 "오직 너희는 그리스도의 복음에 합당하게 생활하라."라고 가르치고 있다.

[빌립보서 2장]

본문은 빌 1:27에서 "오직 너희는 그리스도의 복음에 합당하게 생활하라."라고 가르친 그 말씀을 이루는 방법에 대한 말씀으로 이어간다.

그리스도의 복음에 합당한 생활이란?

첫째, 어떤 일이든지 다툼이나 허영으로 하지 말고, 그리스도의 사랑으로 마음을 같이하고 뜻을 합하여 한마음으로 교제나 권면이나 위로나 긍휼이나 자비를 베푸는 삶을 말한다(빌 2:1~3).

둘째, 오직 겸손한 마음으로 각각 자기보다 남을 낮게 여기는 삶이다(빌 2:3).

셋째, 남의 일을 자기 일을 돌보듯 하는 삶이다(빌2:4).

넷째, 그리스도의 마음을 품는 삶이다(빌2:5).

그리스도의 마음이란?

① (빌 2:6) "근본 하나님의 본체시나 하나님과 동등 됨을 취할 것으로 여기지 아니하시고 - 자신의 권리를 포기하심

② (빌 2:7) "자기를 비워 종의 형체를 가지사"- 낮아지심, 겸손을 보이심

③ (빌 2:8) "사람의 모양으로"- 동일화, 즉 죄 있는 인간의 모습으로 오셔서 우리와 똑같이 경험하시고 사심. 눈높이 교육, 눈높이 사랑을 이루심을 강조하고 있다. 이는 어떤 다른 문화권에 들어가더라도 그들을 복음화하려면 그들과 같이 되기 위해 노력해야 한다는 사실을 보여주고 있다.

마지막으로 그리스도의 복음에 합당한 생활의 결론은 빌 2:15에서 "흠이 없고 순전하여 어그러지고 거스르는 세대 가운데 하나님의 흠 없는 자녀로 세상에서 그들 가운데 빛으로 드러나 생명의 말씀을 밝혀

예수님의 제자로 하나 되기

나타내는" 생활을 말한다.

[빌립보서 3장]

사도 바울은 자신이 얼마나 위대한 가문을 타고났는지 말하고 있다(빌 3:45). 나는 팔일 만에 할례를 받았고, 이스라엘 족속이요, 베냐민 지파요, 히브리인 중의 히브리인이요, 율법으로는 가말리엘 문하생으로 바리새인 중의 바리새인이요, 열심으로는 교회를 박해하고, 율법의 의로는 흠이 없는 자라고 하면서도 "이 모든 것이 예수 그리스도 안에서는 아무 유익이 없는 것들이라. 오로지 예수 그리스도를 아는 지식이 가장 고상하며 그것을 제외하고는 모든 것을 배설물로 여기는 것은 그리스도를 얻기 위함이다."라고 고백한다(빌 3:8).

우리는 그리스도인이자 시민권이 하늘에 있는 자로서 빌 3:14에서 사도 바울의 이러한 권면을 본받아야 할 것이다.

"너희는 함께 나를 본받으라."

[빌립보서 4장]

본문의 중심 단어는 "주 안에"이다. "주 안에 서라.", "주 안에서 같은 마음을 품으라." 이 말씀은 그리스도인들이 서 있어야 할 곳은 주님 안이라는 걸 말해준다. 그리고 그리스도인들이 품어야 할 것은 복음이라는 마음이라는 것과 그리스도인들의 삶의 모습은 항상 기뻐하고 기뻐하는 삶이어야 한다는 사실을 말해준다.

"아무것도 염려하지 말고 모든 일에 기도와 간구로 너희 구할 것을 감사함으로 하나님께 구하면 모든 지각에서 뛰어난 하나님의 평강이 그리스도 예수 안에서 너희 마음과 생각을 지켜줄 것이다(빌 4:6)."

빌 4:12에서 사도 바울이 배운 "비천에 처할 줄도 알고 풍부에 처할 줄도 알아 모든 일 곧 배부름과 배고픔과 풍부와 궁핍에도 처할 줄 아는 일체의 비결"은 어디에서 나오는 것일까? 그것은 바로 "내게 능력 주시는 자 안"에 있을 때에 가능하게 된다(빌 4:13).

열 번째 만남, 복음전도의 삶

🕮 성경 읽기: 요한일서, 이서, 삼서와 유다서

[요한일서 1장]

요일 1:1 "태초부터 있는" 여기서의 태초는 창 1:1의 태초와 구별되며, 요 1:1에서 나오는 태초와 같은 의미의 시간으로서 시간의 시작 이전의 태초를 말한다.

"생명의 말씀에 관하여서는"은 예수 그리스도를 의미하며 이 사건은 제자들이 직접 눈으로 본 바요 들고 자세히 본 바요 우리 손으로 만진 바 된 사실이라는 것이다.

요일 1:4 "우리의 기쁨이 충만하게 하려 함이다."라는 말씀의 의미는 인간의 참된 기쁨은 제자들을 통해 혹은 복음전도자를 통해 또는 성경 말씀을 통해 하나님 아버지와 그의 아들 예수 그리스도와 함께하는 것을 볼 때 그들과 함께 충만해진다는 사실이다. 때문에 요한은 "인간은 하나님 아버지와 그의 아들 예수 그리스도와 함께 더불어 사는 삶이 되어야 비로소 기쁨이 충만해질 수 있음"을 말하고 있다.

"하나님은 빛이시니(5절)" 우리가 빛의 자녀로서 아직도 어둠을 품고 사는 것은 그 안에 온전한 빛이 거하고 있지 않다는 증거이다(6절). 빛의 자녀인지 어둠의 자녀인지 구별하는 방법은 그가 행동하고 있는 것을 보는 것이다(6절). 만일 우리가 죄 없다고 하면, 이는 하나님을 거짓말하는 이로 만드는 것이니 이 또한 하나님의 영이신 진리의 영이 그의

예수님의 제자로 하나 되기

안에 없음을 증명하는 것이다(8절,10절).

그러므로 "우리가 하나님의 자녀라면 예수님이 빛 가운데 계신 것 같이 우리도 빛 가운데 행하면 우리가 서로 사귐이 있고 그 아들 예수의 피가 우리를 모든 죄에서 깨끗하게 하실 것이며(7절), 또한 우리가 우리 죄를 자백하면 그는 미쁘시고(진실하시고 신실하셔서) 의로우사 우리 죄를 사하시며 모든 불의에서 깨끗하게 하실 것이다(9절)."라는 내용이 있다. 빛에 있는 사람이라 함은 그의 행실을 감출 수도 없고 어둠과 함께할 수 없는 상태임을 말한다. 따라서 모든 일에 있어 거짓이 없는 생활을 의미하고 있다.

[요한일서 2장]

요일 2:2에서 믿음의 형제를 보고 그가 예수를 알고 있는 사람인지 아닌지를 알아보는 방법은 그가 예수 그리스도의 계명을 지키고 있는지를 보면 쉽게 알 수 있다(3절). 또 예수를 믿노라 하면서 그의 계명을 지키지 않는 자는 거짓말하는 자요 진리가 그 속에 있지 않는 자라고 말하고 있다(4절).

예수님 안에 거하는지 아닌지를 아는 방법 또한 그의 계명을 지키는지 안 지키는지를 보면 알 수 있으며, 그의 계명을 지키는 자에게는 하나님의 사랑이 참으로 그 속에서 온전하게 되었음을 알 수 있다(5절).

요한일서 2장 6절은 중심 구절로서 "예수 그리스도 안에 산다고 하는 것은 그가 행하시는 대로 자기도 행하는 삶"을 두고 하는 말이다.

그리고 실천 사항을 요한일서 2:8~29까지의 말씀으로 살펴보면

1) 형제를 미워하지 말고 사랑하라(9절)
2) 하나님을 알자(13~14절)
3) 세상으로부터 온 육체의 정욕, 안목의 정욕, 이 생의 자랑을 모두

버려라(16절)

4) 오직 하나님의 뜻을 행하고(17절) 예수 그리스도 안에 거하고 의를
행하라(28~29절)

[요한일서 3장]

요일 3:1 "보라 아버지께서 어떠한 사랑을 우리에게 베푸사 하나님의
자녀라 일컬음을 받게 하셨는가."를 진지하게 생각해 보라.

화목 제물로 오신 하나님의 아들 예수 그리스도는 죄가 없으신 분이
다. 그를 믿는 우리 또한 죄를 멀리하고 형제를 사랑해야 한다. 죄를 짓
는 자마다 불법을 행하나니 죄는 불법이라. 예수님은 죄가 없으므로 그
의 안에 거하는 자마다 죄를 짓지 아니하나니, 죄를 짓는 자는 그의 안
에 거하고 있지 않을 뿐만 아니라 그를 아직 모르고 있는 것이다. 하나
님께로부터 난 자마다 죄를 짓지 아니하나니 이는 하나님의 씨가 그의
속에 거함이요 그도 범죄하지 못하는 것은 하나님께로부터 났기 때문
이다.

18절에서 "자녀들아 우리가 말과 혀로만 사랑하지 말고 행함과 진실
함으로 하자."라고 권면하고 있으며 예수님이 우리에게 주신 계명은 "하
나님의 아들 예수 그리스도의 이름을 믿고 그가 우리에게 주신 계명대
로 서로 사랑하는 것"이다.

[요한일서 4장]

적그리스도에 대한 정의를 내리고 있다.

적그리스도란?

1) 예수그리스도께서 육체로 오신 것을 부인하는 사람(요일 4:2)
2) 예수를 시인하지 않는 영(요일 4:3)

3) 사랑하지 아니하는 자(요일 4:8)

4) 예수께서 그리스도임을 부인하는 자(요일 2:22)

5) 아버지와 아들을 부인하는 자(요일 2:22)

요일 4:15 "누구든지 예수를 하나님의 아들이라 시인하면 하나님이 그의 안에 거하시고 그도 하나님 안에 거하시느니라."

이 말씀을 보면 우리 안에 언제 성령이 거하시는지를 알 수 있다. 복음전도자가 복음을 전할 때 복음을 듣는 자의 마음에 "예수님이 과연 하나님의 아들이구나." 하는 마음이 들고, 또 우리가 하나님 앞에서 죄인이라는 사실과 그 죄를 구속하시기 위해 아들을 보내셨다는 사실을 믿는 모든 사람, 그들이 입술로 예수님이 정말 하나님의 아들이라고 시인하면 그의 안에 성령이 계시게 된다.

이 고백이 마침내 자신을 구원하는 불씨가 된다는 사실을 잊지 말자.

"사랑 안에 두려움이 없고 온전한 사랑이 두려움을 내쫓나니 두려움에는 형벌이 있음이라 두려워하는 자는 사랑 안에서 온전히 이루지 못하였느니라(요일 4:18)."

이 말씀은 우리가 하나님을 사랑한다면 우리 안에 두려움이 없어야 한다는 뜻이다. 다시 말해 우리를 향한 하나님의 사랑은 예수 그리스도를 통해 온전히 이루어진 상태이다. 이제 내가 예수 그리스도를 통해 하나님을 사랑하는 마음이 어느 정도인지 점검할 필요가 있다. 아직도 내 안에 두려움과 불안이 있다면, 나는 아직 하나님을 온전히 사랑(신뢰)하고 있지 않다는 증거이다. 내가 하나님을 온전히 사랑하고 있다면 하나님은 어떤 경우에도 나를 붙들고 계시다는 신뢰가 형성되기 때문에 두려움이 사라지게 된다.

"물과 피는 예수 그리스도이고 또한 성령과 물과 피 또한 이 셋이 합하여 하나이니라(8절)"

곧 예수 그리스도를 일컫는 말씀이다.

하나님의 아들 예수를 믿지 않는 자들이 심판을 받는 이유는 하나님께서 그 아들을 통해 증거하신 증거를 믿지 않음으로 하나님을 거짓말하는 자로 여겼기 때문이다(요일 5:10).

성경이 쓰인 목적은 영생이 있음을 알게 하기 위해서이다(요일 5:13).

영생의 소유권은 하나님의 아들이 있는 자에게만 주어진다(요일 5:12).

요일 5:18 "하나님께로부터 난 자는 다 범죄하지 아니하는 줄을 우리가 아노라. 하나님께로부터 나신 자가 그를 지키시매 악한 자가 그를 만지지도 못하느니라."

우리가 흔히 착각하고 있는 것이 있다. 내 안에 성령과 사탄이 같이 공존하고 있는 것 말이다. 그렇지 않다. 우리 몸은 성령이 거하시는 성전이다. 그럼에도 불구하고 착각하는 이유는, 육체가 가지고 있는 속성 때문이다. 사탄이 이미 뿌려놓은 정욕이 아직 내 몸에 남아 있기 때문이다. 우리가 깨끗한 성전이 되기 위해서는 사탄이 뿌려놓은 육체의 정욕, 안목의 정욕, 이생의 자랑 등으로부터 생긴 육체의 소욕(갈 5:17~21)과 싸워 이겨야 한다. 이것들을 내 몸 밖으로 버려야 하는 과제가 남아 있는 것이다.

요일 5:18의 말씀처럼 악한 자가 우리에게 손도 댈 수 없는 것은 우리 안에 계시는 성령께서 당신의 백성을 지키기 때문이다. 우리가 어둠의 세력이 가득한 곳에 복음을 들고 빛의 사자로 갈 수 있는 것은 주님이 함께하시기 때문이다. 사탄이 우리를 공격할 수 있는 통로가 바로 우리에게 뿌려놓은 이 육체의 소욕이며, 이것을 사용해서 공격하기 때문에 우리는 이것을 단속해야 한다. 가룟 유다처럼 육체의 소욕을 채우기 위해 성령의 생각을 버리고 사탄이 뿌려놓은 육체의 소욕과 손을 잡게 되면 사탄이 내게 생각을 넣고, 그 생각을 통로로 삼아 우리의 마음과 몸을 점령하여 자신의 것처럼 사용하고 만다. 이처럼 사탄이 우는 사자처럼 삼킬 자를 찾고 있기에 성도는 항상 깨어 있어야 하는 것이다.

[요한이서 1장]

본서의 중심은 요이 1:5에서 우리에게 주신 새 계명 "서로 사랑하자."와 요이 1:7의 "예수 그리스도께서 육체로 오심을 부인하는 자가 바로 미혹하는 자요 적 그리스도임"을 분명히 밝히는 구절이다.

[요한삼서 1장]

"진리 안에서 행하는 자가 되라"

요한은 사랑하는 가이오에게 그가 진리 안에서 행한 것에 대한 기쁨을 나타내고 있다. 참된 목자상에 대해 기록하고 있다.

[유다서 1장]

본서의 저자는 예수 그리스도의 동생이다.

유 1:6 "자기 지위를 지키지 아니하고 자기 처소를 떠난 천사들을 큰 날의 심판까지 영원한 결박으로 흑암에 가두셨으며"라는 말씀은 유다 선지자가 사탄과 그를 추종하는 몇몇 마귀를 흑암(무저갱이)에 가두어 두었다고 생각했다. 이 부분에 있어서 베드로 사도도 같은 생각을 하고 있다.

벧후 2:4 "하나님이 범죄한 천사들을 용서하지 아니하시고 지옥에 던져 어두운 구덩이에 두어 심판 때까지 지키게 하셨으며"라고 기록하고 있다. 이 말씀은 계 20:1~3, 7~9의 말씀을 참고하여 보면 더 자세히 알 수 있다.

유 1:9 "천사장 미가엘이 모세의 시체에 관하여 마귀와 다투어 변론할 때 감히 비방하는 판결을 내리지 못하고 다만 말하되 주께서 너를 꾸짖으시기를 원하노라 하였거늘"

이 말씀의 의미는 이렇다. 하나님께서 느보산에서 죽은 모세의 시신을 미가엘 천사장에게 가지고 오라고 명령하셨다. 그런데 모세의 시신 앞에서 이미 사탄이 가지고 가지 못하게 지키고 있었던 것이다. 사탄이 모세의 시신을 지킨 이유는 그것을 이 땅에 그대로 두어야 후세 사람들이 모세의 무덤 앞에서 그를 섬기게 되고, 그렇게 우상으로 만들게 해서 사람들이 하나님을 떠나게 하려는 도구로 사용하려 했기 때문이다. 결국 천사장 미가엘과 사탄 사이에 전쟁이 있었고, 미가엘은 하나님의 일을 방해하는 타락한 천사를 향하여 감히 비방하지 못하고 다만 "여호와 하나님께서 너를 꾸짖기를 원하노라" 하고 마무리를 한다.

이 장면을 보는 우리는 어떠한가? 우리는 악한 사람이라고 생각하면 아무 생각 없이 당연하다는 듯 그들을 정죄하고 판단하고 욕한다. 이미 하나님께 반역하여 타락한 천사는 욕을 하고 비방하고 판단해도 될 대상처럼 생각하기 쉬운 상대이다. 그러나 미가엘 천사장은 하나님을 생각하여 타락한 천사임에도 불구하고 감히 비방하지 못한다. 그것은 그 또한 자신처럼 하나님이 만드신 피조물이기 때문이다. 지금은 타락한 존재이긴 하더라도 하나님의 손길이 들어 있는 존재이기에 감히 비방하지 못했던 것이다.

우리 또한 미가엘 천사장처럼 그런 생각을 가져야 한다. 내가 지금 욕하고 비방하려는 저 사람도 하나님의 피조물이기에 그를 인정해야 하며, 우리 또한 그를 판단하시는 분은 오직 하나님이심을 알고 "주님께서 너를 꾸짖기를 원하노라" 하고 모든 것을 주님께 의뢰하는 것이 바람직하다.

예수님의 제자로 하나 되기

유 1:23 "또 어떤 자를 불에서 끌어내어 구원하라"

이 말씀에서 유다 선지자는 예수를 믿지 않는 자나 아직 예수에 대한 온전한 믿음이 없는 자들을 지옥 불에 여전히 타고 있는 장작으로 보았다. 그래서 온전한 믿음을 가지고 있는 자들이 그런 자들을 타고 있는 그 불에서 구원하라고 말씀하고 있다. 이것이 복음을 전하여야 할 이유이다. 그들은 감각 없는 자들이 되어 자신이 지옥 불에서 타고 있는지조차도 모르고 있다.

열한 번째 만남, 성령충만한 삶

🐟 성경 읽기: 에베소서

에베소서는 바울의 옥중 편지 중 하나이다. 에베소는 로마 제국에서 네 번째로 큰 도시였다. '다이아나'라고 불리는 아데미 여신을 모시는 신전의 본고장이기도 했다. 아시아에서 모든 신 중에 아데미만큼 열정적으로 숭배된 신(神)도 없었다. 바울이 살던 시기, 에베소는 항구에 배가 다닐 수 없게 되면서 무역 중심지의 위치를 상실하게 되었다. 그때부터 아데미 숭배가 그 도시의 경제적 생존 수단이 되었고, 이로 인해 아데미와 연관된 관광객과 순례자를 대상으로 하는 교역으로 에베소의 많은 주민이 부자가 되었다. 은장색들은 아데미의 여신상과 그 신전 모형을 만들어 팔아 생계를 유지했고, 세계 7대 불가사의 중의 하나인 아데미 여신상을 보기 위해 아주 먼 곳에서부터 찾아오는 수많은 숭배자로 인하여 여관과 식당 주인은 부유해졌다. 심지어 신전의 회계가 은행 역할을 하며 왕을 포함한 많은 사람에게 거액의 자금을 대출하기까지 했다. 또한 아데미가 성(性)의 후원자였으므로 창녀들은 마블가의 이층

창기 집에서 아무런 죄책감 없이 몸을 팔아 돈을 버는 사회 구조를 가지고 있었다[6].

[에베소서 1장]

엡 1:2에서는 은혜와 평강의 주체는 하나님 아버지와 주 예수 그리스도에게로부터 온다는 사실을 말한다. 그러므로 우리가 은혜와 평강을 원한다면 하나님 아버지와 예수 그리스도를 찾아야만 한다는 것이다. 또 하늘에 속해 있는 모든 신령한 복은 예수 그리스도 안에 있는 우리에게 주신다. 창세 전부터 우리를 그리스도 안에서 택하시고 예정하셔서 예수 그리스도로 말미암아 자기의 아들이 되게 하셨다. 이러한 직분을 거저 주신 것은 ①그를 통한 하나님의 은혜의 영광을 찬송하게 하려고(6절) 하신 것이다.

우리는 그리스도 안에서 하나님의 은혜의 풍성함을 따라 그의 피로 말미암아 죄 사함을 받았다. 이로써 우리 또한 ②그리스도 예수 안에서 하나가 되어 그의 영광의 찬송이 되게(12절) 하셨다.

그리스도 안에 있는 성도들을 향하여 사도 바울은 자신과 똑같이 경험하고 똑같은 일꾼이 되기를 소망한 것 같다. 하나님 아버지께서 지혜와 계시의 영을 너희에게 보내어 먼저 하나님을 알게 하시고(17절), 너희 마음의 눈을 밝혀 하나님의 부르심에 대한 소망이 무엇이며, 성도의 교제 안에서 그 기업의 영광의 풍성함이 무엇인지, 또 하나님을 믿는 우리에게 베푸신 능력의 지극히 크심이 어떠한지 너희로 알게 하시기를 원한다고 간절히 구하고 있다.

①과 ②는 창 12:2~3의 내용과 같은 뜻을 가지고 있다. 복을 받기 위해서는 내가 먼저 복이 되어야 한다. 마찬가지로 내가 먼저 하나님으로

---

6 『프리셉트성경[개역개정]』도서출판 프리셉트. 2016년. p.309-3

예수님의 제자로 하나 되기

부터 받은 은혜가 하나님의 영광의 찬송이 되고 또 내가 받은 하나님의 영광을 전해주는 것이 복음이다. 이것이 곧 예배의 모습이다.

[에베소서 2장]

죄와 허물로 죽었던 우리는 육체의 욕심을 따라 지내며, 육체의 마음이 원하는 것을 하여 다른 이들과 같이 본질상 진노의 자녀였다. 그러다가 긍휼이 풍성하신 하나님이 우리를 사랑하신 그 큰 사랑으로 인하여 죄와 허물로 죽은 우리를 그리스도와 함께 살리셨다. 이것은 너희의 어떤 행위로 난 것이 아니라 하나님의 은혜와 믿음으로 말미암아 구원을 받았으니 이는 너희로 하여금 자랑치 못하게 함이요 하나님의 선물이 되게 하려 하심이다.

이 선물을 받기 전 너희는 그리스도 밖에 있었고 이스라엘 나라 밖의 사람이라 약속의 언약들에 대하여 외인이요 세상에서 소망이 없고 하나님도 없는 자이더니 이러한 관계를 십자가로 소멸시키시고 다시 화평케 하심으로 둘로 하나가 되게 하셨다.

[에베소서 3장]

사도 바울은 자신이 일꾼 된 것은 이방인들을 위함임을 말하고 있다. 이방인들을 사랑하시기 위해 자신에게 부어주신 하나님의 은혜를 먼저 말하여 자신이 어떤 존재인지를 말함으로써 자신이 말하는 것이 사도 바울 스스로 말하는 것이 아니라 성령에 의해 말하고 있음을 드러내고 있다. 즉 이방인들의 사도로 부름을 받은 자신에게 하나님은 은혜와 경륜에 대한 비밀을 계시의 영인 성령을 주셔서 깨닫게 하셨고, 이러한 것을 자신을 통해 이방인들에게 드러내게 하셨다. 이것은 이미 영원부터 우리 주 예수 그리스도 안에서 예정하신 뜻대로 이루신 은혜인 것이다.

엡 3:6 "이는 이방인들이 복음으로 말미암아 그리스도 예수 안에서 함께 상속자가 되어가고 함께 지체가 되고 함께 약속에 참여하는 자가 됨이라."

이 말씀에서는 '함께'라는 단어가 강조되고 있다. 사도 바울은 롬 8:28에서 언급한 것처럼 예수 그리스도 안에 있는 자들은 서로 합력하여 선을 이루어가는 관계임을 다시 한번 강조하고 있다. 또 예수 안에 있는 자는 그가 누구든 유대인이나 헬라인이나 아무 구별이 없이 하나님의 상속자가 되고, 교회의 지체로서 언약 백성이 된다는 사실을 설명하고 있다.

이로서 우리가 그의 안에서 그를 믿음으로 말미암아 담대함과 확신을 가지고 하나님께 나아감을 얻었다는 사실을 인지시키고 있다.

[에베소서 4장]

은사와 직분을 주시는 것은 엡 4:12 "그리스도의 몸(교회)을 세우려 하심"에 있다.

성도를 온전하게 하여 봉사의 일을 감당케 하기 위해 어떤 사람은 사도로, 어떤 사람은 선지자로, 어떤 사람은 복음을 전하는 자로, 어떤 사람은 목사와 교사로 삼았으니(엡 4:11) 이는 모두 성도를 위함이요 이들이 교회를 바로 세울 때 하나님의 영광이 드러나게 된다.

[에베소서 5장]

성도의 마땅한바, 즉 지켜야 할 본분을 가르치고 있다.

먼저는 하나님께 사랑을 받는 자녀같이 하나님을 본받아 너희도 서로 사랑 가운데 행하라. 그리스도께서 기꺼이 자신을 버려 우리의 죄를 모두 감당하시고자 친히 제물이 되어 주신 그 사랑을 입은 성도들로서 음행과 온갖 더러운 것과 탐욕은 너희 중에 이름조차 부르지 말아야

예수님의 제자로 하나 되기

할 것이다(1~3절).

상스러운 말이나 어리석은 말이나 희롱하는 말을 피하고 오히려 감사하는 말로 돌리라(4절).

성도라 하면서 음행하는 자나 더러운 자나 탐하는 자, 곧 우상 숭배하는 것은 모두 다 그리스도와 하나님 나라에서 기업(상속)을 얻지 못할 것이다. 이는 구원을 이루지 못할 것을 의미한다. 이런 일을 하는 자들은 오히려 하나님의 영광을 가리고 여전히 사탄에게 순종하는 사탄의 하수인에 불과하기 때문이다(5절).

이런 자들과 함께하지 말라(7절). 왜냐하면 너희는 빛의 자녀들이기에 빛이 어둠과 함께할 수 없기 때문이다(8절). 그러므로 빛의 자녀처럼 행하여야 한다. 빛의 열매는 모든 착함과 의로움과 진실함이 있으니 이런 것으로 자신을 채우라(9절).

"술 취하지 말라 이는 방탕한 것이니 성령으로 충만함을 받으라."

이 말씀은 세상 것들, 즉 음행과 온갖 더러운 것과 탐욕 등 어두움에 취해 있지 말고 성령, 즉 빛(성령)의 열매들로 충만히 채우라는 것을 의미하는 말이기도 하다. 술 취하여 선악 구별을 못하는 어리석은 상태로 자신을 두지 말고 성령의 지배하에 그의 이끄심대로 순종하며 살아가는 자가 되라는 의미이다. 이것을 이루고자 하는 자는 먼저 자신의 가정부터 바로 세워야 한다.

먼저 아내들에게 당부하노니 남편에게 복종하기를 예수님께 하듯 하라. 교회가 그리스도께 하듯 아내들도 범사에 그리 섬겨야 한다. 섬김의 도를 행함에 있어 가장 훈련하기 좋은 관계가 부부관계이다. 서로 사랑하여 결혼까지 한 관계가 세월이 지나며 그 사랑은 점점 퇴색되어 마침내 심각한 관계로까지 떨어져 가정을 파괴하는 죄로까지 이르게 되는 경우가 있다. 사랑했던 사람 하나 지키지 못한 사람이 어찌 다른 사람을 섬기고 사랑할 수 있겠는가?

둘째, 남편들은 아내를 사랑하기를 예수님께서 교회를 사랑하는 것 같이 교회를 위해 자신을 주심같이 사랑하는 것이 마땅하다. 이렇게 하여 가정에서부터 시와 찬송과 신령한 노래들로 서로 부부가 화합하여 너희의 그 마음으로 주께 노래하듯 하며 찬송하며 범사에 우리 주 예수 그리스도의 이름으로 항상 아버지 하나님께 감사하며 그리스도를 경외함으로 서로 사랑하고 존경하는 마음으로(33절) 하나님의 말씀에 순종하여야 한다(19~21절).

[에베소서 6장]

셋째, 자녀들은 부모를 주 안에서 공경해야 한다. 부모 또한 자녀를 감정으로 훈육하여 마음에 상처를 입히지 말고 오직 예수님의 가르침으로 교훈과 훈계로 양육해야 한다(1~4절).

넷째, 종들은 상전을 섬기되 눈가림만 하여 사람을 기쁘게 하는 사람처럼 하지 말고 그를 두려워하고 떨며 성실한 마음으로 순종하기를 예수님께 하듯 하라. 그리고 그리스도의 종들처럼 마음으로 하나님의 뜻을 행하고 기쁜 마음으로 섬기기를 주께 하듯 하고 사람들에게 하듯 하지 말라.

다섯째, 상전들은 종들을 위협하지 말고 사람들에게 하듯 하지 말고 주께 하듯 하라. 마귀의 간계를 능히 대적하기 위하여 하나님의 전신갑주를 취하여 입으라.

먼저 서서 진리(성령)로 너희 허리띠를 띠고 의의 호심경(하나님의 칭의)을 붙이고, 평안의 복음의 신을 신고 모든 것(진리, 호심경, 복음의 신 등 이 모든 사실) 위에 믿음의 방패를 가지고 구원의 투구와 성령의 검(말씀)을 가지라는 것이다.

하나님의 전신 갑주를 취한 자는 항상 성령 안에서 깨어 기도하고 구하는 자라 할 수 있다(18절). 결국 성도에게 있는 하나님 아버지와 주

예수님의 제자로 하나 되기

예수 그리스도로부터 평안과 믿음을 겸한 사랑이 은혜를 불러오고 나누게 된다는 사실이다.

열두 번째 만남, 시험을 이기는 삶

🦑 성경 읽기: 야고보서

  야고보는 예수님의 동생이었다. 그는 예수님이 귀신들렸다는 소문을 듣고 어머니 마리아와 함께 형인 예수를 찾아오기도 했던 인물로 예수님이 십자가에 달려 죽으실 때까지 그에게는 믿음이 없었다(막 3:21~31). 그러나 그도 예수님의 부활을 목격하면서 혈육으로서의 예수가 아닌 메시아로서의 예수를 믿게 되었고, 그 후 그의 가르침을 기록하게 된 것이다. 야고보는 AD 62년경에 복음을 위해 순교한다.

[야고보서 1장]
  야고보는 예수를 믿음으로 말미암아 핍박(시험)을 당하는 형제들에게 인내를 요구하고 있다. 믿음의 시련은 인내가 자동적으로 동반하여 감당하게 되며 그 인내를 통해 마침내 온전한 믿음으로 성장하게 될 것이다(1~4절).
  하나님께 무엇을 구할 때는 오직 믿음으로 구하고, 조금도 의심하지 말아야 할 것을 의심하는 자는 마치 바람에 밀려 요동하는 바다 물결 같으니 이런 사람은 무엇이든지 주께 얻을 생각을 하지 말아야 한다(5~8절).
  하나님은 너희를 유혹하는 시험을 하지 아니하신다. 그러므로 각 사람이 시험을 받는 것은 자기 욕심에 끌려 미혹된 결과이다. 그 욕심을 채우려고 죄를 짓게 되고, 이런 죄가 쌓여 마침내 자신을 사망에 이르게 한다는 사실을 알아야 한다(13~15절).

회전하는 그림자도 없으신 하나님께서 자기의 뜻을 따라 처음에는 흙으로 사람을 빚어 만들었으나 이제는 없어질 육체가 아니요 진리의 말씀으로 우리를 낳으셨느니라(18절).

너희는 듣기만 하여 자신을 속이지 말고 마음에 말씀을 심어 행하는 자가 되어 그 말씀으로 말미암아 온유함을 지키라. 그리하여 더러운 것과 넘치는 악을 버리고 사람마다 듣기는 속히 하고 말하기는 더디 하며 성내기도 더디 해야 한다. 결국 이런 것들로 인해 하나님의 의를 이루지 못하게 된다(19~24절).

하나님 앞에서 경건하라. 경건은 곧 하나님께 예배드리기에 조금도 부족함이 없는 무흠한 상태로서 정결하고 더러움이 없는 것을 의미한다. 즉 고아와 과부를 그 환난 중에 돌보고 또 자기를 지켜 세속에 물들지 아니하는 것을 말한다(27절).

[야고보서 2장]

1) 사람을 차별하여 대하지 말라(약 2:1).

야고보는 차별이 하나님 앞에서 죄가 된다는 사실을 말씀하고 있다(9절). 이 죄는 하나님의 말씀에 "네 이웃을 네 몸과 같이 사랑하라" 하신 최고의 율법을 범하는 것이니 이 또한 큰 죄가 된다는 사실을 일깨워주고 있다(8절).

서로 긍휼히 여겨 하나님으로부터 긍휼함을 받으라. 긍휼을 행하지 아니하면 긍휼 없는 심판을 받을 것이요 긍휼을 행하는 자는 심판을 면하리라(13절).

2) 행하지 않는 믿음은 죽은 것이다(17절).

야고보는 행함이 없는 믿음을 말뿐인 믿음으로 간주하고 있다. 배고

예수님의 제자로 하나 되기

파 가난한 자에게 먹을 것을 주는 것이 아니라 말로만 가서 배불리 먹으라, 평안히 가서 몸을 덥게 하라 하면 무슨 유익이 있겠는가? 또 믿음의 조상 아브라함도 그의 아들, 이삭을 제단위에 올려놓은 행동이 있었기에 그의 믿음이 온전하게 된 것이 아닌가. 만일 그가 "예, 바치겠나이다."라는 대답만 하고 그를 제단에 올리지 않았다면 그 믿음이 인정받을 수 있겠는가. 이와같이 믿음이 그 행함과 함께 일하고 행함으로 믿음이 온전하게 되는 것이다(18~23절). 영혼 없는 몸이 죽은 것과 같이 행함이 없는 믿음 또한 죽은 것이다(26절).

[야고보서 3장]

1) 혀를 단속하라.

말의 실수가 없는 사람이라면 곧 온전한 사람이라 능히 온 몸도 굴레 씌우리라(2절). 다시 말해 야고보는 사람이 혀로 실수하지 않는 것이 얼마나 어려운 일인지 말하고 있다. 우리에게 순종하게 만들기 위해 말의 입에 재갈을 물린 것처럼, 또 지극히 작은 키로를 통해 사공의 뜻대로 배를 운행하는 것처럼 우리 몸의 작은 지체인 혀에 의해 움직인다. 이처럼 혀는 온몸을 살리기도 하고 죽이기도 하는 힘이 있다. 혀는 능히 길들일 사람이 없나니 쉬지 아니하는 악이요 죽이는 독이 가득한 지체이다. 이것으로 우리가 하나님 아버지를 찬송하고 또 이것으로 하나님의 형상으로 지음을 받은 사람을 저주한다. 한 입에서 찬송과 저주가 나오니, 샘이 한 구멍으로 어찌 단 물과 쓴물을 낼 수 있겠는가. 너희는 성도이니 성도다운 말을 하라.

2) 위로부터 오는 지혜를 취하라.

오직 위로부터 난 지혜는 첫째는 성결하고, 둘째는 다툼이 없이 화평하고, 셋째는 관용하고 양순하며, 넷째는 긍휼과 선한 열매가 가득하고, 다섯째는 편견과 거짓이 없고, 여섯째는 화평하게 하는 것을 말한다(17~18절).

[야고보서 4장]

1) 다툼의 원흉은 정욕(1절).

싸움과 다툼이 다 각자의 정욕을 이루기 위해 나오는 현상이다. 살인하는 이유가 무엇인가. 욕심을 내어도 얻지 못하니 죽여서라도 빼앗아 자신의 욕심을 채우려 하는 것이 아닌가? 또 남의 좋은 것을 보고 시기하여도 능히 가질 수 없기에 다투고 싸우는 것이다. 이런 자들이 하나님께 구하여도 받지 못하는 것은 정욕을 채우려고 잘못 구하기 때문이라는 사실을 명심해야 한다.

간음하고 호색하고 음란한 사람들은 세상과 여전히 벗이 된 자들이니 이런 사람들은 하나님과 원수가 된 것임을 알아야 한다. 그러므로 주 앞에서 더욱 자신을 낮추어 이런 가증한 마음을 버리고 하나님께 복종하라. 그리하면 주께서 너희를 높이시리라.

2) 너희는 서로 비방하지 말라(11절).

형제를 비방하고 판단하는 자는 율법을 비방하고 판단하는 행위와 같은 것이니 이는 하나님 앞에서 최고의 교만을 행하는 것과 같은 것이다. 하나님은 너를 재판관으로 세운 것이 아니라 율법을 준행하는 자로 세웠느니라. 그러므로 사람이 선을 행할 줄 알고도 행하지 아니하면 죄니라(17절).

예수님의 제자로 하나 되기

재물을 쌓아두고 베풀지 않는 부자들을 향하여 경고하는 야고보 선지자를 본다. 그는 임박한 말세에 재물만 탐하여 당연히 지불해야 할, 추수한 품꾼의 삯을 가로챘으며 자신을 위해 사치하며 쾌락과 탐욕의 삶을 사는 너희들은 마침내 마음이 미련하여져서 의인을 정죄하고 죽였다(1~6절).

믿음의 형제들이여, 인내하고 기다리자. 그리스도께서 다시 오실 때까지 기다리자. 농부가 땅에 씨를 뿌리고 열매를 바라고 길이 참아 이른 비와 늦은 비를 기다리듯이, 우리도 길이 참고 마음을 굳건히 하여 주의 강림을 바라보자.

우리가 욥의 인내를 들었고 주께서 주신 그의 결말도 보았거니와 주는 가장 자비하시고 긍휼히 여기시는 만물의 주이시도다(7~11절).

형제들아 명심하라. 맹세하지 말라. 하늘로나 땅으로나 아무 다른 것으로 맹세하지 말고, 그렇다고 생각하는 것에는 그렇다 하고 그렇지 않다고 생각하는 것에는 아니다 하여 너희는 정죄받음을 면하라.

형제들아 너희 중에 고난을 겪는 자가 있느냐. 그는 기도해야 할 것이요. 너희 중에 즐거워하는 자가 있느냐. 그는 찬송할 것이라.

또 너희 중에 병든 자가 있느냐 교회에 중보기도를 요청할 것이요. 서로의 죄를 자복하고 서로를 위하여 기도하라. 너희 중에 미혹되어 진리를 떠난 자가 있다면 그 미혹된 길에서 돌아서게 하는 자는 그의 영혼을 사망에서 구원할 것이며 허다한 죄를 용서받을 것이다.

열세 번째 만남, 순종하는 삶

🕮 성경 읽기: 골로새서

골로새서는 로마에 있는 감옥에 투옥된 사도 바울의 옥중서신 중 하나이다. 이곳은 동방의 신비주의를 받아들여 뿌리내린 곳이었다. 골로새가 주요 무역로에 있었기 때문에 많은 유대인과 브리기아인과 헬라인이 그곳을 찾아왔다. 이렇게 다양한 배경으로 인하여 골로새는 흥미로운 문화의 중심지가 되었고, 사람들은 동방으로부터 들여온 온갖 종류의 새로운 사상과 교리를 논의하고 숙고했다. 이러한 불경건한 사상에 노출되어 있는 그리스도인들을 위해, 단 한 번도 만난 적이 없는 골로새 교회를 위해 옥중에 있던 바울이 편지를 쓰게 된 것이다. 바울이 A.D. 62년경에 골로새의 충성된 성도들에게 쓴 이 서신의 메시지는 그 후 수 세기에 걸쳐 중요하게 사용되어왔다.

[골로새서 1장]

1) 에바브라 그는 누구인가?

7절에 나오는 에바브라는 골로새 교회를 개척한 사람이었다. 또 그는 로마 옥중에서 바울의 수종을 든 바울의 신실한 조력자였다. 골로새 서신을 탄생시킨 장본인이기도 하다. 애바브라는 골로새 교회의 사정을 사도 바울에게 알려준 사람이다.

2) 골로새 교회를 위해 중보하는 사도 바울

골로새 교회를 위해 중보하는 사도 바울의 기도 내용이 9절부터 12절까지 기록되고 있다.

첫째, 너희에게 모든 신령한 지혜와 총명에 하나님의 뜻을 아는 것으

예수님의 제자로 하나 되기

로 채워주시고

둘째, 주께 합당하게 행하여 범사에 기쁘시게 하고 모든 선한 일에 열매를 맺게 하시며

셋째, 하나님을 아는 것에 자라게 하시고

넷째, 그의 영광의 힘을 따라 모든 능력으로 능하게 하시며

다섯째, 기쁨으로 모든 견딤과 오래 참음에 이르게 하시고

여섯째, 우리로 하여금 빛 가운데서 성도의 기업의 부분을 얻기에 합당하게 하신 아버지께 감사하게 하시기를

이렇게 사도 바울은 그들을 위해 기도했다.

3) 우리가 받은 하나님의 은혜와 예수 그는 누구인가(13~23절)?

① 우리를 흑암의 권세에서 건져내사 그의 사랑의 아들의 나라로 옮기셨느니라.

② 그 아들 안에서 우리가 속량, 곧 죄 사함을 얻었도다.

③ 그는 보이지 아니하는 하나님의 형상이시요 모든 피조물보다 먼저 나신 이이시니

④ 만물이 그에게서 창조되되 하늘과 땅에서 보이는 것들과 보이지 않는 것들과 혹은 왕권들이나 주권들이나 통치자들이나 권세들이나 만물들이 다 그로 말미암고 그를 위하여 창조되었고

⑤ 또한 그가 만물보다 먼저 계시고 만물이 그 안에 함께 섰느니라

⑥ 그는 몸인 교회의 머리시라. 그가 근본이시오 죽은 자 가운데서 먼저 나신 이이시니 이는 천하 만물의 으뜸이 되려 하심이요

⑦ 아버지께서 모든 충만으로 예수 안에 거하게 하시고

⑧ 그의 십자가의 피로 화평을 이루사 만물 곧 땅에 있는 것들이나 하늘에 있는 것들이 그로 말미암아 자기와 화목하게 되기를 기뻐하심이라

⑨ 그로 말미암아 전에 악한 행실로 멀리 떠나 마음으로 원수가 되었던 너희를 이제는 그의 육체의 죽음으로 말미암아 화목하게 하사 너희를 거룩하고 흠 없고 책망할 것이 없는 자로 그 앞에 세우고자 하셨으니

⑩ 너희가 들은바 복음의 소망에서 흔들리지 아니하면 이 모든 은혜가 너희에게 이루어질 것이다.

[골로새서 2장]

하나님의 비밀인 그리스도, 그 안에 지혜와 지식의 모든 보화가 감추어져 있으니 너희는 그 안에서 뿌리를 박으며 세움을 받아 교훈을 받은 대로 믿음에 굳게 서서 감사함으로 행하라(1~7절).

너희가 세상의 초등학문에서 그리스도와 함께 죽었거든 어찌하여 세상에 사는 것과 같이 사람의 명령과 가르침과 규례에 순종하느냐. 너희가 그리스도와 함께 다시 살아났으면 위의 것을 찾고 생각하라. 땅의 것을 생각하지 말라(3:4).

[골로새서 3장]

그러므로 땅에 있는 지체를 죽이라 곧 음란과 부정과 사욕과 악한 정욕과 탐심이니 탐심은 우상숭배니라(5절).

탐심이 우상숭배인 이유는 탐하는 곳에 마음을 빼앗기기 때문이다. 그리고 마음을 움직여 그것을 취하려고 온갖 일을 계획하고 마침내 실행하여 자신을 타락시키기 때문이다. 이런 것들이 하나님의 진노를 불러오게 되는 원인이 된다.

이제 우리 모두는 예수 그리스도 안에서 한 형제요 가족이니 서로에게 거짓말하지 말고 분함과 노여움과 악한 생각과 비방과 부끄러운 욕설과 같은 모든 것을 벗어버리고 예수 그리스도 안에서 거룩하고 흠 없

예수님의 제자로 하나 되기

는 새 옷을 입었으니 하나님의 형상을 회복한 자로서 성령을 따라 긍휼과 자비와 온유와 오래 참음으로 옷 입고 누가 누구에게 불만이 있거든 서로 용납하여 피차 용서하되 주께서 우리를 용서하신 것 같이 우리도 서로를 용서하자. 그리고 이 모든 것 위에 사랑을 더하자(7~14절).

성도가 마땅히 할 일은 그리스도의 평강이 서로의 마음을 주장하게 하고 그리스도의 말씀이 우리 마음에 풍성히 거하여 모든 지혜의 말씀으로 서로를 가르치고 권면하고 시와 찬송과 세상 노래가 아닌 신령한 노래로 모든 일에 예수 그리스도를 힘입어 감사함으로 하나님을 찬양하자(14~17).

골 3:18~22은 엡 5:19~6:4과 내용이 같다. 아내들과 남편들에게, 또 아버지와 자녀들에게, 그리고 종들에게 권면하는 내용이다.

사도 바울은 성도라면 세상일에나 육체의 소욕을 채우려는 일에서 벗어나고 이기기 위해서 "무슨 일을 하든지 마음을 다 하여 주께 하듯 하고 사람에게 하듯 하지 말라."라고 말씀하고 있다(골 5:23).

[골로새서 4장]

상전들에게 특별히 권면하는 것은 의와 공평함으로 종들에게 베풀라 너희들 또한 너희의 상전이신 하나님이 계심을 잊지 말라(골 4:1).

골 4:5 "세월을 아끼라"는 뜻은 "시간을 선용(Good use)하라"는 의미이다.

열네 번째 만남, 사역하는 삶

🐟 성경 읽기: 베드로전후서

[베드로전서 1장]

벧전 1:9의 말씀을 보면, 믿음의 결국은 곧 영혼이 구원을 받는 데 있다.

벧전 1:16 "내가 거룩하니 너희도 거룩할지니라."

성경이 성도에게 거룩을 요구하는 것은 하나님과 소통하는 데 있어 가장 중요한 요소 중의 하나이기 때문이다. 레위기의 제사 제도는 성결, 즉 거룩에 대해 이야기하고 있다. 우리가 성결하기 위해서는 예수님의 십자가 대속이 반드시 나에게 적용되어야만 한다. 그래야 내게 있던 죄가 사하여지는 것이다. 그것은 그분을 영접하는 것으로만 가능하다. 나의 구세주로 고백하는 방법밖엔 없다. 그리고 그의 가르침대로 세상과 구별된 삶을 살아갈 때 비로소 거룩한 삶이 유지된다.

벧전 1:17 "외모로 보시지 않고 각 사람의 행위대로 심판하는 이를 너희가 아버지라 부른즉 너희가 나그네로 있을 때를 두려움으로 지내라."

위의 세 구절에서 베드로 사도는 우리가 이 땅에서 나그네 같은 인생을 사는 동안 행위로 인해 거룩을 저버릴까 항상 두려움으로 살 것을 권면하고 있다.

우리가 대속을 받은 것은 조상의 헛된 행실로도 아니요, 금과 은처럼 없어질 보배로 된 것도 아니고, 오로지 흠 없고 점 없는 어린양 같은 그리스도의 보배로운 피로 된 것이다(18~19절). 그러므로 너희 믿음과 소망을 세상의 것에 두지 말고 하나님께 두어야 한다(21절).

너희가 진실로 거듭났으니 진리를 순종함으로 너희 영혼을 깨끗하게 하여 형제를 사랑하되 서로 뜨겁게 사랑하라(22절).

예수님의 제자로 하나 되기

전 2:1에서 베드로 사도도 사도 바울처럼 말에 대한 경고를 한다. 그 이유는 모든 인간의 정체성은 말에서부터 나오기 때문이다. 또한 주님이 말씀하셨던 것처럼 사람의 말은 마음에 있는 것이 밖으로 표출되는 것이기 때문이다. 그래서 사도들은 한결같이 "그리스도의 마음을 품으라."라고 하고 있다. 그리스도의 마음을 품은 자들은 모든 악독과 기만과 외식과 시기와 비방하는 말들을 버리고, 오로지 순전하고 신령한 하나님의 말씀을 사모하여 그 말씀만을 사용하라는 것이다. 이것이 곧 거룩한 제사장의 품위 있는 행동이다(1~5).

벧전 2:7 "건축자들이 버린 그 돌이 모퉁이의 머릿돌이 되고"라는 말씀의 의미를 살펴보면, 먼저 집을 짓는 건축자들이 버린 돌이라는 말씀의 의미는 사람의 눈으로 봤을 때 아무 쓸모 없이 연약하여 버려진 돌, 즉 주춧돌로 사용하기에는 너무도 부족해 보여 버려졌다는 것이다. 다시 말해 바리새인들과 같은 유대인들이 보기에 메시아로 인정하기에는 너무도 나약한 존재로 오신 주님을 보고 한 말이다. 그러나 하나님은 이 버려진 돌을 하나님 나라의 주춧돌로 사용하시면서 그의 기이한 능력에 사람들이 복종하게 하셨다는 뜻이다.

벧전 2:8에 부딪치는 돌과 걸려 넘어지게 하는 바위가 되었다는 말씀의 의미는 인간의 신앙 전통과 관습이 모두 예수님의 가르침으로 인해 버려야 할 전통이고 고쳐야 할 습관이라는 것이다. 그리고 이것들로 인해 너희 스스로가 걸려 넘어지게 됨을 의미한다.

벧전 2:9 "너희는 택하신 족속이요 왕 같은 제사장들이요 거룩한 나라요 그의 소유가 된 백성이니 이는 너희를 어두운 데서 불러내어 그의 기이한 빛에 들어가게 하신 이의 아름다운 덕을 선포하게 하려 하심이라."

이 말씀은 그리스도인의 정체성을 말해주고 있다. 그리고 그의 아름다운 덕(德)과 기이한 빛의 의미는 곧 예수 그리스도를 통한 구원의 빛이고 이 빛으로 인해 우리에게 적용된 것이 바로 하나님의 덕(德)이다. 즉 구원의 은총인 것이다.

우리는 이것으로 어두웠던 인생이 밝은 빛의 삶으로 바뀌게 되었고 하나님의 사랑의 덕을 선포해야 할 사명을 가진 자(者)가 되었다. 이는 그의 백성으로서의 삶을 두고 하는 말이다.

벧전 2:11 "성령을 거슬러 싸우는 육체의 정욕을 제어하라."

이 말씀은 사도 바울의 말씀과 같다. 갈 5:17~21까지의 말씀을 참고해 보라. 또 롬 13:14에서는 정욕을 위하여 육체의 일을 도모하지 말라고 했다.

벧전 2:19~20의 말씀. 부당하게 고난을 받아도 하나님을 생각함으로 슬픔을 참으면 이는 아름다우나 죄가 있어 매를 맞고 참으면 무슨 칭찬이 있으리요. 그러나 선을 행함으로 고난을 받고 참으면 이는 하나님 앞에 아름다우니라.

[베드로전서 3장]

가정의 질서를 말하고 있다. 먼저 아내들이 믿음 안에서 남편을 존중하고 그에게 순종하기를 권면하고 있다(벧전 3:1~6). 특히 4절에서는 속사람을 온유하고 안정한(산만하지 않고 성령이 공급해주시는 평안으로 아주 평안한 상태) 심령의 썩지 아니할 것으로, 즉 온유와 성령의 가르침으로 남편에게 순종하는 것이 하나님 앞에서 값진 것이 된다.

벧전 3:7에서는 남편들도 이와 같이 지식을 따라, 즉 성경의 가르침을 따라 아내와 동거하고 그를 더 연약한 그릇으로 알아 귀히 여기라(아내의 가치를 인정하고 그에 상응하는 인격적인 대우에 결코 소홀히 하지 말라는 의미이다) 말씀하신다. 이는 너희 기도가 막히지 않게 하려 함이다. 기도의 막힘의 원인이 바로 관계에 의한 문제로 일어날 수 있음을 말해주고 있다. 기도자(祈禱者)는 항상 모든 사람과의 관계가 원활해야만 한다.

예수님의 제자로 하나 되기

벧전 3:9의 말씀은 악을 악으로 욕을 욕으로 맞대응하지 말고 오히려 그들에게 복을 빌어주라는 것이다. 이유는 우린 복을 전하러 온 사람이지 저주하기 위해 보내진 자들이 아니기 때문이다. 그들에게 복을 빌어줌으로써 그들이 내가 빈 복을 받을 합당한 자격이 있다면 그 복이 그들에게 임할 것이지만, 만일 그들이 받을 자격이 없다면 그 복은 내게로 돌아와 내가 오히려 복을 받게 된다는 사실을 말해주고 있다.

벧전 3:15 말씀에서는 사람은 타락 이후 모두 죄를 가지고 있는 존재로서 하나님 앞에 불의한 자들이 되었다고 언급한다. 이러한 사람들이 거룩해질 수 있는데, 그것은 우리 마음에 예수를 주인으로 인정하고 모시는 일이다. 이것이 선행될 때 우린 비로소 거룩한 산 제물로서 제물의 자격 요건을 갖추게 되는 것이다(롬 12:1).

그리고 하나님이 기뻐하시는 산 제물이 되기 위한 조건으로는 사도 바울이 말하고 있듯이 하나님의 자비(헤세드)하심이 이미 우리에게 임하였고 그 자비가 너희에게 있으니 그 자비에 의지하여 말하노니 그 자비(헤세드)가 너희 삶에 나타나야 한다는 사실을 강조하고 있다. 이것이 곧 하나님이 기뻐하시는 산 제물이라는 것이다. 즉 내 인생의 주인이신 예수님의 가르침이 예배자의 삶에 드러날 때 비로소 하나님이 기뻐하시는 산 제물이 된다는 의미이다.

[베드로전서 4장]

벧전 4:13 말씀은 그리스도의 고난에 참여하는 자가 오히려 감사하고 즐거워해야 할 것은 그의 영광을 나타내실 때 너희와 함께 즐거워하고 기뻐하게 하려 하심이기에 고난을 두려워하지 말고 담대하게 받아들이고 자랑하라는 것이다.

벧전 4:18 말씀은 부끄러운 구원은 없다는 의미와 같다. 의인이 겨우 구원을 받으면 경건하지 아니한 자와 죄인은 어디에 서겠는가? 의인이

의인답지 못하다면 그것은 죄인과 같다고 한다.

[베드로전서 5장]

벧전 5:7~9 "너희 염려를 다 주께 맡겨라. 이는 그가 너희를 돌보심 이라."

이 말씀은 우리의 주권자이신 하나님을 신뢰하고 자신의 모든 일을 의탁하라는 것이다.

근신하라. 깨어라. 너희 대적 마귀가 우는 사자같이 두루 다니며 삼 킬 자를 찾나니, 너희 마음을 굳건하게 하여 그를 대적하라. 이는 세상 에 있는 너희 형제들도 동일한 고난을 당하는 줄을 앎이라.

마귀는 근신하지 않고 교만한 자를, 그리고 깨어있지 않는 자를 공격 대상으로 삼는다.

그리고 마음을 굳게 하라. 너만 받는 고난이 아니라 세상에 흩어져 있는 믿음의 형제들도 함께 고난을 받고 있음을 알라. 그러므로 대적하 면 그들은 너를 피하리라.

[베드로후서 1장]

벧후 1:5~11 말씀은 그리스도인이라면 믿음 안에 덕을 품고, 그 덕 은 또 지식을 품고, 그 지식은 절제를 품고, 그 절제 안에는 인내를 품 고, 인내 안에 경건을 품고, 그 경건 안에 형제 간의 우애가 있어야 하 며, 그 우애 속에 사랑이 있어야 한다는 것이다. 이 이야기는 곧 그리 스도의 믿음 안에는 하나님을 향한 신뢰와 그의 가르침으로 인한 덕 (Goodness)과 지식(하나님의 말씀)과 절제(지식을 가지고 있고 없는 자들 에게 교만하면 안 됨), 인내(절제를 온전히 이루려면 반드시 인내가 뒤따라야 한 다), 경건(성도의 삶이 거룩함을 잃어버리면 모든 것이 무너진다), 그 경건을 바 탕으로 믿음의 형제에게 우정과 섬기는 사랑이 존재해 있을 때 비로소

예수님의 제자로 하나 되기

예수 그리스도의 영원한 나라에 넉넉히 들어갈 수 있게 된다는 사실을 말한다.

벧후 1:21에서는 성경의 말씀은 기록한 사람들의 뜻으로 난 것이 아니라 오직 성령의 감동을 받은 사람들이 하나님께 받아쓴 것이니 그러므로 하나님이 쓰신 것이라는 사실을 믿고 인정해야 한다는 것을 언급한다.

[베드로후서 2장]

이단들의 특성은 호색과 탐심에서 일어난다.

벧후 2:4 "하나님께서 범죄한 천사들을 용서하지 아니하시고 지옥에 던져 어두운 구덩이에 두어 심판 때까지 지키게 하셨으며"

이 말씀에 근거하면 하나님께서 사탄과 그의 일부 졸개들을 지금 지옥(무저갱이라고도 함)에 가두어 두셨다고 베드로 사도는 믿었다. 그들을 지금 지옥에 가둔 상태라면, 지금이 천 년의 시대이고 이 천 년의 시대가 끝날 때쯤 이 사탄이 무저갱에서 잠시 풀려난다는 내용이 요한계시록 20:3절과 6절, 7절에 기록되어 있다.

발람 선지자의 이야기는 민 22:7~41에 나온다. 하나님의 뜻은 민 22:12에 나와 있다. 하나님의 뜻은 그들과 함께 가지도 말고 그 백성을 저주하지도 말라는 것이었다.

그런데 민 22:20에서는 하나님이 발람에게 그들과 함께 가라고 하신다. 그리고 민 22:22에서 발람을 죽이려 하신다. 이러한 과정에서 보면 민 22:20의 응답은 베드로 사도의 말처럼(벧후 2:15~16) 발람이 탐심이 가득한 마음에서 탐욕으로 인한 사탄의 음성을 마치 하나님의 음성으로 착각하여 길을 떠나게 되었다는 것이다. 그래서 하나님께서 잘못된 응답에 대한 반응으로 말 못하는 나귀를 사용하여 그 선지자의 미친 행동을 저지하였다고 기록하고 있다.

이 말씀에서 우리가 알아야 할 것은 발람과 같이 탐심과 정욕을 위해 구하는 경우 잘못하면 사탄이 주는 메시지를 하나님의 응답으로 착각하는 경우가 있다는 것이다.

또 베드로 사도는 20절~22절 말씀을 통하여 성도가 세상의 더러운 것을 피했다가 다시 그것에 미련이 남아 얽매이면 나중 형편이 처음보다 더 심하게 되는데, 이것을 "마치 개가 그 토한 것에 돌아가고, 돼지가 씻었다가 더러운 구덩이에 도로 누웠다."라는 말로 설명하고 있다. 이 말씀은 히 6:4~6과 일맥상통하며, 또 눅 11:24~26과 함께한다.

"한 번 빛을 받고 하늘의 은사를 맛보고 성령에 참여한 바 되고 하나님의 선한 말씀과 내세의 능력을 맛보고도 타락한 자들은 다시 새롭게 하여 회개하게 할 수 없나니 이는 그들이 하나님의 아들을 다시 십자가에 못 박아 드러내 놓고 욕되게 함이라(히 6:4~6)"

"더러운 귀신이 사람에게서 나갔을 때 물 없는 곳으로 다니며 쉬기를 구하되 얻지 못하고 이에 이르되 내가 나온 내 집으로 돌아가리라 하고 가서 보니 그 집이 청소되고 수리되었거늘 이에 가서 저보다 더 악한 귀신 일곱을 데리고 들어가서 거하니 그 사람의 나중 형편이 전보다 더 심하게 되느니라(눅 11:24~26)"

[베드로후서 3장]

하나님께서 타락한 천사들과 경건치 못한 사람들에게 오래 참으사 아무도 멸망하지 아니하시고 다 회개하기에 이르기를 바라여 심판과 멸망의 날까지 보존하여 두신 것이니 그 기회를 놓치지 말고 잡으라(벧후 3:7~9).

마지막 때는 소돔과 고모라처럼 하늘이 불에 타서 풀어지고 물질이 뜨거운 불에 녹아지는 광경을 보게 되리라(벧후 3:10).

예수님의 제자로 하나 되기

좋은 소식을 전하며 평화를 공포하며 복된 좋은 소식을 가져오며
구원을 공포하며 시온을 향하여 이르기를 네 하나님이 통치하신다
하는 자의 산을 넘는 발이 어찌 그리 아름다운가.

(이사야 52:7)